청년 이승만 그리고 당시 선교사들 연구

청년 이승만 그리고 당시 선교사들 연구

초판 1쇄 발행 2017년 9월 15일

지은이 | 김낙환
펴낸이 | 윤관백
펴낸곳 | 도서출판 선인

등록 | 제5-77호(1998.11.4)
주소 | 서울시 마포구 마포대로 4다길 4 곳마루 B/D 1층
전화 | 02)718-6252 / 6257   팩스 | 02)718-6253
E-mail | sunin72@chol.com
Homepage | www.suninbook.com

정가 26,000원
ISBN 979-11-6068-122-2 93900

· 잘못된 책은 바꿔 드립니다.

※ 이 도서는 학교법인 배재학당의 후원으로 제작되었습니다.

청년 이승만 그리고 당시 선교사들 연구

The Study on the Faith of Korea's First President SyngMan Rhee
and the relationship with Contemporary Missionaries

김낙환 지음

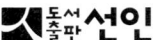

《우남 이승만께서 좋아하시던 성경구절》

그리스도께서 우리로 자유케 하려고
자유를 주셨으니 그러므로 굳세게 서서
다시는 종의 멍에를 메지 말라.

(갈라디아서 5:1)

■ 추천사

감리교인으로서 대한민국을 위하여, 기독교를 위하여 세우신 그 분의 업적(業績)을 기억해야 합니다

기독교대한감리회 감독회장 전 명 구

　기독교대한감리회 교육국 총무로 사역(事役)하는 김낙환 목사의 책, 『청년 이승만 그리고 당시 선교사들 연구』를 여러분들에게 추천합니다. 김 총무는 이미 오래 전부터 건국 대통령 이승만과 복음을 전하기 위하여 조선에 처음으로 들어오신 교육선교사 아펜젤러에 관하여 깊이 있는 연구를 해 오신 분입니다. 그가 그동안 틈틈이 써서 발표한 서로 관련된 주제의 논문 네 편을 하나로 묶어서 한 권의 책으로 엮어 세상에 내놓는다 하니 감리교인들로서는 반갑고 기쁜 일이 아닐 수 없습니다. 우남 이승만은 대한민국의 초대(初代) 대통령이며 또한 건국(建國) 대통령입니다. 그 분에 대한 평가는 역사가들이 하겠지만 조선 선교초기의 감리교인으로서 대한민국을 위하여, 기독교를 위하여 세우신 그 분의 업적을 간과(看過)해서는 안 될 것입니다. 민주주의를 세우는 일과 기독교를 국가의 기본 사상으로 세우려는 그의 노력과 수고가 오늘날의 대한민국을 세우는 일에 기초가 되었기 때문입니다.

　우남 이승만은 본래 불교도인 어머니와 유교인이었던 아버지 밑에서 교육을 받고 성장한 분입니다. 그러나 그가 19살이 되었을 때에 영어나 배워보자는 의도로 배재학당에 입학하게 되는데 그는 그 곳에서 새로운 문명 세계를 접하게 되었습니다. 기독교 복음과 더불어 이미 서양 문명에 젖어있던 선교사들의 가르침은 우남에게 새로운 세계에 대하여 눈을 뜨게 하는 계기가 되었습니다. 그 가운데 가장 중요한 것은 바로 조선이 경험해 보지 못한 민주주의에 대한 확신과 기독교 사상이었던 것입니다. 청년 이승만은 결국 여러 가지 고통스러운 상황들을 경험하면서 새로운 신앙인 기독교에 입문(入門)하게 되었는데 이는 결국 그의 스승인 아펜젤러의 사랑과 가르침 덕분이라고 할 수 있는 것입니다.

　이승만은 아펜젤러 선교사께서 1902년 6월, 서해(西海) 군산 앞 바다에서 불의의 선박 사고로 돌아가신 후에 아펜젤러의 사상(思想)을 가장 잘 계승한 인물로 성장하였습니다. 그리고 그는 자유 민주주의와 기독교 사상을 바탕으로 대한민국을 건국하는 인물이 되었다는 사실을 이 책은 밝히고 있습니다.

　당시 장로교회에서 파송을 받아 활동한 선교사들 가운데 한국을 가장 사랑하고 한국의 문화를 가장 잘 이해한 선교사는 J. 게일이었습니다. 그는 당시 조선의 여러 문학 작품들을 영어로 번역하였고 또한 천로역정(天路歷程)과 같은 영(英)문서를 한글로 번역할 정도로 한국어가 뛰어난 분이었습니다. 게일은 사역을 하는 가운데 한성감옥을 매주 드나들면서 한국의 지식인들에게 복음을 전하였는데, 대부분 한국의 양반들이었던 그들은 출소(出所) 후에 게일이 목회하였던 연동교회로 출석하게 되었습니다. 이상재, 이원긍, 김정식과 같은 인물들이 바로 그 분들입니다. 그들은 후에 한국 기독교계의 큰 지도자들로 성장하였는데 청년 이승만도 예외는 아니었습니다. 그러나 게일은 당시 감리교인이었던 이승만에게 세례주기를 사양(辭讓)하고 오히려 두통의 추천서를 써 줌으로 미국으로 갈 수 있도록 주선을 하는데, 이 일은 후에 청년 이승만이 미국에서 대학에 들어가 공부를 하는 일에 결정적인 도움을 주게 되었던 것입니다. 필자는 이 책에서 선교사 게일과 청년 이승만의 관계를 자세히 밝히고 있습니다.

필자는 또한 한국인보다도 한국을 더 사랑한 헐버트의 생애를 밝히고 있습니다. 육영공원(育英公院)의 교사로 처음 조선을 찾은 헐버트는 점차적으로 한글, 한국의 음악, 한국의 문화와 역사에 대하여 깊이 있는 연구를 하게 되었고 후에는 멸망해 가는 한국을 구하기 위하여 안간힘을 쓰게 되는데 이런 모든 헐버트의 삶과 사상을 밝혀보려고 애를 쓰고 있는 것입니다.

아직 교계에 잘 알려지지 않은 귀한 사실들을 밝혀 보려고 애를 쓴 감리교회 교육국 총무 김낙환 목사의 노력에 대하여 깊이 치하를 드리며 이 글이 감리교인들만 아니라 한국의 많은 그리스도인들에게 읽혀지기를 추천하는 바입니다.

아펜젤러 선교사와 청년 이승만의
연결고리를 잘 파악한 글

배재학당 이사장 곽 명 근

　기독교 대한 감리회 교육국 총무로 사역을 하시는 김낙환 목사께서 건국대통령이신 우남 이승만과 같은 시대를 사셨던 선교사들의 관계를 밝히는 『청년 이승만 그리고 당시 선교사들 연구』를 쓰신 것을 진심으로 기쁘게 생각합니다. 김낙환 목사께서는 오랫동안 우남 이승만 박사의 신앙과 아펜젤러 선교사의 사역에 관하여 연구를 하여 왔습니다. 그러던 중 이승만 박사의 신앙(信仰)과 사상(思想)은 당대의 이승만을 가르치고 도왔던 선교사들과의 관계를 모르고는 이해할 수 없다는 결론으로 말미암아 이 책을 출판하게 된 것입니다.

　아펜젤러 목사님은 1885년 27세의 나이에 미국 감리교 초대 한국 선교사로 이 땅에 오셔서 17년 동안 선교 사역을 하시다가 44세에 불의의 선박 사고로 일생을 마치신 선교사입니다. 이 분이 남기신 업적은 선교, 교육, 성경번역, 언론, 출판에 이르기까지 이루 헤아릴 수 없지만, 가장 뚜렷한 것은 한국 최초의 현대식 교육기관인 배재학당(培材學堂)을 설립하신 것과 한국 감리교회의 모교회인 정동제일교회(貞洞第一敎會)를 시작하신 것입니다. 19세기 말 한국은 개화의 물결이 몰려오던 때였습니다. 이로 인한 과감한 정치투쟁도 있었으나 모두 실패했고, 진정한 개혁운동은 아펜젤러 목사님과 또한 같은 날 한국 땅을 밟은 장로교 초대선교사 언더우드(Horace Underwood) 목사와 같은 청년 선교사들과 그들의 가르침을 받은 한국인들로 이루어졌다 해도 과언이 아닐 것입니다. 특히 아펜젤러 목사님이 당장(堂長)이었던 배재학당이 길러낸 한국의 인물들 가운데 특별히 우남의 지도력은 20세기 한국을 변화시키고 오늘의 대한민국을 이룬 정신적, 문화적 원동력이라는 것을 우리는 잊지 말아야 할 것입니다.

우남 이승만 박사는 청년시절 배재학당에서 수학(受學)하신 분입니다. 그가 배재학당을 찾은 것은 영어를 배우기 위해서였지 기독교를 배우기 위한 것은 아니었습니다. 그러나 아펜젤러 목사님을 비롯해서 서재필, 윤치호와 같은 선생님들에게서 배운 자유와 민주주의는 그의 정치적 이념의 토대가 되었고, 우남은 한성감옥에서 사형수로 복역하는 중 놀라운 신앙체험을 통해 기독교인이 되었으며, 후일 그가 1948년에 대한민국의 초대 대통령이 됨으로써 이 자유 민주주의(自由 民主主義)사상이 대한민국의 정신적 기초가 된 것입니다. 이러한 의미에서 아펜젤러 목사의 영향력은 한국 기독교뿐만 아니라, 이승만 박사를 통해 대한민국 수립과 현재 우리 사회의 민주화에까지 큰 영향을 미치고 있는 것입니다.

김낙환 목사의 『청년 이승만 그리고 당시 선교사들 연구』는 아펜젤러 선교사와 청년 이승만의 연결고리를 잘 파악하고, 대통령 이승만의 정치이념의 토대가 그의 스승 아펜젤러에게 귀결(歸結)된다는 것을 잘 설명하고 있습니다. 이것을 염두에 두고 모든 기독교인들 특별히 한국의 청년들에게 이 책을 권하는 바입니다.

한국민족 사상(史上) 처음인
기독교인 대통령, 우남 이승만 박사

정치학박사 이 인 수

우남 이승만 박사는 대한민국의 건국대통령이며 최초의 기독교인 대통령이다. 한국 현대사에 있어서 우남은 없어졌던 조국의 독립을 회복하고 국가발전의 기반을 구축하였다는 점에서 절대적인 중요성을 가진다. 그는 젊어서 한학을 통해 학문을 연마하고 개화기에 배재학당(培材學堂)에 입학하여 서양의 학문과 기독교를 알게 되었다. 그러나 신라와 고려시대부터의 오랜 불교신앙의 전통과 조선왕조의 유가(儒家)사상이 지배하던 당시에 우남은 불교신자인 어머니와의 약속도 있어 처음부터 기독교를 받아드린 것은 아니었다.

그 후 우남은 개화기 언론활동의 선봉(先鋒)이 되고 독립협회의 개혁운동을 주도하여 반(反)정부의 혐의로 투옥되어 혹독한 고문을 당하고 사형언도를 기다리는 극한상항에서 배재학당에서의 기도시간을 생각해 간절히 기도하는 중에 삶의 광명을 얻어 새 생명을 받은 기독교인이 되었다. 그리고 옥중의 전도로 이상재, 유성준, 김정식 등 옥중동지들과 옥리(獄吏)에 이르기까지 기독교인으로 개종을 하도록 도우며 옥중학교와 도서실을 운영하였고 국민계몽을 위하여 『독립정신』을 저술하였다.

1904년 감옥에서 석방된 우남은 구국의 밀사로 미국에 가서 외교활동을 하며 조지 와싱턴 대학과 하버드 대학 그리고 프린스턴 대학에서 공부하여 박사학위 취득 후 1910년 일본에 강제 합방된 조국에 돌아와 서울YMCA 학감직에 있으면서 전도차 전국을 순회하였다. 이때 일본총독부가 한국인 기독교 지도자를 탄압한 105인 사건을 간신히 피해 1912년 3월에 다시 미국에 간 우남은 실로 33년의 기나긴 망명 중에 대한민국 임시정부의 초대대통령으로 독립운동을 영도하였다. 그리고 1945년의 일본패망 후 분단된 조국에 돌아와 자유 민주국가 건설을 위한 공산당과의 치열한 투쟁 끝에 대한민국을 건국한 것이다. 그 후 이대통령은 북한과 소련·중공이 합세하여 도발한 6·25전쟁에서 UN의 원조를 받아 자유를 수호하고 한미상호방위조약을 체결하여 국가안보를 튼튼히 하였으며 교육입국의 이념을 실현해 인재를 양성하고 기간산업을 육성하여 오늘의 국가번영을 가져오게 하였다.

세계 어느 나라의 역사에도 우남과 같이 전 생애를 바쳐 격동기의 온갖 고난을 극복하며 없어졌던 나라를 다시 세우고 민족의 건전한 생존과 발전을 위해 헌신한 인물을 찾기란 쉽지 않은 일이다. 그러면 우남의 그 초인간적인 창업을 달성하게 한 동력은 무엇인가? 그것은 우남의 위대한 기독교정신을 말하지 않고는 설명할 수가 없다. 우남은 신학문을 통해 서양을 배우면서 기독교문명의 우수성에 주목을 하였고 자유와 평등 그리고 인권의 존중 등 정치제도의 배워야 할 많은 것들이 기독교정신에 기인한 것임을 알게 되어 우리나라가 영·미와 같이 발전하려면 기독교를 받아들여 이것을 국민일반이 배우고 실천해야 한다고 생각한 것이다. 그리하여 우남은 2차의 도미 후 프린스톤 신학교에서 공부를 하고 1913년에 한국인 첫 졸업생이 되었다. 나라가 잘 살고 잘 되기 위해서는 기독교인이 본보기가 되어 기독교가 융성해야 한다는 것이고 미국의 청교도정신을 본받을 것을 의미하였다.

그리하여 우남의 독립운동도 한국인 교포가 많은 하와이에서 우선 "한인 기독교회(KCC)"를 세우는 일로 시작하여 "한인기독학원(KCI)"을 설립하고 독립운동을 추진하는 "대한인동지회"를 결성하였다. 한국독립을 위해 먼저 독립을 위한 국민정신부터 교회가 앞장서 가르치고 젊은 학생을 인재로 교육하려는 것이다. 그리고 우남은 미국인 기독교인들 간에 "한국 친우회"를 조직해 독립운동의 지원을 받았으며 태평양전쟁 중에는 역시 미국기독교인들과 "한미협회"와 "기독교인 친화회"를 조직하여 도움을 받기도 하였다.

해방된 조국에 돌아온 우남은 3·1운동의 주도세력이 기독교인임을 강조하고 힘써 기독교인을 찾아 건국운동에 참여하도록 하였다. 한국문제를 UN으로 이관시키기 위해서 우남은 1946년 8월에 임영신을 위시한 기독교인을 동원하여 국민외교를 추진하였다. 그러나 우남은 기독교인을 중용하면서도 헌법상 종교의 자유에 저촉되지 않도록 충분한 배려를 하였다.

우남은 1948년 5월 31일, 제헌국회 개원식의 임시의장으로 "대한민국 독립민주국 제1차회의를 여기서 열게 된 것을 우리가 하나님께 감사해야 할 것입니다. 종교·사상 무엇을 가지고 있든지 누구나 오늘을 당해 가지고 사람의 힘으로만 된 것이라고 우리가 자랑할 수 없을 것입니다." 라고 하여 목사인 이윤영 의원에게 기도를 부탁하였다.

우남은 어머니의 종교인 불교에도 조예(造詣)가 깊었고 유가에서 공부를 하였으며 기독교인이 되어 대통령 재임 중이나 후에도 교회참석을 결하지 않았다. 이렇게 한국의 전통적인 종교와 사상은 우남의 일신에서 높은 지식과 교양으로 각자의 장점을 살리도록 지도되어 기독교와 함께 조화를 이루고 국가발전에 기여를 하였다. 그리고 기독교는 개화기 이래 근대화의 기수로 자유 민주주의의 보루(堡壘)가 되어 나라를 지키고 국민교육과 사회변화를 이끄는 큰 역할을 하였다. 특히 6·25전쟁 발발 후 이승만대통령이 마련한 군목제도(軍牧制度)는 군인들에게 기독교를 전도할 기회와 전국적인 복음화의 길을 열었다.

나라는 일제의 식민통치에서 해방된 가난한 후진국이었으나 이승만대통령은 미국이나 영국 등 세계 어느 일류국가의 국가원수들보다 높은 학식과 경륜을 가진 기독교인이었다. 거듭하는 국가적 위기를 당해 우남의 그 어렵고도 많은 정치적 영단은 실로 그의 심오한 정치철학과 기독교정신의 결정(結晶)이오, 기독교 신앙에서 나오는 정의의 힘이었다. 우남의 그 영특한 선견지명(先見之明) 앞에는 거칠 것이 없었고 국민에게 긍지를 심어 주었다. 우남은 조국을 자유 독립국가로 만들어 번영발전하게 하는 일이 하나님께서 자기에게 맡기신 사명으로 알고 이를 위해 헌신하다가 하와이의 병상에서 이제는 저의 힘도 다하였으니 한국민족에게 축복을 내리시라고 하나님께 기도를 하고 간 대통령이었다.

우남이 서거한지 46년의 세월이 지나도록 대한민국 최초의 기독교인 대통령 이승만에 대한 연구가 없었는데 김낙환 목사께서 연구의 결과를 책으로 출판하게 되니 반갑기 그지없다. 바야흐로 한국의 교회가 정체상태에 있다는 소리가 전하여지는 이때 기독교 신앙으로 만난을 극복하며 독립운동을 영도하고 마침내 대한민국을 건국하여 자유와 번영을 이룩하게 한 위대한 기독교인 이승만을 연구한 이 책이 많은 사람에 재미있게 읽히고 진실을 알게 하여 한국 기독교의 부흥과 하나님의 영광을 드러내는 일에 기여하기 바란다.

■ 책을 펴내며

청년 이승만의 신앙과 그의 스승 선교사님들의 이야기

기독교대한감리회 교육국
총무 김낙환 목사(D. min)

우남 이승만은 대한민국의 초대 대통령이자 건국(建國) 대통령이다. 그는 조선시대가 거의 끝나가는 1875년에 출생하여 부모님 슬하에서 유학(儒學)을 교육 받으며 열아홉 살이 되도록 성장하였다. 몰락한 양반 집안에 태어난 그는 과거시험에 합격하여 벼슬을 하는 것이 유일한 희망이었고 따라서 조선의 학문인 유학을 열심히 공부하였다. 그러나 당시의 부패한 조선의 과거제도로 인하여 그는 학문 성취의 우수성에도 불구하고 수차례 시험에서 낙방하였다. 그러다가 갑오개혁이라는 시대적 요구로 인하여 과거제도가 폐지되자 우남은 과거시험에 급제하여 벼슬을 해야 한다는 유일한 희망마저도 잃어버리게 되었다.

그러나 하나님의 특별한 섭리가 좌절감에 사로잡혀있던 우남을 기다리고 있었다. 그것은 1885년 조선을 찾아 온 미국의 기독교 선교사 아펜젤러와 몇 분의 선교사들을 만나게 되는 사건이었다. 배재학당에 입학한 우남은 뛰어난 학문적 천재성을 드러내 보였다. 당시 선교사들에게 보여준 탁월한 영어 실력으로 배재학당에 입학한 지 6개월 만에 학당의 영어 보조교사로 발탁되었을 뿐만 아니라 당시 조선을 찾아온 선교사들을 위한 한국어 교사로 선발됨으로써 우남은 이제까지 경험하지 못한 새로운 세계를 접하게 되었다.

또한 우남은 조선의 근대식 교육기관인 배재학당을 통하여 영어뿐만 아니라 새로운 서양 학문에 눈을 뜨게 되는데 그것은 기독교라는 새로운 종교, 그리고 민주주의라는 새로운 서구 사상이었다. 또한 일찍이 미국에서 유학을 하고 돌아온 개화기의 선각자들이자 애국자인 서재필, 윤치호와 같은 조선의 스승들과의 사귐은 동양의 학문만 알아왔던 우남에게 새로운 사상과 학문의 세계를 열어주는 창이 되었다.

그동안 우남에 관해 국내외 학자들의 많은 연구가 있었음에도 불구하고 우남의 기독교 신앙과 관련한 연구는 희박하였고 더욱이 우남의 청년기에 서양 학문과 기독교 신앙에 눈을 열어준 선교사 아펜젤러와 게일과 관련한 연구는 전무후무했다고 할 수 있다.

이 책은 우연한 기회로 시작된 『우남 이승만 신앙 연구』의 속편이라고 할 수 있다. 필자는 『우남 이승만 신앙 연구』라는 단행본을 발행한 이후로 연구를 계속하는 가운데 아펜젤러가 이승만의 삶에 지대한 영향을 끼친 분임을 알게 되었고 마침내 2014년 봄에 『아펜젤러 행전 1885-1902』이라는 제목의 책을 발행하였다.

그리고 계속해서 연구를 확장하여 조선에 처음 오신 선교사들을 연구하는 가운데 감리교회의 아펜젤러뿐만 아니라 다른 교파에 속한 여러 선교사들도 우남을 귀하게 여기고 그의 장래성에 주목하며 그의 성장을 도왔던 것을 알게 되었다. 우남이 미국으로 유학을 떠날 때에 우남의 손에 쥐어진 열아홉 통의 추천서가 이를 말해주고 있다. 이는 모두 우남을 아끼고 사랑하던 선교사들이 쓴 것들이었다. 아펜젤러, 에비슨, 벙커, 그리고 프레스톤, 게일과 같은 분들이다. 특별히 이분들 가운데 북감리교회 선교사인 아펜젤러와 미국 북장로교회의 선교사인 게일은 나의 관심과 연구의 대상이었다.

이 책은 모두 네 편의 논문을 포함하고 있다. 첫 번째의 것, 「이승만 신앙연구」는 배재 출신 동문 목사들의 2012년 성탄 모임에서 발표된 것이고, 두 번째의 것 「스승과 제자, 아펜젤러와 이승만」은 2004년 목원대학 교수 논문집인 『신학과 현장』에 발표된 것이다. 그리고 세 번째 논문인 「선교사 게일과 청년 이승만의 멘토링 관계 연구」는 2013년 서울에 있는 장로교회인 연동교회에서 게일 탄생 130주년을 기념하는 논문집을 낼 때 이미 발표된 것이다. 그리고 마지막 논문은 2015년 헐버트기념사업회에서 개최한 선교사 헐버트에 관한 국제학술 세미나에서 발표한 것이다.

원래 의도한 바는 아니었으나 논문을 쓰고 보니 각 논문에 공통점이 있었다. 위에 소개한 세 편이 모두 우남의 신앙과 또한 당시 조선에 와서 교육활동을 하신 선교사님들과 관련된 글이어서 이를 하나로 묶어야겠다는 생각을 하게 된 것이다. 그리고 마지막에 소개한 헐버트 또한 우남과 같은 시대를 살았던 선교사로서 1907년 미국으로 이주한 이후로 줄곧 대한의 독립을 위하여 우남과 함께 미주 지역에서 온 힘을 다하신 분이라 할 수 있다.

그동안 우남의 정치적, 외교적 행적과 관련한 연구는 많이 있었으나 이처럼 우남의 신앙을 연구한 글들, 또한 선교사들과의 관계를 연구한 글은 희박한 것이 사실이다. 그래서 필자는 우남의 신앙과 관련한 글을 쓰는 이로서 역량이 부족하기는 하지만 개척자의 마음으로 이 글의 출판을 결심하게 된 것이다. 이 글이 세상에 나올 수 있도록 도와주신 이승만 연구원의 오영섭 박사님 그리고 선인출판사의 윤관백 사장님께 진심으로 감사를 드린다.

차례

추천사 · 5
책을 펴내며 · 15

I. 우남 이승만 신앙 연구 · 23

들어가는 말 · 25

제1장_ 우남의 사상적·종교적 배경 ·················· 29
   1. 소년 시절의 교육 환경과 학문적 배경 ·················· 29
   2. 배재학당에서 받은 교육 ·················· 33

제2장_ 우남의 회개(悔改) ·················· 38

제3장_ 우남의 신앙 형성(Spiritual Formation) ·················· 46
   1. 우남이 좋아하던 성경 구절과 찬송가 ·················· 46
   2. 우남의 기도 생활 ·················· 50
   3. 우남의 교회관 ·················· 53
   4. 우남의 신앙 형성(Spiritual Formation) ·················· 54
      1) 현세적 신앙 ·················· 54
      2) 체험에서 우러난 부활 신앙 ·················· 55
      3) 개혁하는 신앙 ·················· 56
   5. 우남 신앙의 독특성 ·················· 58

제4장_ 우남의 신앙적 업적(業績) ·················· 60
   1. 우남의 신앙이 한국 교회에 미친 영향들 ·················· 60
   2. 우남의 신앙이 한국 역사에 끼친 영향 ·················· 67

나가는 말 ·················· 73

II. 스승과 제자, 아펜젤러와 이승만의 관계 연구 · 79

들어가는 말 ·· 81
제1장_ 배재학당에서 만난 우남과 아펜젤러 ······················ 85
  1. 아펜젤러의 인물됨 ··· 85
  2. 청년 우남의 인간됨 ··· 92
    1) 우남의 가정환경 ··· 92
    2) 우남의 성격 ·· 93
    3) 우남의 학문 ·· 107
  3. 배재에서 만난 우남과 아펜젤러 ····························· 110
제2장_ 우남의 감옥 생활과 아펜젤러 ································ 112
  1. 우남의 회개 ··· 113
  2. 아펜젤러의 돌봄 ··· 116
제3장_ 아펜젤러의 뒤를 이은 우남의 활동 ······················· 122
  1. 1902년 이후 한성감옥에서 ·································· 123
  2. 1910년 서울에서 ··· 128
  3. 1913년 이후 하와이에서 ····································· 129
제4장_ 건국 대통령이 된 이후 우남의 사상 ····················· 132
  1. 자유 민주주의 정신 ··· 132
  2. 기독교 정신 ··· 135
나가는 말 ·· 138

III. 선교사 게일과 청년 이승만의 멘토링 관계 연구 · 141

들어가는 말 ·· 143
제1장_ 우남 이승만의 신앙적, 사상적 배경 ····················· 146

제2장_ 선교사, 목사인 제임스 게일(Jamce S. Gale. 1863-1937) ·· 150
  1. 게일의 생애 ·· 151
  2. 게일의 사역 ·· 153
  3. 게일의 번역 및 문서 활동 ··· 155
  4. 게일과 옥중에 있던 양반들과의 만남 ································· 157
  5. 게일에 대한 평가 ··· 159
제3장_ 우남과 게일의 멘토링 관계 ·· 162
나가는 말 ··· 167

IV. 헐버트의 가치관과 그가 보여준 한국사랑 · 169

들어가는 말 ·· 171
제1장_ 헐버트의 성장 과정 ·· 176
  1. 헐버트의 부모 ·· 177
  2. 헐버트의 학창 생활 ·· 179
제2장_ 한국에서의 활동 요약 ·· 182
  1. 출판 및 언론 활동 ··· 183
  2. 근대 교육의 주춧돌을 놓음 ··· 185
  3. 한글 범용의 지평을 열다 ··· 187
    1) 사민필지 ·· 188
    2) 한글 연구와 아리랑의 재발견 ··· 191
  4. 한국 역사의 재발견 ·· 194
  5. 독립운동가이자 황제의 밀사 ··· 197
나가는 말_ 헐버트의 한국사랑은 매우 특별한 것 ······················· 201

부록 · 207

1. 신학월보 기고문 ·· 209
2. 기독교 교육(敎育)에 일생을 바치기로 결심 ································ 231
3. 1948년 5월 31일, 대한민국 제헌국회 개회 기도문 ······················ 234
4. 우남이 조지 워싱턴 대학 재학 시절 이승만의 기독교 전도 연설 · 237
5. 국립묘지에 있는 우남 무덤의 비문(碑文) ····································· 240
6. 가〉 미국에 가는 우남을 위하여 게일이 써 준 추천서 Ⅰ ············· 242
   나〉 미국에 가는 우남을 위하여 게일이 써 준 추천서 Ⅱ ············· 244
7. 가〉 우남이 한성감옥에서 스승인 아펜젤러에게 보낸 편지 Ⅰ ····· 246
   나〉 우남이 한성감옥에서 스승인 아펜젤러에게 보내는 편지 Ⅱ ··· 247

우남 이승만 연보(年譜) 249
참고문헌 275
찾아보기 283

I

우남 이승만 신앙 연구

건국대통령 우남 이승만 (1875–1965)

| 들어가는 말 |

　건국(建國) 대통령 우남은 이 나라를 미국과 같은 민주적 기독교 정신 위에 세워진 나라로 세우려고 고군분투했다. 우남은 한성감옥에서 1904년 여름에 저술한 『독립정신』의 마지막 부분을 쓰면서 이렇게 말하고 있다. "지금 우리나라가 쓰러진 데서 일어나려 하며 썩은 데서 싹이 나고자 할진데, 이 교(기독교)로써 근본을 삼지 않고는 세계와 상통하여도 참 이익을 얻지 못할 것이요... 마땅히 이 교로써 만사에 근원을 삼아, 나의 몸을 잊어버리고 남을 위하여 일하는 자 되어야 나라를 일심으로 받들어 영, 미 각국과 동등이 되리라"[1]고 하였다.

　즉 우남은 멸망 지경에 도달한 대한제국이 부흥하여 미국이나 영국 같은 일등 국가가 되기 위해서는 기독교를 받아들여 국기(國基)로 삼아야 한다고 주장한 것이다. 해방 후 33년 만에 귀국한 이승만은 1945년 11월 28일 정동예배당에서 김규식, 김구(金九, 1876-1949) 선생과 함께 참석한 귀국 환영예배에서 다음과 같은 의미심장한 연설을 했다.

　　나는 여러분께 감사합니다. 40년 동안 사람이 당하지 못할 갖은 고난을 받
　　으며 감옥의 불같은 악형을 받으며 예수 그리스도를 불러온 여러분께 감

---

[1] 이승만(서정민 역), 『풀어 쓴 독립정신』(서울: 청미디어, 2008), pp.412-413. 유영익, 「세기적 전도자 이승만」, 월간 『Jesus Army』, 2011년 8월호, pp.18-19에서 재인용.

사를 드리는 것입니다. 지금 우리나라를 새로이 건설하는 데 있어서 아까 김구 주석의 말씀대로 튼튼한 반석 위에 세우려는 것입니다. 오늘 여러분이 예물로 주신 이 성경 말씀을 토대로 해서 (새 나라를) 세우려는 것입니다. 부디 여러분께서도 하나님의 말씀으로 반석 삼아 의로운 나라를 세우기 위하여 매진합시다.[2]

조국으로 돌아온 우남은 귀국 직후 정동교회 예배당에서 열린 환영 예배에서 하나님의 말씀인 성경말씀을 토대로 새로운 나라를 건설하자고 역설했던 것이다. 1948년 5월 31일 대한민국 헌법을 제정하는 제1차 제헌국회의 임시의장으로 선출된 그는 제일 먼저 하나님께 기도를 드림으로써 대한민국 헌법 제정 작업에 착수했다.[3]

1948년 7월 24일 74세의 우남은 중앙청 광장 연단 위에 올라가 초대 대통령 취임 선서를 한 뒤 연설을 시작하였다. "여러 번 죽었던 이 몸이 하나님의 은혜와 동포들의 애호로 지금까지 살아 있다가 오늘에 이와 같이 영광스러운 추대를 받은 나로서는 일반 감격한 마음과 일변 감당하기 어려운 책임을 지고 두려운 생각을 금하기 어렵습니다." 우남은 "하나님과 동포 앞에서 나의 직무를 다하기로 일층 더 결심하며 맹세한다"라고 서약하였다. 우남을 연구하고 이해하는 데 있어서 우리는 그가 독실한 기독교 신앙인이었다는 점을 간과해서는 안 된다.[4]

그 후 우남은 12년간 대한민국 대통령으로서 통치하면서 음·양으로 기독교 보급에 힘을 기울인 결과, 원래 모범적인 유교 및 불교 국가였던 대한민국을 역사상 처음으로 기독교적 국가로 변모시켜 갔다. 이 대통

---

2) 유영익 논문, 「대한민국의 건국과 기독교- 이승만을 중심으로」, 신앙세계 2008. 7월호에서 재인용.
3) 당시 의원인 이윤영 목사에게 기도하게 함, 이 제헌국회에서의 기도문은 액자에 담겨 지금도 대한민국의 국회의사당에 걸려있다.
4) 이도형, 『건국의 아버지 이승만』, p.1. 조갑제는 이도형이 쓴 이 책의 원고를 읽고 인사말의 첫머리를 위와 같이 시작하고 있다.

령 집권기에 다져진 기독교 교회의 기반은 1960년대 이후 폭발적인 교세 신장의 도약대가 되었다. 그 결과 한국은 아시아 굴지의 기독교 국가가 된 것이다. 한 마디로, 우남은 한국을 아시아 굴지의 기독교 국가로 만드는 데 가장 중요한 공헌을 하였다고 할 수 있을 것이다.

오늘 필자는 이 글에서 우남을 한 사람의 기독교인, 신앙인으로 보려고 한다. 정치인 인물로 그를 바라보던 기존의 입장을 버리고, 그의 신앙과 사상에 초점을 맞추려고 한다. 그 분의 기독교 신앙이 어떻게 형성되었고, 그 신앙의 특성은 어떤 것이며 그의 신앙과 사상이 그의 정치 행보에 어떻게 영향을 주었는가를 규명하려고 애를 쓸 것이다.

제1장에서는 우남의 소년시절의 학문적 배경과 청년 우남의 사상이 어떤 것이었는가 하는 것 그리고 배재학당에서 받은 교육과 환경을 살펴보게 될 것이다. 제2장에서는 우남의 일생에 큰 영향을 준 한성감옥에서 기독교 신앙으로의 회개 과정을 살펴보고 제3장에서는 우남의 신앙 형성(Spiritual Formation)을 살펴보게 될 것이다. 그리고 우남이 평소에 좋아하던 성경 구절과 찬송가, 그리고 기도 생활을 살펴보게 될 것이다. 우남의 교회관(敎會觀) 그리고 그의 신앙의 특성을 연구하게 될 것이다. 그리고 마지막으로 제4장은 우남의 신앙적인 업적들 다시 말해 우남의 신앙이 한국 교회에 미친 영향들과 한국 역사에 미친 영향을 살펴보게 될 것이다.

여러 가지 정치적인 이유로 인하여 아직도 많은 사람들이 우남을 폄하하고 있는 것이 사실이다. 우남의 공과(功過)와 관련하여 많은 논쟁이 있다. 그러나 분명한 것은 우남은 500년 조선의 역사가 끝나고 일제가 패망하여 식민통치를 마치는 역사적으로 매우 혼란스럽고 새로운 변화를 요구하던 시기에 자유민주주의 이념이 근거가 되는 대한민국을 건국하신 건국 대통령이라는 것이다.

젊어서는 독립운동에 평생을 바치고 해방 후에는 제헌국회의 의장으로, 초대 대통령으로 국가 건국의 초석을 놓은 분이다. 그리고 그는 대한민국을 기독교 정신이 바탕이 된 미국과 같은 나라를 세우려고 노력하였다. 그러므로 신앙의 선각자요, 믿음의 선배가 되는 우남의 신앙을 연구하는 일은 한국인인 우리들에게 오늘날 참으로 의미 있는 일이며 앞으로 우리가 나아갈 바른 길을 알게 해 주는 디딤돌이 될 것이라고 생각된다.

| 제1장 |

우남의 사상적·종교적 배경

1. 소년 시절의 교육 환경과 학문적 배경

우남 이승만은 1875년 3월 26일 황해도 평산군 마산면 능안골에서 청빈한 가정의 가장인 이경선(李敬善, 1837-1912) 옹과 서당 훈장이신 김창은(金昌銀, 1833-1896)의 외동딸인 어머니 김해 김씨(金海金氏, 1833- 1896) 사이의 3남 2녀 중에 막내아들로 태어났다. 우남의 두 형은 모두 우남이 태어나기도 전에 홍역을 앓다가 죽었기 때문에 우남은 사실상 가정의 외아들이며 아버지에 이어 6대 독자가 되었다.

우남은 세종대왕의 형님인 양녕대군의 16대손, 즉 이성계의 18대손이었다. 이처럼 우남의 가문은 조선 사회에서 으뜸가는 왕족이었지만 그의 가계는 한파로 알려진 양녕대군 파에 속한데다가 그 파내에서도 격이 낮은 이흔의 서계(庶系)를 이었기 때문에 오랫동안 벼슬길이 막혀 몰락한 양반이나 다름없이 빈한하였다.5)

우남은 왕족의 혈통을 가지고는 있었지만 가난한 사람들 속에서 생활하다 보니 그들과 같은 방식으로 생각하고 느꼈다. 우남이 가진 민주

---

5) 유영익,『이승만의 삶과 꿈』, p.14.

적인 관념들은 이처럼 진보주의적인 생각에 대한 각성과 경험에서 키워진 것이라고도 할 수 있을 것이다.6) 이러한 그의 특수한 가족 배경은 그로 하여금 조선왕조에 대해 비교적 냉담한 입장을 취함과 동시에 다른 양반들에 앞서 사민평등과 민주주의 사상을 받아들이기 쉽게 만들었다고 여겨진다.

우남의 부친 경선 옹은 박학한 양반 계급의 한 사람이었다. 그는 부유한 가정에서 태어나 당시 대부분의 양반 계급들이 그랬듯이 비생산적인 학자가 되기 위한 구태의연한 공부를 하였다. 경선공은 보학(譜學: 족보를 연구하는 학문)과 풍수지리(風水地理)에 조예가 깊은 유교적 선비였다. 그는 매일 여러 시간을 허비하면서 24권의 거대한 가계보(家系譜)를 펼치고 이씨(李氏) 가의 종가나 분가를 캐고, 그 외에 유명한 조선의 명문 가계를 조사하였다고 한다.

우남의 어머니, 김씨는 모든 점에서 뛰어난 부인이었다. 어머니는 부친 이경선 옹보다 6살이 위였으며, 전형적인 조선의 여인답게 자녀 교육과 집안 살림에 헌신적인 분이었다. 먼저 태어난 두 아들이 죽고 나서, 오랜 기간 아들을 가지지 못했기 때문에 그의 나이 40이 다 되어서 얻은 우남에게 남다른 애착을 가지고 있었다.7) 어머니는 북한산 문수사에 가서 치성을 드려 그를 낳았다고 한다.8) 우남의 어머니는 그에게 글을 직접 가르칠 정도로 아들의 교육에 큰 관심이 있었을 뿐만 아니라, 그 무렵 여성으로서는 드물게 상당한 학식이 있었던 것으로 보인다.9) 이런 어머니의 교육열에 힘입어 우남은 여섯 살 때에 천자문을 모두 암기하

---

6) 이원순, 위의 책, p.19.
7) Syngman Rhee, *Child Life in Korea- The Korea mission field*, 1912. 3, p.94 ; 서정민, 「구한말 이승만의 활동과 기독교(1875~1904)」, 『한국기독교사연구』 18, 1988, pp.6-7.
8) 이승만의 어머니가 문수사의 나한에게 치성을 드려 그를 낳았으므로 이승만이 이 절을 찾아와서 현판을 쓴 일도 있다. 그러나 이 현판은 6·25때 소실되었다고 한다.
9) Syngman Rhee, *Child Life in Korea*, pp.96-97.

우남은 독실한 불교 신자였던 어머니로부터 불교의 기초 원리를 배웠으며, 어머니는 매년 자신의 생일이 되면 우남을 절에 보내서 불공을 드리게 하였다.11) 이와 같은 소년 시절의 성장 환경은 우남의 기질에 적지 않는 영향을 주어 기독교인이 된 후에도 한평생 그의 사고에 상당한 영향을 미쳤을 것으로 보인다.

> 나는 모친으로부터 불교의 기초 원리를 배웠다. 어머니는 매년 내 생일에 나를 절에 보내서 불공을 드리게 했다. 멀리 떨어져 있는 북한산에 자리 잡은 그 아름다운 절의 첫인상이 얼마나 좋던지 나의 기억에서 영원히 사라지지 않을 것이다. 영적인 분위기며 금욕적인 환경이며 모든 것이 어찌나 속세와 다르던지 나는 꿈나라에 간 기분이었다.12)

우남의 어머니 김씨는 허약하게 보이는 여자였지만 남자 이상의 강직함을 가지고 조용한 중에도 차분하고 강인한 인내심을 가지고 있었다. 우남은 소년기에 여느 양반집 자제와 마찬가지로 과거 등과를 목표로 서당에서 공부하였다. 여섯 살 때 천자문을 마친 그는 그 후 줄곧 서울의 낙동과 도동에 있는 서당에 다녔다. 그는 열 살 때부터 열아홉 살 때까지 10년간 양녕대군의 봉사손으로서 종친부 종정경과 사헌부, 대사헌 등 요직을 역임한 이근수(李根秀) 옹이 세운 도동서당에서 이 옹 부부의 귀여움을 받으면서 학업에 정진하였다. 우남은 어려서 이병주, 최을용, 그리고 후에 주일 대사에 임명되고, 1952년의 대통령 선거 때 그의 정적이 된 친구 신흥우의 두 형과 함께 공부하였다.13)

---

10) 이정식, 『이승만의 구한말 개혁운동』, p.15.
11) 이정식 역주, 『청년 이승만 자서전』, p.287.
12) 최종고, 위의 책, p.20. 『나의 자서전』, 1955에서 인용.
13) 이원순(李元淳), 『인간 이승만』, p.23.

서당 시절에 우남은 사서오경을 익히고 문장술을 연마하는 데 주력하였다. 서당에서 치르는 도강(都講)에서 항상 장원을 차지했던 그는 열세 살 때부터 해마다 과거에 응시했지만 매번 낙방의 고배를 마셨다. 열일곱 살 때부터 한시를 짓기 시작한 그는 서당에서 동료들과 당음(唐音)14)을 즐겨 읊었다. 그는 국사(國史)에도 관심이 컸는데, 이 무렵 그가 열심히 공부한 역사상 인물은 성삼문이었다고 한다. 오랜 시간을 우남의 비서로 지낸 이원순15)은 우남의 유년 시절 유학(儒學) 공부에 대하여 다음과 같이 적고 있다.

> 그가 최초로 배운 책은 한자의 천자문이었다. 여섯 살 때 그는 그것을 모두 외웠다. 그가 책을 암송했을 때 부모는 동네 사람들을 초청하여 잔치를 베풀었고, 이것은 도동의 한 자랑거리로 전해졌다. 천자문(千字文)의 암송은 영어 단어 천 개를 외우는 것과 비교할 만하였다. 거기에다가 승룡16)은 서도(書道)의 기술도 배웠다. 다음으로 그가 배운 것은 동몽선습(童蒙先習)이었고 일곱 살 때는 통감(通鑑)을, 열여덟 살이 되기 전에는 중국의 고전인 칠서(七書)- 중용(中庸), 논어(論語), 맹자(孟子), 대학(大學), 시전(詩傳), 서전(書傳), 주역(周易)-을 모두 끝냈다.17)

---

14) 당(唐)나라 때의 잘 지은 시를 뽑아 엮은 책의 이름.
15) 이원순은 우남을 30여 년간 가까이에서 모셨던 분이다. 그는 1911년 우남이 미국 유학을 마치고 YMCA에 재직할 때 우남과 사제지간으로 만났다. 후에 그는 『인간 이승만』이라는 전기를 썼는데 여기에서 그는 올리버 박사의 『李承晩』과 그 외, 우남의 귀중한 서신들과 자료를 자신이 보관하였다고 밝히고 있다.
16) 우남의 어릴 적 이름은 승룡(承龍)이었다. 이는 어머니가 용꿈을 꾸고 태어났다 하여 붙여진 이름이었다.
17) 이원순, 위의 책, p.23.

2. 배재학당에서 받은 교육

조선의 첫 번째 근대식 교육기관, 배재학당의 건축광경(1896년)

배재학당 설립 후 1887년 고종이 하사한 배재학당 현판
국가의 동량(棟梁)을 기른다는 의미의 배양영재(培養英材)란 뜻을 담고 있다

배재는 1885년 8월 3일 미국의 감리교 목사인 아펜젤러가 서울에 세운 한국 최초의 근대식 중등교육 기관이다. 배재학당은 고종과 무관치 않다.

1886년 6월 8일 고종(高宗)은 '배재학당(培材學堂)'이라는 교명과 액(額)을 내려주었기 때문이다. '배재(培材)'란 배양영재(培養英材)의 준말로 이는 유용한 인재를 양성한다는 의미인데, 아펜젤러는 그의 선교 보고서에 다음과 같이 자신의 교육철학을 보고하고 있다.

> 유용한 인재는 갈보리에서 돌아가신 주의 피로써 구원받지 않고는 양육될 수 없다. 학생들은 길을 묻고 있는 중이다. 우리의 기도와 심령의 소원은 이 학교를 특별한 영적인 힘이 넘치는 기관으로 만드는 데 있다.[18]

배재학당의 학당 훈(訓)은 "큰 인물이 되려는 사람은 남을 섬길 줄 알아야 된다(欲爲大者當爲人役)"[19]인데, 기독교적 교훈으로 봉사적 인물을 양성하겠다는 뜻이 담겨 있다. 교과목으로는 한문·영어·천문·지리·생리·수학·수공·성경 등이 있었고, 그 외의 과외활동으로 연설회·토론회와 같은 것을 열어 의견 발표 훈련을 시켰고, 정구·야구·축구 등 운동을 과하였다. 학교 운영 방침에 학년을 두 학기로 나누었으며, 수업료는 종전의 물품 대신 돈으로 받았고, 입학과 퇴학의 절차를 엄격히 규정하였고 근로를 장려하였다.[20] 우남이 다니던 당시에 배재학당은 한국인, 서양인, 일본인, 청국인이 두루 섞여 배우고 가르치는 국제적인 분위기의 학교였다.

1894년 발발한 청일전쟁에서 조선의 종주국 청국이 패배하자 세상이 크게 바뀐 것을 깨닫고 우남은 나이 20세가 되던 1895년 4월 배재학당에 입학하여 그 곳에서 1897년 2월까지 영어와 신학문을 연마하였다.

---

18) 유동식, 위의 책, p.65, (ARMEC, 1887, p.313f)에서 인용한 것을 재인용.
19) 마태복음 20: 26-28, "너희 중에는 그렇지 아니하니 너희 중에 누구든지 크고자 하는 자는 너희를 섬기는 자가 되고 너희 중에 누구든지 으뜸이 되고자 하는 자는 너희 종이 되어야 하리라. 인자가 온 것은 섬김을 받으려 함이 아니라 도리어 섬기려 하고 자기 목숨을 많은 사람의 대속 물로 주려 함이니라."
20) 파란 홈페이지, 위키백과에 소개된 '배재학당'

배재학당은 청년 우남에게는 서양 문명에 눈을 뜨게 한 별천지와 같은 곳이었다.

배재학당 영어과에 들어간 우남은 영어 공부에 치중하면서 역사, 지리, 산수, 성경 등 교양과목을 이수하였고 또 학당에서 의무화한 아침예배에도 참석하여 설교를 들었다.21) 배재학당에서의 교육을 통하여 우남은 서양의 정치적 관념(민주주의)에 대하여 새롭게 인식할 수 있었다.

초창기의 배재학생들과 아펜젤러.
뒷 열 우측 상단에 아펜젤러의 모습이 보인다

---

21) 배재학당의 설립자인 아펜젤러는 배재학당을 자신의 모교인 필라델피아 주 랜캐스타 소재 프랭클린 앤 먀샬 대학을 본딴 교양 중심의 대학으로 육성시킬 계획이었다. 그래서 그는 1891년부터 1902년까지 본국 선교부에 제출한 연회 보고서에서 배재학당을 Paichai College라고 칭하였다. 배재학당의 이름은 1902년 이후에 배재고등학교로 바뀌었다. 『배재 100년사』 편찬위원회 편(재단법인 배재학당, 1989), pp.63-64; 유방란,『개화기 배재학당의 교육과정 운영 교육사 연구』8, 1998, pp.175-176, 182-183, 184 참조.

배재학당에서 우남은 미국 선교사들로부터 영어는 물론 이보다 더 중요한 것을 배우게 되었다. 우남을 자극한 것은 바로 영어가 아닌 서양 정치제도와 그 문명이었다. 특히 우남은 미국에서 온 고학력의 선교사들로부터 미국 독립전쟁사 내지 건국사, 남북전쟁사, 노예해방 그리고 법치주의 원칙 하에서 누리는 미국 국민의 정치적 자유 등에 관하여 알게 되었다.22) 이렇게 혁명적인 사상에 눈을 뜬 우남은 절대 군주제 하에서 신음하는 동포를 위해, 이 나라에 미국과 같은 기독교 국가의 민주주의 제도를 도입하는 일이 옳은 일이며 이 일을 위하여 일생을 바치기로 마음먹게 되었던 것이다.

> 배재학당에 입학할 당시 나의 큰 욕심은 거기서 영어, 한 가지만을 배우는 것이었다. 그러나 나는 그 곳에서 영어보다 더 중요한 것을 배웠음을 깨달았다. 그것은 정치적 자유의 개념이었다. 한국의 일반 백성이 무지하게 당하는 정치적 억압의 개념에 대하여 조금이라도 아는 사람이라면 한 젊은이가 평생 처음으로 기독교 국가에서는 국민들이 법률에 의해 지배자의 횡포로부터 보호받는 이야기를 들었을 때 그의 마음속에 어떠한 혁명이 일어났을 지를 쉽게 상상할 수 있을 것이다. 나는 속으로 "우리가 그와 같은 정치적 원칙을 채택한다면 나라의 핍박받는 동포들에게 커다란 축복일 것이다."라고 다짐하였다.23)

이와 같은 우남의 생각은 갑신정변(1884) 주역의 한 사람으로서 1895년 말에 미국 시민권과 의사 자격증을 취득하고 귀국한 서재필(Philip Jaisohn, 1863-1951) 박사가 1896년 5월부터 매주 목요일 학당에서 실시하는 세계지리, 역사 및 정치학 그리고 의사 진행법 등에 관한 특강을 들으면서 더

---

22) 유영익, 『젊은 날의 이승만, 한성 감옥생활(1899-1904)과 옥중잡기 연구』, p.169에서 재인용.
23) 유영익, 위의 책, p.7. (올리버 수집, 이정식 소장 문서 'Autobiography. Rhee', 1912, p.5)

욱 심화되었다.24) 이처럼 배재학당에서의 교육은 우남으로 하여금 조선이 당한 현실을 서양의 정치적 관점에서 새롭게 이해하는 데 있어 중요한 역할을 했다.

---

24) 유영익, 위의 책, p.7. 서재필이 배재 학당에서 베푼 특강에 관해서는 「協成會 活動에 관한 考察」, 『韓國學報』, p.25에서 찾아 볼 수 있다.

| 제2장 |

우남의 회개(悔改)

우남의 인생에서 가장 큰 변화는 삶의 어려운 시기를 감옥에서 보내는 동안 회개하고 예수를 영접하여 기독교인이 되었다는 것이다. 그가 직면한 상황은 영적인 세계로부터 도움을 구하지 않기에는 너무나도 암담하였다. 그는 배재학당에서 예배에 참여하기는 하였지만 의무적으로 참여하는 강좌나 예배가 종종 그러하듯이 냉소적인 태도로 대하였고 이미 자신이 배우고 익힌 전통적인 사고인 유교적인 사상과 불교적인 사고로 인하여 선교사들이 가르치는 서양 종교인 기독교에 대하여 관심을 갖지 않았다. 그러나 감옥이라는 혹독한 환경에 처한 그는 오랫동안 들어온 구원의 복음을 되새기지 않을 수 없게 되었다. 그의 처지가 너무나도 참혹했기 때문이었다.

사실 우남의 사상적인 변화는 이미 신문화를 접하고 신교육을 받았던 배재학당에 입학하면서 시작된 것이었다. 그러나 그가 한성감옥에서 그리스도인으로 회개하고 변화되는 순간은 그의 삶에서 전적인 변화였으며 장차 대한민국의 정치사가 변화되는 시간이었다고도 할 수 있다. 우남의 전기를 쓴 이원순은 우남이 회개하기 전의 상태를 다음과 같이 밝히고 있다. 불교도인 어머니가 우남이 배재학당에 다니는 것을 아직 모르고 있을 때에 우남의 마음 상태를 보여주는 것이다.

이승만은 자기가 개종하기까지에 대해 다음과 같은 글을 남겼다. "가장 기묘하게 생각되는 것은 1900년 전에 죽은 사람(예수)이 내 영혼을 구해 준다는 생각이었다. 나는 자문했다. 우리에게 그리스도 이야기를 해주던 이상한 사람들이 이처럼 바보 같은 교리를 믿을 수 있을까? 확실히 그들은 이 무지한 우리에게 믿을 수 없는 사실을 믿게 하려고 온 것이다. 따라서 가난하고 무지한 사람만이 교회에 가는 것을 보아도 알 수 있다. 위대한 불교의 지식이나 유교의 지혜를 가지고 있는 교양 있는 학자는 결코 이와 같은 교리에 미혹(迷惑)되지 않는다. 이와 같은 결론에 도달하자 나는 아무튼 마음의 평안을 얻을 수 있었다. 그래서 나는 어머니에게 배재학당에 다니고 있다는 것을 이야기할 수 있었다."25)

후에 배재학당을 다니는 동안 기독교에 대한 우남의 생각들이 변해 가는 모습을 이원순은 다음과 같이 그리고 있다.

> 나는 새벽 예배에 이따금 참석하게 되었고, 그리스도는 구원(救援) 이상의 그 무엇을 포함하고 있다고 생각하게 되었다. 그리스도는 동포애(同胞愛)와 봉사의 복음(福音)을 나에게 베풀어 주었다. 나는 이 외국 종교가의 가르침에 마음을 두었고 그리스도는 공자(孔子)와 동일한 위치에 있는지도 모른다고 가슴 깊이 생각하게 되었다. 그러나 그 이상의 것을 생각할 수는 없었다.26)

이 이야기는 그가 투옥되기 전까지 정치운동을 하던 시기에 기독교에 대해서 가지고 있던 그의 자세와 감정을 명확하게 나타내 주는 이야기이다. 우남은 1899년 초에 체포되어 병영과 경무청을 거쳐 한성감옥에 이감되었고 이곳에서 약 7개월간 손목에는 수갑, 다리에는 족쇄 그리고 목에는 10kg의 무거운 칼을 쓰고 미결수 생활을 강요당하였다. 이때에 그는 자신이 조만간에 처형될지도 모른다는 죽음의 공포 속에서

---

25) 이원순, 『인간 이승만』, p.71.
26) 이원순, 『인간 이승만』, p.72.

심각한 종교적 고뇌를 겪었다.

그때 그는 에비슨(O. R. Avison) 박사에게 사람을 보내어 성경과 영어사전을 차입해 줄 것을 부탁하였고 에비슨은 때마침 서울에 부임한 노바스코티아(Nova Scotia) 출신 선교사 헤로이드(Harroyd) 양을 통하여 셔우드 에디(Sherwood Eddy)로 하여금 우남에게 영문 신약성서를 차입하여 주었다. 이렇게 입수된 신약성서를 탐독하던 우남은 어느 날 하나님께 기도를 드리면서 회개하고 기독교에 귀의하게 되었던 것이다.27) 우남은 이러한 회개의 과정에 관해 자신의 영문 투옥 경위서(Mr. Rhee's Story of His Imprisonment)에서 자신의 회개 경위를 다음과 같이 고백하고 있다.

> 나는 감방에서 혼자 있는 시간이면 성경을 읽었다. 그런데 선교학교(배재학당)에 다닐 때에는 그 책이 나에게 아무런 의미가 없었는데 이제 그것이 나에게 깊은 관심거리가 되었다. 어느 날 나는 선교학교에서 어느 선교사가 하나님께 기도하면 하나님께서 그 기도에 응답해 주신다는 말씀이 생각이 났다. 그래서 나는 평생 처음으로 감방에서 "오, 하나님 나의 영혼을 구해 주십시오. 오, 하나님 우리나라를 구해 주십시오(Oh God, save my soul and save my country)"라고 기도하였다.
> (그랬더니) 금방 감방이 빛으로 채워지는 것 같았고, 나의 마음에 기쁨이 넘치는 평안을 누리면서 나는 (완전히) 변한 사람이 되었다. 동시에 그 때까지 내가 선교사들과 그들의 종교에 대해서 갖고 있었던 증오감, 그리고 그들에 대한 불신감이 사라졌다. 나는 그들이 우리에게 자기들 스스로 값지게 여기는 것을 주기 위해서 왔다는 것을 알게 되었다.28)

우남은 성경을 읽던 도중에 자신이 배재학당에 다닌 시절 들었던 선교사의 설교를 떠올렸다. 우남의 머릿속에 떠올랐던 설교는 하나님께 기도하면 하나님께서는 그 기도에 응답해 주신다29)는 내용이었다. 경무

---

27) 유영익, 『젊은 날의 이승만』, p.60.
28) O. R. Avison, *Memories of Life in Korea*, pp.275-276.

청 감방에서 목에 무거운 형틀을 쓰고, 사형선고를 기다리는 극한상황에서 우남은 하나님을 만나는 경험을 하게 되었고, 예수를 자신의 그리스도로 영접했던 것이다. 그리고 그는 불교인 혹은 유교인에서 기독교인으로 개종을 하였다. 그날 이후로 우남의 신앙생활은 그의 일생을 두고 계속되었다고 하와이에서 우남의 마지막 삶을 지켜본 우남의 양자 이인수 박사는 말하고 있다.30)

이처럼 하나님께 처음으로 기도를 드리는 순간, 우남은 특별한 체험을 하게 되었다. 지금까지 두려움과 공포로 얼룩진 어둡고 침울했던 마음에 기쁨과 평화가 찾아온 것이다. 이 짤막한 기도야말로 유가에서 태어나고 독실한 불교도인 어머니의 영향 아래에서 자란 우남이 기독교에 귀의하는 결정적 계기가 되었음을 의미하는 것이었다. 다음은 우남이 그 당시를 회고한 글이다. 우남은 당시의 상황을 다음과 같이 적고 있다.

> 이 이야기의 가장 고무적인 부분은 예수가 다른 사람들의 구원을 위해 자신의 생명을 저버린 데 있다. 어두운 감방 안에서 일부 죄수들은 죽음의 시간을 고통스럽게 기다리고 있었고, 어떤 자들은 교수대로 끌려갔고, 또 다른 이들은 마치 사탄 자신이 영원히 옥좌에서 군림하고 있는 듯 희망의 빗줄기라고는 하나도 없이 끝없이 고통을 받고 있었다.
> 그런 시간과 그런 상황에서 우리 각자는 예수가 다른 사람들의 구원을 위해 고통을 받았다고 믿었고, 예수가 당한 무고와 불의는 너무나 현실적이고 참된 것이어서 우리 각자가 이상스럽게도 가슴이 뜨거워지는 경험을 하였다. 우리들이 너무나 이기주의어서 동포들의 복지에 대해서는 전혀 무관심했던 겨레의 심정에 변화를 줄 수 있는 유일한 종교라는 것을 굳게 믿게 되었다.31)

---

29) Oliver R. Avison, 위의 책, p.90. 우남과 가깝게 지냈던 에비슨은 자신이 쓴 책에 이승만의 수감 이야기를 기록하고 있다.
30) 크리스천 투데이, 2008.3.26. 이인수 박사 인터뷰(김대원 기자).
31) 이승만의 비망록에서, 「기독교 선교와 한국의 독립운동」을 참조.

1904년 청년시절 한성감옥에서 우남과 함께 성경공부를 한 믿음의 동지들 손에 들고 있는 것은 성경책이다

　이와 같이 우남은 한성감옥 안에서 이상스럽게도 가슴이 뜨거워지는 경험을 하였고 예수가 자신의 구주가 되심을 고백하였다. 우남은 예수를 구주로 고백하고 하나님을 섬길 것을 다짐하며 기독교를 자신의 종교로 받아들인 것이다.

　일단 기독교인이 된 우남에게는 예상치 못했던 활력이 솟아났다. 그 결과 그는 감옥 안에서 독서, 전도, 교육, 저술 활동을 눈부시게 펼칠 수 있었다. 그가 제일 먼저 착수한 일은 미국인 선교사가 차입해 준 성경을 공부하는 것이었다. 가끔 벙커(D. A. Bunker), 언더우드(Horace G. Underwood), 존스(George H. Jones), 게일(J. S. Gale) 등 미국인 선교사들이 감옥을 심방하여 그들의 성경공부를 도와주었다. 이러한 성경 연구를 통해 우남은 옥중에서 한국 개신교 역사상 처음으로 40여 명의 양반 출신 관료 지식인들을 기독교로 개종시키는 데 크게 기여하였다.32) 그는 이러한 자신의 신앙 체험담을 『신학월보』 등 선교잡지에 기고하였다.

특히 그는 이상재, 이원긍, 김정식, 홍재기 등 과거 독립협회에서 함께 활동했던 양반 지식인들이 감옥에 들어오자 그들과 더불어 성경 공부와 신학 연구에 박차를 가하였다. 그리고 1902년 12월 28일에는 감옥 안에서 처음으로 예배를 드렸다. 그 결과 그와 그의 신앙 동지들은 한성감옥을 복당(福堂: The Blessing Room)이라고 부르게 되었다.

예수를 그리스도로 고백하고 자신의 구주로 영접하는 회개 이후에 그의 사고에 거의 혁명적인 변화가 오게 되었다. 그리고 이러한 변화는 그의 일생에 걸쳐 선한 영향을 주고 있다는 것을 우리는 그가 남긴 여러 가지 문헌들을 통하여 보게 된다. 회심을 통하여 전통적, 유교적 사고를 하는 전근대적 인간에서 이제 서구적, 기독교적 사고를 하는 근대적 인간으로 탈바꿈한 우남의 인생관, 정치관에는 근본적 변화가 일어났다.

우남은 종전의 정치 지상주의에서 벗어나 자기 인생을 정치 개혁보다 더 중요한 일 즉 기독교 전도 사업에 바치기로 결심하였다. 좀 더 구체적으로 그는 투옥 전에 구현하려 했던 정치제도의 개혁보다는 기독교 교화를 통한 동족의 정신적, 도덕적 자질 향상을 우선시하게 되었다. 그 결과 그는 조국을 동양 최초의 예수교 국가로 만들기로 마음먹었다. 이처럼 기독교 개량주의적 입장을 택함으로써 그는 종전의 급진주의적 정치개혁 노선을 버리고 점진주의 노선을 택한 셈이다.

우남의 회개와 회개 이후에 나타난 그의 생각의 변화들을 살펴보는 것은 우남을 연구하는 데 있어서 매우 중요한 일이다. 우선 우남의 회개와 관련하여 문헌들 속에 나타난 몇 가지 결론적인 생각들을 정리하

---

32) 이광린, 『구한말 옥중에서의 기독교 신앙 동방학지』 제46, 47, 48 합집(1985.6), pp.492-7; 서정민, 위의 논문, pp.64-67 참조.

면 다음과 같은 것들을 알 수 있다.

첫째는, 우남의 회개는 감옥 안의 고통스러운 생활 속에서 선교사가 전해 주신 설교 말씀을 기억하고 주님께 기도함으로 주님을 만나는 내적 체험에 바탕을 둔 신앙고백이라는 것이다. 그의 신앙은 경험적이고, 체험적인 신앙이었던 것이다. 다음은 우남의 『청년 이승만 자서전』에 나오는 글로 우남의 회개 당시 상황을 보여주는 대목이다.

> 내가 품고 있던 질문은 꼭 한 가지 이제 내가 어디로 가야 하느냐 하는 것이었다. 그때 나는 학교 예배실에서 들은 설교를 기억하고 즉시로 목에 씌운 형틀에 머리를 숙이고 기도하였다. 성경책 한 권이 몰래 들어왔다. 죄수 한 명은 간수가 오는지 보기 위해 파수를 섰고 한 명은 책장을 넘겨주었다. 나는 성경을 읽으면서 마음의 평안을 느꼈다. 이상한 기분이었다.[33]

둘째는 우남은 성경을 읽기 시작하면서 마음에 안정을 찾기 시작하였다. 그는 기도하는 가운데 마음의 평안을 갖게 되었고 전에는 가져보지 못한 이상한 기분이 들었다고 하였다. 우남은 지옥과 같았던 감옥이 이제는 복당(福堂: Blessing Room)이 되었다고 하였던 것이다.

셋째로 우남은 기독교로 회개한 이후 선교사들에 대한 인식이 바뀌었다고 말하고 있다. 이러한 인식의 변화는 우남에게 미국에 대한 동경심을 갖게 하였고, 결국 우남이 미국을 배우기 위하여 출옥한 이후 한 달 만에 미국으로 유학을 떠나는 동기가 되었다. 우남은 옥중에서 회개한 이 후에 미국과 미국 선교사들에 대해서 품고 있었던 부정적인 인식을 불식하고 친미주의자로 바뀌고 있었다.[34] 우남은 대통령이 된 후에는 미국식 기독교, 미국식 민주제도를 그대로 도입하려고 하였다.

---

33) 이정식, 『이승만의 구한말 개혁운동』, 「제5부, 청년 이승만 자서전」, p.299.
34) 유영익, 『젊은 날의 이승만』, p.62.

넷째로 우남의 회개로 인하여 우남은 종전에 가지고 있었던 종교, 즉 유교와 불교적인 입장과 자세로부터 기독교적 입장으로 돌아서는 모습을 보여주고 있다. 우남은 신앙적으로 또한 사상적으로 회개를 했던 것이다. 우남은 어려서 학문을 통하여 유교의 영향을 받고 어머니로부터는 불교의 영향을 받았다. 배재학당에서 공부할 때만 해도 그가 기독교에 입문하지 못한 것은 바로 이 두 가지 종교의 영향 때문이었다. 하지만 기독교로 개종한 이후로 그의 사상에는 일대 변화가 일어나게 된 것이다.

| 제3장 |

우남의 신앙 형성(Spiritual Formation)

1. 우남이 좋아하던 성경 구절과 찬송가

어떤 사람이 즐겨 부르는 노래를 우리는 애창곡이라고 한다. 이 애창곡은 대개 부르는 사람 자신의 정서와 깊은 관련이 있기 때문에 그 사람을 이해하는 데 도움을 주는 자료가 될 수 있을 것이다. 경향신문은 역대 대통령들의 애창곡을 소개하면서, 우남의 애창곡은 '희망가'라고 소개하였다.

> 이승만 전 대통령(1948-1960 재임)은 노래를 많이 부르는 편은 아니었지만 가끔씩 부른 노래가 '희망가'였다고 알려졌다. '희망가'는 작사가와 작곡가가 분명치 않은 창가풍의 구전가요로 1920년대부터 대중사이에 퍼졌다. 이 노래는 외국 곡에 누군가가 가사를 붙인 것이라고 한다.[35]

'희망가'의 가사는 다음과 같다.

이 풍진 세상을 만났으니 너의 희망이 무엇인가

---

35) Internet newses, 경향신문 정치면, 2010.12.19.

부귀와 영화를 누렸으면 희망이 족할까
푸른 하늘 밝은 달 아래서 곰곰이 생각하면
세상만사가 춘몽 중에 다시 꿈같구나.36)

우남의 애창곡으로 알려진 곡이 하나 더 있다. 우남을 소개하는 CTN에서 제작한 일곱 권짜리 비디오 클립, 『우남(雩南) 이승만(李承晩)』에 보면 우남을 알고 함께 지냈던 증언자들의 입을 통하여, 우남의 애창곡은 '메기의 추억'이라고 소개하고 있다. 가사는 다음과 같다.

옛날의 금잔디 동산에 메기 같이 앉아서 놀던 곳
물레방아 소리 들린다. 메기야 희미한 옛 생각
동산 수풀은 우거지고 장미화는 피어 만발하였다
물레방아 소리 그쳤다. 메기 내 사랑하는 메기야37)

---

36) 이 노래는 임학찬(1890-1952)이 작사하였다. 호 추담(秋潭)·퇴관(退觀). 경상남도 김해 출생. 15세 때 부모를 따라 그리스도교에 입교하였다. 이듬해 대구 계성학교에 입학하였다가 서울 중앙학교로 옮겨 1910년에 졸업하였다. 김해 합성학교와 마산 창신학교에서 교편을 잡다가 1919년 3·1운동이 일어나자, 이갑성(李甲成)이 보낸 독립선언서를 받고 김필애(金弼愛)·박순천(朴順天) 등과 의논하여 부산·마산·김해 등지에 동지들을 보내 만세를 부르게 하였다. 특히, 부산에서는 일신학교를 중심으로 만세호창단(萬歲呼唱團)을 조직하여 만세운동을 벌였다. 그는 이듬해 5월에 체포되어 서대문 감옥에서 1년간 옥고를 치렀다. 1925년 간도(間島)로 건너가 독립운동 단체에 협력하다가 1926년에 귀국, 새로운 결심으로 평양신학교에 입학하였다. 1934년에 졸업한 뒤 김해군 대저면의 대지교회 목회 활동을 하다가 1945년 광복이 되자, 김해군 건국준비위원회 위원장에 추대되어 혼란기의 질서 유지에 힘썼다. 한편, 동주 상업 중·고등학교를 설립하여 초대 교장을 역임한 후 동아대학교 강사·부학장 등을 지냈다. "이 풍진 세상을 만났으니…"로 시작되는 '희망가(希望歌)'는 그가 그리스도교적 신문화 계몽운동을 위하여 지은 많은 노래 가사 중 하나이다. -출처 네이버 백과사전
37) 미국의 대표적인 민요 중의 하나로 1866년 버터필드가 작곡하였다. 그의 작품 가운데 유일하게 이 작품만 알려져 있다. 이 노래의 가사는 『단풍잎』이라는 시집에 실려 있던 시인데 시를 쓴 사람은 캐나다 출신의 존슨(1839~1917)으로, 그는 메기 클라크를 사랑하여 결혼하였지만 결혼한 그해에 메기가 세상을 떠나자 옛사랑에 대한 추억과 슬픔을 '매기의 추억'이라는 시에 담아 『단풍잎』에 실었다고 한다.

하와이에서 우남의 마지막 삶의 모든 과정을 지켜본 오정중[38]은 우남이 하와이 병원에서 인생의 마지막 단계를 지날 때 평생을 두고 좋아했던 다음과 같은 찬송가를 자주 불러드렸다고 한다.[39] 이 곡은 바로 새 찬송가 580장, '삼천리 반도 금수강산'이라는 곡이다. 이 곡은 본래 일제하에서 애국가처럼 사랑을 받았으나 끝내는 일본에 의해 금지곡으로 지정이 되었던 곡이기도 하다. 일본 사람들의 눈에 비친 이 곡의 가사는 상당히 불온한 것으로 생각이 되었을 것이다.

> 삼천리 반도 금수강산 하나님 주신 동산
> 삼천리 반도 금수강산 하나님 주신 동산
> 이 동산에 할 일 많아 사방에 일꾼을 부르네
> 곧 이날에 일 가려고 누구가 대답을 할까
> 후렴) 일하러 가세 일하러 가 삼천리 강산 위해
> 하나님 명령 받았으니 반도 강산에 일하러 가세[40]

우남이 애독하였던 성구와 관련하여 프란체스카 여사는 다음과 같은 말을 전해주고 있다. 우남은 모세가 이스라엘 민족을 이끌고 이집트를 탈출한 후에 그들의 노예근성을 뽑아 버리기 위해 광야에서 40년 동안 얼마나 애를 썼는지 항상 생각하고 있었다. 그래서 해방 후 귀국하여 신약성경 갈라디아서 5장 1절 말씀을 젊은이들에게 자주 들려주곤 하셨다는 것이다.[41]

---

[38] 오정중은 1960년 당시 우리나라의 하와이 총영사로 있으면서 우남을 친부모처럼 모신 분이다.
[39] 이동욱, 『우리의 건국 대통령은 이렇게 죽어 갔다』, p.81.
[40] 찬송가 580장, 이 찬송은 서울 태생의 교육가요, 민족운동가요, 언론인이었던 남궁억(1863-1939) 선생이 작시하였다. 그는 일제시대에 일제의 압제로 신음하는 민족을 계몽하고 희망을 주기 위하여 평생을 헌신하였다. 그가 1907년에 쓴 이 찬송은 암흑기 우리 민족에게 큰 희망을 주었으며 곡은 도니제티(1797-1848)가 1835년에 쓴 오페라 람메르무어의 루치아 2막의 합창곡에서 왔다.

그리스도께서 우리를 자유롭게 하시려고 자유를 주셨으니 그러므로 굳건하게 서서 다시는 종의 멍에를 메지 말라.(갈5:1)⁴²⁾

또한 서예가인 우남은 생전에 많은 휘호들을 남겼다. 그 가운데 우남은 경천애인(敬天愛人: 하늘을 공경하고 사람을 사랑하라)을 좌우명으로 받들고 살았다고 한다. 여기서 언급된 하늘 천(天)은 우리가 눈으로 보는 물리적인 하늘이 아니다. 옛날부터 우리 민족은 창조주(創造主), 조물주(造物主), 섭리자(攝理者)로서의 하나님을 하늘 천(天)이라는 말로 대신해 왔다. 우남이 여기서 천(天)이라 함은 하나님을 상징하는 것으로 보아야 할 것이다. 우남은 다음과 같은 성경말씀을 자신의 삶의 좌우명으로 삼았다.

예수께서 대답하시되 첫째는 이것이니 이스라엘아 들으라. 주 곧 우리 하나님은 유일한 주시라. 네 마음을 다하고 목숨을 다하고 뜻을 다하고 힘을 다하여 주 너의 하나님을 사랑하라 하신 것이요. 둘째는 이것이니 네 이웃을 네 몸과 같이 사랑하라 하신 것이라. 이에서 더 큰 계명이 없느니라.⁴³⁾

또한 1948년 5월 총선거를 기해 그는 '방구명신(邦舊命新: 나라는 오래지만 명은 새롭다)'라는 휘호⁴⁴⁾를 남겼는데 이 현판은 지금도 이화장의 초대 조각이 이루어진 조각당(組閣堂)⁴⁵⁾에 걸려있다. 여기서 명(命)이라 함은 기독

---

41) 프란체스카 도너 리,『이승만 대통령의 건강 - 프란체스카 여사의 살아온 이야기』, p.109.
42) 신약성경, 갈라디아서 5:1.
43) 막 12:29-31.
44) 방구명신(邦舊命新: 나라는 오래지만 명은 새롭다), 이 휘호는 현재 이화장의 조각당(組閣堂)에 걸려 있다.
45) 이승만 초대 대통령이 일제의 압제로부터 해방되어 정부를 구성하면서 이화장의 조각당에서 초대 내각의 명단을 발표했다. 서울 종로구 이화동 소재 이화장(梨花莊)은 이승만 대통령이 거주하던 곳으로, 현재는 그의 유품을 소장하고 있다. 이화장은 본체인 기와집과 부속건물인 조각당으로 이루어져 있으며, 조각당은 1948년 7월 24일 초대 내각을 구성하여 발표한 장소였다. 조각당은 마루가 달린 작은 한옥 기와집으로 마루와 방을 전부 합쳐봐야 4평정도 되는 자그마한 공간이다. 마루에

교적인 하늘의 천명(天命)을 의미하는 것이었다.46) 우남이 이 글귀를 오래된 나라 조선에 이제 새로운 하나님의 명이 시작되었다는 의미로 썼다면 우리는 우남의 사상을 짐작해 볼 수 있을 것이다. 우남은 이처럼 기독교라는 토대 위에 새로운 국가를 세우기를 염원하였던 것이다.47)

2. 우남의 기도 생활

우남이 언제부터 기도 생활을 시작했는지는 정확하게 알려진 것이 없다. 우남이 서당을 다니며 유학(儒學)을 공부할 때나, 배재학당을 다니며 신학문을 공부할 때도 하나님께 기도를 드렸다는 문헌상의 기록은 찾아보기가 어렵다. 그러나 우남의 생애에 있어서 처음으로 기도하였다는 기록은 한성감옥에서 고문을 당하며 고통스러운 시간을 보낼 때였다는 기록이 남아있다. 『이승만과 김구, 1879-1919』를 쓴 손세일은 우남이 처음으로 기도하는 당시의 상황을 다음과 같이 기록하고 있다. 우남은 잔혹한 고문을 당하면서

> '나는 이제 이 세상에 있는 것이 아니다. 조금만 있으면 다른 세상에 가 있게 될 터인데, 저 외국 사람들이 나에게 말해준 예수를 믿지 않았기 때문에 그 세상의 감옥에 가 있게 될 것이다'라는 생각이 들었다. 그러나 그는 배재학당 예배실에서 어느 선교사가 "당신이 죄를 회개하면 하나님께서는 지금이라도 용서하실 것이요"라고 하는 말을 들었던 기억이 떠올랐다. 그

는 방구명신(邦舊命新)나라는 오래지만 사명은 새롭다), 방안에는 남북통일(南北統一)이라는 친필 휘호가 걸려있다. 방바닥에는 궤짝과 나무상(床)이 놓여 있고, 벽면에는 태극기가 보인다. 정문을 들어서 위쪽을 바라보면 흰 페인트로 칠해진 기와집이 바로 조각당이다. 이런 소박하고 조용한 곳에서 조각을 발표한 것은 이 대통령의 검소함과 나라살림의 어려움을 반영한 것이다.

46) 남정옥(군사편찬연구소 선임연구원), 국방일보, 2008.4.7.
47) 유영익, 『이승만의 삶과 꿈』, p.218.

리고 하나님에게 기도하면 하나님께서 그 기도에 응답해 주신다고 했던 말도 기억났다. 그는 목에 채워진 칼에 머리를 숙이고 "오, 하나님, 저의 영혼을 구해 주시옵소서. 오, 하나님, 우리나라를 구해주시옵소서" 하고 기도했다.[48]

우남은 죽음이 눈앞에 다가왔다는 절박한 심리 상태에서 영혼의 구원을 바라며 예수를 찾은 것이다. 우남의 기도에 대한 하나님의 응답은 황홀했다. 이 순간의 일을 우남은 다음과 같이 회고하고 있다.

> 갑자기 감방이 빛으로 가득 채워지는 것 같았고 나의 마음에 기쁨이 넘치는 평안이 깃들면서 나는 완전히 변한 사람이 되었다. 그리고 선교사들과 그들의 종교에 대하여 가지고 있던 증오심과 그들에 대한 불신감이 사라졌다. 나는 그들이 자기네가 매우 값지게 여기는 것을 한국인들에게 주려고 왔다는 것을 깨달았다.[49]

이는 우남이 일생에 처음으로 예수를 그리스도로 받아들이고 하늘의 하나님께 기도하는 순간이었다. 그 후, 그의 기도 생활은 하와이에서 숨을 거둘 때까지 모든 인생의 굴곡과 더불어 평생을 두고 계속되었다. 미국 유학을 하면서도, 국내로 들어와 YMCA에서 교육 활동을 하면서도, 그리고 미국 망명생활을 하면서도 그는 기도하였다.

대통령이 된 후에도 그는 끊임없이 하나님께 기도하였다. 특별히 6·25전쟁을 당하여 우남은 하루도 빠짐없이 나라를 위하여 젊은 대한의 아들인 군인들과 전쟁에 참여한 우방군을 위하여 매일같이 간절히

---

48) *Autobiography of Dr. Syngman Rhee*, p.11 : 『청년 이승만 자서전』, 이정식 지음, 권기붕 옮김, 앞의 책, p.275.
49) 연세대학교 도서관 소장 "Mr. Rhee's Story of Imprisonment", in Oliver R. Avison, *Memories of Life in Korea*, pp.275-276. 유영익, 『젊은 날의 이승만 – 한성감옥 생활(1899-1904)과 옥중잡기 연구』, 연세대학교 출판부, 2002, pp.60-61, pp.20-203-204. 에비슨 저 황용수 역, 『구한말 40년의 풍경』, 대구대학교 출판부, 2006, pp.282-283.

기도하였다는 기록을 보게 된다. 우남은 일생에 많은 어려운 일들을 경험하였다. 그러나 그러한 어려움을 당할 때마다 하나님께 기도하였고 하나님께서는 우남의 기도에 응답하였던 것이다.

생애의 굴곡과 더불어 우남은 모든 문제를 하나님께 기도하며, 하나님과 함께하였다. 다음은 이인수 박사가 증언하는 하와이 병실에서의 우남의 마지막 유언으로 남긴 기도이다.

> 아버님께서는 당신의 건강 회복이 어렵다는 것을 아시고부터는 조석으로 기도의 말씀을 이렇게 하셨습니다. "... 이제 저의 천명(天命)이 다하여 감에 아버지께서 저에게 주셨던 사명을 감당치 못하겠나이다. 몸과 마음이 너무 늙어버렸습니다. 바라옵건대 우리 민족의 앞날에 주님의 은총이과 축복이 함께 하시옵소서. 우리 민족을 오직 주님께 맡기고 가겠습니다. 우리 민족이 굳게 서서 국방에서나 경제에서나 다시는 종의 멍에를 메지 않게 하여 주시옵소서"50)

필자는 이 글을 집필하는 동안 이화장을 찾아 우남의 양자이신 이인수 박사와 잠시 대담을 나눈 일이 있었다. 이인수 박사는 필자와의 대담 중에 우남의 기도 생활을 말하며 우남의 기도는 기도라기 말하기 보다는 차라리 하나님께 드리는 호소에 가까웠다고 하와이에서의 생활을 회상하였다. 이인수 박사는 말하기를 "자신은 본래 유교 가정에서 성장하고 교육을 받은 유교인이었으나 하와이에서 아버님, 우남 내외를 만난 이후로 그 분들의 신앙생활을 보고 감화를 받아 자신도 기독교에 귀의하게 되었다"고 하였다. 우남의 기도는 기도를 넘어 하나님께 드리는 간절한 호소와 같았던 것이었다.51)

---

50) 이승만, 『일본 그 가면의 실체 - 다시는 종의 멍에를 메지 말라』(서울, 청미디어, 2007), pp.23-24.
51) 2011년 9월 26일 오후 5시, 이화장에서 대담(참석자, 이인수 조혜자, 고춘섭, 김낙환).

3. 우남의 교회관

우남의 교회관은 그의 책,『한국교회의 핍박』에 잘 나타나 있다. 서정민 교수가 풀어 쓴 이 책에서 우남은 자신의 교회관을 다음과 같이 말하고 있다.

첫째, 교회는 사람들이 자유롭게 모일 수 있는 장소이기 때문에 서로 의사를 교통할 수 있는 곳이다.
둘째, 교회 안에는 왕성한 활동력이 있기 때문에 활동하는 힘이 생겨 당시 무기력한 백성들의 존재를 일깨워줬다.
셋째, 교회 안에는 합심하는 능력이 있기 때문에 당파와 정쟁으로 갈라진 백성들이 기독교를 통하여 일치단결 할 수 있다.
넷째, 교회 안에서는 국민의 원기를 유지하게 되기 때문에 나라를 잃은 백성들이 음란, 방탕, 마약 등으로 정신이 쇠잔하여 짓밟힐 수밖에 없었던 백성들을 구원할 수 있기 때문이다.
다섯째, 교회는 청년 교육에 힘쓰고 있기 때문이다. 일본의 교육 억제 정책으로 기껏해야 공업학교뿐이지만 교회는 제일 먼저 대학과 고등학교를 설립하여 '학식이 곧 힘'이 된다는 것을 깨닫게 하였다.
여섯째, 기독교인들은 우상을 섬기지 않는다. 당시 일본은 천황에게 절을 시키고 신사참배 등 우상숭배를 강요하였지만 하나님의 계명을 지켜야 기독교 정신이 유지된다는 대원칙을 어기지 않는 기독교 정신으로 성장할 수 있기 때문이다.
일곱째, 덕성과 정의를 지닌 선교사들의 영향을 받았기 때문이다. 한국에 파송된 선교사들은 모든 어려움과 위태로움을 무릅쓰고 예수 그리스도의 도(道)를 우리에게 전하러온 사람들이기 때문에 좋은 덕성과 정의감의 세력이 한국으로 확장된 것이다.
여덟째, 기독교를 통하여 혁명사상의 풍조가 동양에 전파되기 때문이다. 임금이 주권의 주인이고 백성은 노예와 같이 취급되던 동양의 나라에 예수님을 믿는 자는 '다 같은 형제요 자매'라는 기독교 사상으로 인하여 평등사상이 생겨 일제의 억압에 저항할 수 있는 독립정신을

> 배양하는 곳으로 된다. 예수님은 만백성들로 하여금 죄악을 버리고 하나님의 의를 구하게 하셨고 환난과 핍박 속에서 십자가에 못 박혀 죽기에 이르시기까지 진리가 사람을 자유롭게 함을 가르친 '혁명 주창자'임을 증거하셨으며 일제하의 온갖 악형과 고난 속에 있던 우리 민족에게 희망과 긍정의 메시지를 전달하셨다.[52]

이 책에서 우남은 한국교회가 바로 독립운동의 뿌리이고, 근대사의 주역이고, 대한민국 건국의 원동력임을 말하고 있는 것이다. 이 책의 말미에서 우남은 한국교회를 탄압하고 없애려는 일본을 향하여 다음과 같이 말하며 일본을 향하여 엄히 경고하고 있음을 보게 된다.

> 만일 일본 당국이 한국교회를 아주 없애려 한다면 오래전 로마 황제 네로의 실수를 반복하는 것이 될 것이며 조선의 대원군이 동학을 일으켰던 것이나 청국의 서태후가 의화단을 자초했던 것과 같이 비웃음을 면치 못하게 될 것이다. 마침내 한국교회를 더욱 공고케 할 따름이니 이는 기독교회가 하나님의 능력으로 세워진 까닭이다.[53]

4. 우남의 신앙 형성(Spiritual Formation)

1) 현세적 신앙

우남의 신앙은 현세적 신앙이었다. 우남의 이러한 신앙은 우남으로 하여금 기독교 교육 활동에 헌신하게 하였다. 우남은 사람을 깨우쳐서 하나님의 나라를 지상에 이룩하는 것이 자신의 사명이라고 믿고 있었다. 사실 이러한 우남의 신앙은 "하나님의 뜻이 실현된 인류사회가 천

---

52) 이승만, 『한국교회의 핍박』(서울: 청미디어, 2008), pp.31-32.
53) 이승만, 『한국교회의 핍박』(서울: 청미디어, 2008), p.228.

국"임을 믿는다는 감리교회의 가르침과도 합하는 것이었다.

역사 신학자 서정민 교수는 이러한 신앙의 형태를 우리나라 초기의 민족주의 지도자들에게서 나타나는 공통적인 특성으로 보고 있다. 그는 우남의 기독교 신앙이 지나치게 정치적 성향을 가지고 있고, 현세에 집중해 있으며, 문화적으로 서구 중심적 성향을 가지고 있다고 하였다.[54]

2) 체험에서 우러난 부활 신앙

우남의 글에는 몇 가지 기독교의 핵심 사상이 담겨있다. 그가 옥중에서 『신학월보』에 기고한 6편의 글들과 역시 옥중에서 집필한 『독립정신』에는 그가 이해한 기독교 신앙이 잘 그려져 있다. 먼저 그의 글에 나타난 신앙에서 찾아볼 수 있는 것은 바로 부활 신앙이다.

우남의 부활 신앙은 그가 감옥에서 겪은 체험을 바탕으로 자리 잡은 신앙이었다. 사형장으로 끌려가 언제 죽을지 모르는 상황에서 그는 기도와 성경 읽기를 통해 내면으로부터 솟아나는 기쁨과 평안을 경험했다고 하였다. 이러한 감화는 우남으로 하여금 죽음의 공포를 이길 수 있게 해 주었고, 자신이 하나님의 뜻 가운데 이 세상에 존재하고 있다는 사실을 깨닫게 해 주었다. 더 나아가 하나님의 뜻 안에서 죽는 죽음이야말로 예수와 그의 나라를 위해 죽는 가장 가치 있는 죽음이라고 생각했다.

우남은 옥중에서 죄수들을 상대로 실시한 교육을 통해 이러한 신앙을 더욱 굳히게 되었다. 그는 죄수들을 체념하고 포기해야 할 대상이 아니라, 하나님의 사랑으로 감싸주고, 그 도를 가르치면 그들도 변화되

---

54) 서정민, 『구한말 이승만의 활동과 기독교 (1875-1904)』, 한국 기독교사 연구소, 『한국 기독교사 연구』 no.18(1988년 2월), p.18. 서정민은 이와 같은 내용을 그의 책, 『교회와 민족을 사랑한 사람들』, pp.119-122에서 자세하게 다루고 있다.

어 새로운 사람이 된다는 것을 확신하게 된 것이다.[55] 이러한 확신에서 "예수 말씀에 병인(病人)이 있어야 의원이 쓸 데 있느니라"는 성경 구절은 그가 자주 인용했을 뿐만 아니라 감옥에 만들어진 옥중학교를 통해 자신이 몸소 깨달은 구절이기도 했던 것이다.[56]

우남이 보기에 옥중에 갇혀있는 자신뿐만 아니라 조선이 처한 현실은 매우 암담하였다. 하지만 그는 시대적 상황이 절망적이지만 기독교는 조선의 미래를 희망적으로 바꿀 수 있다고 믿고 있었다. 우남은 자신의 글에서 낙심하지 말고, 우리나라가 미래가 없는 나라라고 생각해서는 안 된다고 하였다. 왜냐하면 우리를 도와주는 이웃이 없어도 하나님이 도와주시며, 하나님은 사람이 할 수 없는 것을 능히 다 하실 수 있기 때문에 걱정할 것이 없다는 것이다.[57] 하나님은 작은 자 하나라도 버리지 않고 모두 건져주시는 분이며, 하나님은 약하고, 어렵고, 위태로울수록 도우시는 분이라고 하였다.[58] 이러한 그의 신앙은 가난하고, 절망스러운 조국을 미국과 영국처럼 일으킬 수 있을 것이라고 믿게 하였던 것이다.[59]

3) 개혁하는 신앙

우남의 글에 나타나 있는 기독교 신앙은 한마디로 개혁하는 신앙이다. 우남은 개혁하는 신앙을 자신의 글에서 기독교 경장(更張)주의라고 표현하였다. 그는 교회의 경장하는 힘을 사회변혁의 중요한 열쇠로 보았던 것이다. "예수교는 본래 교회 속에 경장하는 주의를 포함한 고로

---

[55] 『신학월보』, 1903년 5월호 논설.
[56] 위의 글, 『신학월보』, 1903년 5월호 논설.
[57] 『신학월보』, 1903년 11월호 논설.
[58] 『신학월보』, 1903년 9월호 논설.
[59] 『신학월보』, 1903년 11월호 논설.

예수교가 가는 곳마다 변혁하는 힘이 생기지 않은데 없고,"[60] "예수교가 가는 곳마다 변혁의 주의가 자라난 법이라"[61]는 대목에서도 알 수 있듯이 우남은 기독교, 특히 개신교의 개혁적인 면을 높이 평가하였다. 그는 예수의 사랑과 조국의 갱생(更生)을 다음과 같이 연결시키고 있다.

> 우리가 이 이치를 믿지 않으면 웃고, 흉보려니와 믿는 마음이 있을진대 어찌 감사한 마음이 없으며 기왕 감사할 줄 알진대 어찌 갚고자 하는 생각이 없으리오. 그러나 은혜는 다른 것으로 갚을 수 없고 다만 예수의 뒤를 따라 세상 사람을 위하여 나의 목숨을 버리기까지 일 할 뿐이라. 천하에 의롭고 사랑하고 어진 것이 이에 더 지나는 것이 어디 있으리오. 하느님의 감사한 은혜를 깨달아 착한 일을 스스로 하지 못함이라.... 이것이 곧 지금 세계상 상등 문명국의 우등(優等) 문명한 사람들이 인류사회에 근본을 삼아 나라와 백성이 일체로 높은 도덕 지위에 이름이라. 지금 우리나라가 근본을 삼지 않고는 세계와 상통하여도 참 이익을 얻지 못할 것이요.[62]

우남의 생각은 값없이 그리스도를 세상에 대속 제물로 주신 하나님의 은혜는 다른 어떤 것으로도 갚을 수 있는 길이 없고, 다만 예수의 뒤를 따라 살며 세상 사람을 위하여 자신의 목숨을 버리기까지 일해야 한다는 것이었다. 하나님의 사랑은 하늘 아래 어떤 것보다 더 의롭고 어진 것이어서 이를 넘어서는 것은 없다는 것이 그의 생각이었다.

하나님의 은혜를 깨달은 사람들은 스스로 착한 일을 하는 것이라고 하였던 것이다. 개신교의 이러한 개혁적 성향이 상등문명으로 나아가게 하는 것이며, 사람의 마음을 새롭게 하는 것이고, 국가를 끊임없이 진보하게 만든다고 하는 것이 우남의 믿음이었다.

---

60) 『신학월보』, 1903년 8월호 논설.
61) 『신학월보』, 1904년 8월호 논설.
62) 이승만, 「독립주의의 긴요한 조목」, 『독립정신』 후록(서울: 정동출판사, 1993), pp. 281-282.

5. 우남 신앙의 독특성

우남의 기독교는 곧 서구 제국의 문명과 일치되는 개념이었다. 미국을 비롯한 서구의 앞선 제도, 국민의식, 가치체계 모두가 기독교를 바탕으로 한 것이고 그 기독교는 곧 신문명의 힘을 상징하는 것이었다. 그렇기 때문에 한국의 당시 여러 가지 상황에서 볼 때 기독교를 수용하는 것은 낡은 가치관과 제도를 변혁하여 문명강국으로 나아갈 수 있는 최선의 방책이라고 본 것이다. 바로 여기서 우남 신앙의 본질이 초기 한국기독교 민족운동가들이 일반적 신앙 맥락에서 엿볼 수 있는 목적론, 혹은 조건적 신앙의 틀임이 확연해진다.

즉, 기독교란 국가를 갱신하고 민족의 당면한 과제를 극복하기 위한 이데올로기 내지는 그 구체적 방법으로서의 가치에 국한되고 있는 점이다. 이데올로기로서의 기독교가 전통적인 봉건사회 제도에서의 변혁을 일으키는 사상적 바탕으로 인식됨과 동시에 아울러 또한 그것인 선교적 교류로 맞닿아지는 서구 제국과의 통로 혹은 교회 학교와 같은 조직으로서의 결집 형태가 국권 회복의 방법으로 간주되기도 했던 것이다.[63]

기독교 역사학자 서정민 박사는 우남의 초기 기독교 신앙을 다음과 같은 몇 가지 특징으로 간추려 설명하고 있다.

1. 정책적으로 채용되어야 하는 기독교의 염원이 강력히 나타난다. 이는 기독교 수용 목적 자체가 나라와 국민의 전체적 변혁과 증진을 염두에 둔 것으로 국가 제도나 사회체제의 갱신을 추구하는 것이기 때문에 부분적이기보다는 전체적인, 자연적이기보다는 정책적인 채용을 피력하고 있다.
2. 현실적 기독교로서의 가치가 강력히 피력된다. 이승만의 기독교는 내세와 영혼의 문제 등 종교성으로서보다는 이념적 가치로서 현실 속에 구

---

63) 이정식, 『이승만의 구한말 개혁운동』, p.123.

현되어야만 하는 모습이 강함을 발견할 수 있다.
3. 문화적 기독교로서의 가치가 강력히 피력된다. 특히 서구의 현대 선진 문명의 모체로서 사회제도와 생활문화 윤리, 심지어 자연과학의 수용에 있어서도 신인류 문화의 바탕이 된 그런 기독교를 염원한 것이다.
4. 서구적 기독교의 채용이 강력히 용해되어 있다. 즉 이승만의 기독교는 서구문명, 미국의 힘, 미국인 선교사 등의 의미나 개념이 크게 전제된 서구 (미국) 지향의 기독교이다.[64]

이상의 네 가지 특성을 지닌 우남의 기독교 신앙은 그 자신 개인적인 신앙 결단의 여과를 거쳤음에도 불구하고 결과적으로 신앙적 내연에서 배어나와 민족 구원의 외형적 결단으로 연결되어 나타남으로써 나약하지 않고 성숙된 기독교의 모습을 갖게 된다. 아무튼 그의 초기 기독교 신앙은 정치적(정책), 구체적(현실), 효험적(문화), 외래적(서구)인 것으로 심화되었음을 발견할 수 있다.

---

64) 서정민,『구한말 이승만의 활동과 기독교 (1875-1904)』, p.17.

| 제4장 |

우남의 신앙적 업적(業績)

1. 우남의 신앙이 한국 교회에 미친 영향들

유영익 박사는 『이승만 대통령의 재평가』[65]라는 논문에서 우남의 업적을 정치, 외교, 군사, 경제, 교육 그리고 사회, 문화·종교 분야로 나누어 평가하면서 우남이 대한민국에 끼친 신앙적인 영향을 다음과 같이 말하고 있다. 특별히 이 분야의 연구가 희소하였기에 이곳에서는 많은 부분을 유영익의 연구물에서 인용하였다.

우남의 집권 기간에 나타난 새로운 문화현상 가운데 가장 주목할 만한 것은 기독교(특히 개신교) 교세의 확장이었다. 청년기에 옥중에서 개종한 우남은 동료 죄수들과 함께 성경 공부를 하면서 옥중 전도에 열을 올리는가 하면 1903년 8월에는 『신학 월보』에 「예수교가 대한 장래의 기초」라는 글을 기고하였고, 1904년 6월에 탈고한 『독립정신(獨立精神)』에서는 "지금 우리나라가 쓰러진 데서 일어나려 하며 썩은 데서 싹이 나고자 할진데, 이 교(예수교)로써 근본을 삼지 않고는 세계와 상통하여도

---

65) 유영익, 『이승만 대통령의 재평가』, 대통령이 된 이후 우남의 기독교와 관련한 업적들에 관한 선행연구가 없어 대부분 유영익의 글에서 인용함.

참 이익을 얻지 못할 것이요. … 우리는 마땅히 이 교(기독교)로써 만사에 근원을 삼아 각각 나의 몸을 잊어버리고 남을 위하여 일하는 자- 되어야 나라를 일심으로 받들어 영·미 각국과 동등이 되게 하(자)"라는 말로서 끝을 맺었다.

미국 유학 시절에 그는 정치학, 국제법 및 서양사를 전공하되 신학 과목을 틈틈이 선택하여 공부했던 것으로 전해진다. 1910년에 유학을 마치고 귀국한 그는 서울 YMCA에서 2년간 학감직을 맡아 기독교 교육에 헌신하였다. 그 후 그는 1913년부터 1939년까지 망명객으로 하와이에 머물러 살면서 호놀룰루 한인 YMCA, 한인 기독학원과 한인 기독교회 등을 창립, 운영하였다. 3·1운동을 계기로 1919년 4월 초 노령에 수립된 임시정부의 지도급 인사(국무경)으로 추대된 직후, 그는 미국 신문 기자와의 회견에서 "이번 독립운동의 지도자들의 주의는 한국에서 동양의 처음 되는 예수교국을 건설하는 것"이라고 공언하였다.66) 이로써 그는 장차 건설할 신(新)대한을 기독교 국가로 만들겠다는 자신의 포부를 밝힌 셈이다.

해방 후 조국에 돌아온 우남은 서울 1945년 11월 28일 서울 정동예배당에서 열린 환영회에서 "지금 우리나라를 새로이 건설하는 데 있어서… 오늘 여러분들이 예물로 주신 이 성경 말씀을 토대로 해서 세우려는 것입니다. 부디 여러분께서도 하나님의 말씀으로 반석 삼아 의로운 나라를 세우기 위하여 매진합시다"라고 기독교 국가 건설의 포부를 재천명하였다. 그는 1946년 3·1절 기념식 식사에서 "한 민족이 하나님의 인도하에 영원히 자유 독립의 위대한 민족으로서 정의와 협조의 복을 누리도록 합시다"라고 역설하였으며,67) 또 1947년 1월 미국 오하이오 주

---

66) 「우리나라(를) 예수교국으로 만들어 - 일본의 통치권을 벗는 그 날로」, 『新韓民報』, 1919년 4월 8일(제536호) 기사, 유영익, 『이승만 대통령의 재평가』에서 재인용.
67) 유영익, 「1950年代를 보는 하나의 시각」, 『한국 근대사론』(서울: 일조각, 1992), p.219.

컬럼버스에서 개최된 제55차 '미국, 캐나다 장로교 해외선교본부 지도자회의'에서 행한 연설에서 앞으로 한국에 기독교를 전파하는 데 최선을 다하겠다고 서약하였다.68)

우남의 이와 같은 기독교 국가 건설 의지는 그가 제헌국회 의장 내지는 대한민국 대통령이 된 다음, 주요 국가 의전에서 하나님을 언급하거나 기도하는 형태로 나타났다. 1948년 5월 31일 제헌국회 개회식에서 임시의장으로 선출된 직후 그는 "대한민국 독립 민주국회 1차 회의를 여기서 열게 된 것을 하나님께 감사해야 할 것입니다"라고 말하면서 감리교 목사, 서부연 회장인 이윤영 의원에게 회순(會順)에도 없는 기도를 요청하였다.69) 같은 날 국회의장으로 선출된 그는 '하나님과 삼천만 동포 앞에 바치는 맹세문에 선서했으며, 이어서 국회 개원식 축사에서도 "하나님과 삼천만 동포 앞에서 국가 발전을 위해 분투할 것"을 맹세하였다.70)

1948년 7월 20일 대한민국 대통령으로 당선된 다음 우남은 8월 15일에 개최된 대한민국 정부 수립 기념식에서 "하나님과 동포 앞에서 나의 직무를 다하기로 일층 더 결심하며 맹세한다"는 취임사를 낭독하였다.71) 건국 초창기의 이와 같은 우남의 언행으로 말미암아 제1공화국 기간에 국가 의전을 기독교식으로 행하는 관례가 성립되었다.72)

유영익, 『이승만 대통령의 재평가』에서 재인용.
68) Chung-Shin Park, *Protestant and Politics in Korea,* (Seattle and London: University of Washington Press, 2003), P.177 참조. 유영익, 『이승만 대통령의 재평가』에서 재인용.
69) 유영익, 앞의 책 p.219.
70) 대한민국공보처 편, 『대통령 이승만 박사 담화집: 정치편』(서울: 공보처, 1952), pp.1-6 참조
71) 위와 같음. 유영익, 『이승만 대통령의 재평가』에서 재인용.
72) 최종고, 「제일 공화국과 한국」, 『개신교회 동방학지』, 46, 47, 48합집(1985) p.665. 김흥수, 「기독교인 정치가로서의 이승만」, 「이승만 대통령의 역사적 재평가」, 연세대학교 현대 한국학 연구소 제6차 국제학술회의 논문집(2004.11), p.197. 유영익, 『이승만 대통령의 재평가』에서 재인용.

우남은 재임 기간 부인 프란체스카 여사와 함께 아침, 저녁으로 기도와 성경 읽기를 실천하였으며, 서울 정동 감리교회의 등록교인(1965년 이후에는 '명예장로')으로서 주일예배를 거르지 않았다.[73] 결과적으로 우남의 이러한 신앙적 행보는 한국의 기독교 발전에 특별한 혜택이 되었고, 그 내용은 다음과 같은 것들이다.

첫째로, 우남은 대통령 취임식을 포함한 국가의 주요 의전을 기독교식으로 행하게 하는 관례를 수립하였다. 그는 또한 미군정 기간에 이미 정해진 정책을 계승하여, 크리스마스를 국경일로 선정하였고 이 날을 공휴일로 지정하였다. 우남은 해마다 성탄절 메시지를 발표하였으며 1953년 11에는 성탄 선물과 크리스마스카드를 많이 만들어 보내자는 담화를 발표하기도 하였다.[74]

둘째로, 형무소에 형목제(刑牧制: 형무소 목사제)와 군목제(軍牧制) 등 특수 기독교 기관을 설치하여 기독교 전도를 활성화하였다. 형목제도는 원래 1945년 11월 서울 정동교회에서 열린 조선기독교남부대회에서 형무소에 목사를 파견하여 교화 활동을 하기로 한 것이 발단이 되어 그 해 12월에 미군정청에서 설치한 것이었다. 우남은 이 정책을 계승하고 확장하여 법무부 내에 형정과를 설치하고 초대 과장에 장로교회의 김창근 목사를 임명하고 전국 18개 형무소의 교무과 과장에 장로교 목사 13명, 감리교 목사 5명을 임명하면서 그들을 정식 공무원으로 발령하였다. 1956년 현재 전국 형무소에 교회 목사 20여 명이 배치되어 있고 1960년 이 제도가 폐지될 때까지 형목직은 개신교회의 목사들이 담당하였다.

---

73) 프란체스카 도너 리, 조혜자 옮김,『대통령의 건강』(서울: 도서출판 촛불, 1988), pp.23, 33, 115, 124-125.「프란체스카 여사 비망록」,『중앙일보』, 1981년 6월 24일- 1984년 4월 17일간 연재된 기사 가운데 1950년 7월 17일, 7월 27일자 일기 참조. 유영익,『이승만 대통령의 재평가』에서 재인용.
74) 강인철,『한국 기독교회와 국가 시민사회: 1945-1960』(서울: 한국기독교역사연구소, 1996), p.186, 유영익,『이승만 대통령의 재평가』에서 재인용.

군목 제도는 미국인 선교사들의 강력한 권고에 따라 1952년 2월 7일 대통령 특별명령으로 수립되었다. 처음에는 천주교 신부를 포함한 32명의 성직자들(장로교 14명, 감리교 10명, 성결교 4명)이 육군에 입대하여 무보수 촉탁의 신분으로 일하였으나, 1954년 1월 12일 군종감실이 설치된 다음 12월 13일 현역 장교로 임관되었다. 정규 장교로 임명된 성직자들로 군종단을 만든 것은 미국 교회의 피선교지들 가운데서 한국이 처음으로 시행한 일이었다. 군목의 임무는 교회 예배 인도, 종교 지도, 도덕 교육, 사상지도, 신앙 지도, 인격 지도, 문화, 교양, 지도 등을 통하여 장병들의 신앙 지도와 인격 지도를 목표로 하는 것이었다. 1956년 현재 약 400명의 종군목사와 200여 명의 보조 군목들이 일선의 각 사단과 후방의 교육기관에서 병원에 배치되어 신앙 활동을 하고 있다.[75]

셋째로, 우남은 개신교 신자들을 정부의 권력구조에 대거 충원하였다. 기독교인의 정부 요직 충원은 미군정기부터 시작되었는데 우남은 이 관행을 계승하고 확장함으로써 자신의 기독교 국가 건설 비전을 실현하여 나갔다. 1948년 정부 탄생 후 초대 내각에는 국무총리를 제외한 21개 부서장 가운데 개신교회 신자가 9명이 포함되었고, 그 가운데 2명은 목사였다.

자유당 집권기에 정부의 요직을 점한 인물들의 종교적 배경을 살펴보면, 개신교 32.9%, 천주교 7.4%, 불교 16.2%, 유교 17.6%, 천도교 0.3%, 미상 18.3%였다. 제1공화국기의 국회의원 200명 가운데 약 25%, 그리고 19개 부처의 장, 차관 242명 가운데 38%가 개신교 교인이었다. 이 가운데 각 부처의 장, 135명의 경우 개신교인의 비율은 무려 47.7%에 달하였다.[76] 우남 집권기 남한의 총인구 가운데 기독교인이 차지하는 비율이

---

75) 김양선, 한국 기독교 해방10년사(서울: 대한 예수교 장로회총회 종교교육부, 1956), pp.108-109. 김양선은 이 사업은 한국 기독교 반세기사상 가장 중대하고 위대한 획기적인 사건이라고 평가하였다. 유영익,『이승만 대통령의 재평가』에서 재인용.

10% 미만이었다는 사실을 감안할 때 국회의원 가운데 약 25%, 그리고 정부의 요직을 점유한 인사 가운데 약 47%가 기독교인이었다는 사실은 기독교인이 차지하는 비율이 비교적 높았다는 사실을 말해주고 있는 것이다.

넷째로, 우남은 기독교 선교를 목적으로 하는 언론 매체의 발달을 지원하고 이를 활용함으로써 기독교 교세의 확산을 도왔다. 우남 정부는 1945년 11월에 창간된 한국 최초의 기독교 일간 신문인 『국민신문』과 그 후에 인가된 5종의 신문 이외에 1948년에 1종, 1949년에 2종, 1951년에 2종, 1955에 3종의 기독교 신문의 창간을 인가하였다.[77]

그 외에 1948년부터 설립이 추진되어 오던 한국 최초의 민간 방송인 기독교방송(CBS)이 1954년에 미국의 각 교파 연합 매스컴 위원회(RAVEMCO)의 지원에 의해 개국하는 것을 인가하였으며, 1956년 12월에는 복음주의 연맹 선교회(TEAM)가 공산권 선교를 목적으로 추진한 극동방송국 설립을 인가하였다. 이 가운데 CBS는 1959년 이후 대구, 부산, 광주, 이리 등지에 지국을 설립함으로써 1950년대 후반에 청취율이 가장 높은 방송국이 되었다.[78] 이 밖에도 우남 정부는 기독교 선교에 관련된 방송을 하는 것을 묵인하였다.[79]

다섯째로, 우남은 기독교 선교사들을 우대하고 그들에게 재정적인 특혜를 베풂으로써 기독교 선교를 간접적으로 지원하였다. 1952년 1월 중국

---

76) 강인철, 위의 책, pp.176-177. 김홍수, 앞의 논문 pp.199-200: Chung-shin Park, op. cit., p.174 참조. 유영익, 『이승만 대통령의 재평가』에서 재인용.
77) 전택부, 『한국교회 발전사』(서울: 대한 기독교출판사, 1987), p.319. 유영익, 『이승만 대통령의 재평가』에서 재인용.
78) 권순일, 『한국 방송의 어제와 오늘』, (서울: 나남, 1991), p.26. 강인철, 「해방 후 한국 개신교 국가, 시민사회」, p.126에서 재인용한 것을 다시 유영익의 『이승만 대통령의 재평가』 가운데 「이승만 대통령의 업적」, p.568에서 재인용함, 유영익, 『이승만 대통령의 재평가』에서 재인용.
79) 강인철, 위의 책 p.168을 유영익의 「이승만 대통령의 업적」, p.568에서 재인용.

과 한국에서 오랫동안 YMCA 활동을 펼쳤던 핏취(George A. Fitch) 목사가 한국 최초의 무궁화훈장을 받은 것을 비롯해서 에비슨(O.R. Avison), 윌슨(R.M. Wilson), 애덤스(E. Adams), 스미스(J.C. Smith), 뵐케(H. Voelkel) 부부, 루츠(D. Lutz) 등 수많은 개신교 선교사들이 중앙정부 및 지방정부로부터 훈, 포장과 표창, 감사장, 명예 시민증서 등을 받았다. 또한 옥스남 감독(Bishop G. Bromley), 레인스 감독(Bishop Campbell Raines) 등 미국의 고위 성직자나 선교사들은 한국 정부에 의해 국빈으로 대우를 받았다.80)

여섯째로, 우남은 6·25전쟁 시 외국(특히 미국)의 기독교 구호단체들이 제공한 구호금과 구호물자를 친여(親與)적인 한국 기독교연합회(KNCC)를 통해 개별 교회와 교역자들 그리고 신학교 등에 배분하는 것을 허용함으로써 간접적으로 기독교 전파에 기여하였다. 6·25 발발 후, 미국 정부와 기독교 세계봉사회(Church World Service), 미국 북장로 선교회, 미국 남장로 선교회, 천주교 복지위원회, 감리교 선교회, 캐나다 연합선교회 등 약 35개 외원단체에서 막대한 양의 의복, 식량, 텐트, 약품, 학용품 등 물자와 금품(달러)을 보내와 전재민의 응급 구호, 고아원 운영, 해외 입양, 전쟁미망인 원조, 주택 복구, 보건, 의료, 교육 등 구제 사업을 지원하였다.81)

한국 기독교계는 이러한 구제품 및 달러를 KNCC를 통해 집중적으로 공급받아 전쟁 중에 파괴된 교회를 복구하고 고아원, 모자원 같은 사회사업 기관을 설립, 운영하였다. 1957년 현재 개신교 계통에서 운영하는 각종 사회복지 시설은 539개소, 수용 인원은 63,787명에 달했다. 이와 같이 기독교계는 이미 확보된 교인뿐만 아니라 수많은 난민과 고아 그리

---

80) 김양선, 『한국 기독교 해방 10년』, pp.122-125, 유영익의 글에서 재인용. 「이승만 대통령의 업적」, p.569.
81) 김흥수, 「한국전쟁 시기 기독교의원 단체의 활동」, 한국기독교역사학회, 제222회 연구모임 주제 발표(2004.3.6), pp.6-9. 유영익, 『이승만 대통령의 재평가』에서 재인용.

고 과부 등 일반인들을 상대로 구호 사업을 벌임으로써 기독교 선교의 영역을 넓힐 수 있었다.82)

우남은 이와 같이 음으로 양으로 기독교를 장려한 결과 그의 집권기에 남한의 개신교회는 〈표 1〉에 보이는 바와 같이 급속도로 성장하고 있었다.

〈표 1〉 1910년-1980년 한국 기독교인 증가 추세83)

년도	교인총수
1910년	200,000
1930년	372,000
1950년	600,000
1960년	1,140,000
1970년	2,200,000
1980년	7,180,000

2. 우남의 신앙이 한국 역사에 끼친 영향

감리교회의 교리와 장정 제1장에 기독교 대한 감리회의 역사 부분, 서언은 다음과 같이 기록되어 있다.

---

82) 김흥수, 『한국전쟁과 기복신앙 확산연구』(서울: 한국 기독교 신앙연구소, 1999), pp.90-96, 강인철, 앞의 논문, pp.113-114, 117-118, 120, 125; 박정신, 「6·25전쟁과 한국 기독교-기독교 공동체의 동향을 중심으로」, 유영익. 이채진 편, 『한국과 6·25전쟁』(서울: 연세대학교 출판부, 2002), pp.235, 243. 유영익, 『이승만 대통령의 재평가』에서 재인용.

83) David Kwang-Sun Suh,: "American Missionaries and a Hundred Years of Korean Protestantism, Youngnok Koo and Dae-Sook Suh eds., *Korea and the United States: A Century of Cooperation* (Honolulu: University of Hawaii Press, 1984), p.332. 1948-1960년간 한국 개신교 교인의 증가 추세에 관한 통계는 일정치 않다. 유영익, 『이승만 대통령의 재평가』에서 재인용.

> 그리스도의 복음이 이 땅에 들어 온 19세기 말, 우리 민족은 봉건적 체계의 붕괴와 외세 침략으로 인한 정치적 사회적 위기를 맞고 있었다. 봉건적 사회체제를 이념적으로 지탱해 오던 전통 종교는 변화를 갈망하는 민족의 영적 윤리적 갈증을 해소시켜 주지 못하고 있었다. 이러한 때에 여러 경로로 전파된 복음은 우리 민족을 죄에서 구원하였고 새로운 역사의 원동력이 되었다.[84]

이러한 역사 변화의 소용돌이 가운데 등장하는 인물들이 여럿 있었다. 이들은 일찍이 기독교 사상으로 무장하고 변화를 주도하였던 세대들이다. 서재필, 이상재, 윤치호, 이승만, 신흥우 등 제씨이다. 대개 이 분들은 청년 시절 이미 유학(儒學)을 하신 분들이고 후에 신학문을 공부하시고 기독교를 받아들인 분들이었다. 그들은 쓰러져 가는 나라를 바로 잡을 수 있는 힘은 오직 서양식 민주주의 그리고 그 민주주의를 가능하게 하였던 기독교에 그 힘이 있다고 확신하였다.

이러한 시대적인 흐름 가운데 변화의 가장 중심에 서서 새로움으로의 변화를 주도해 나가신 분이 바로 우남이었다. 긴 안목으로 볼 때에 조선에는 불교 혹은 유교의 수백 년간 지속되어 온 동양문명의 흐름과 전통이 있었다. 그러나 우남은 이처럼 조선의 깊고도 긴 동양문명의 물줄기를 기독교적 서구문명으로 바꾸어 놓았다.

이주영 박사는 건국 60주년을 기념하는 자신의 논문, 「한국의 문명사적 전환과 기독교」에서 우남이 만난 기독교를 해양문명권과의 접촉이라는 시각에서 새로운 해석을 내놓고 있다.

근대 서양문명의 해외 팽창과 함께 19세기말에 한반도는 심각한 위기에 부딪쳤다. 천 년 이상 중국의 대륙 문명으로부터 선진문화를 받아들이면서 살아오던 한민족은 어느 날 갑자기 바다로부터 밀려들어오는 해

---

[84] 기독교 대한 감리회, 『교리와 장정』, 제1편 역사와 교리, 제1장 기독교 대한감리회 역사.

양문명권(海洋文明圈) 세력과 부딪히게 된 것이다. 그들은 새삼스럽게 '생활방식의 차이', 즉 문명의 문제를 실감하였다. 문명적 위기에 대처하려는 과정에서 한국의 지식인들은 두 부류로 갈렸다. 그 하나는 서양의 선진문명을 빨리 받아들임으로써 부국강병의 목표를 달성하자는 개화파 또는 문명 개화파들이었다. 그들은 한발 앞서 문명개화에 착수한 일본을 주목하게 되었고, 그 과정에서 새로운 국가의 개념을 발견하게 되었다. 그들이 일본에서 본 국가는 단순히 종묘사직을 유지하는 무력한 국가가 아니라 경제를 부흥시키고 해외 유학생을 파견하는 등의 적극적인 방법으로 국민의 복리를 증진시키는 역동적인 국가였다. 그들은 일본에서 국가주의를 보았던 것이다.

이들 개화파 가운데서도 미국 선교사들과 미국 유학을 통해 미국적 생활방식을 알게 된 지식인들은 그 속에서 개인의 존재를 확인하게 되었다. 인간이 사는 궁극적인 목적은 다른 무엇보다도 개인의 자유와 그의 자기실현이라는 것을 알게 되었다. 그들은 미국에서 자유주의를 보았던 것이다.

두 번째 유형의 지식인들은 위정척사파(衛正斥邪派)였다. 이들은 중국의 대륙문명권(大陸文明圈)에 매달리는 것이 생존의 길이라고 생각하는 수구적인 태도를 보였지만, 그럼에도 불구하고 해양으로부터 밀려들어오는 외세와 부딪히는 과정에서 민족이라는 공동체를 발견하였고, 새로운 해외 문명에 재빠르게 적응하는 엘리트를 증오하는 과정에서 민중이라는 공동체를 발견했다. 그들은 한국인들 속에서 민족주의와 민중주의의 싹을 보았던 것이다.

이러한 두 부류의 지식인들을 계승한 지적인 전통 가운데에서 기독교 세력은 단연코 개화파에 속하였다. 개화파 가운데서도 기독교도들은 일본의 국가주의보다는 미국의 자유주의에 뿌리를 둔 세력이었다. 그리고 그들을 대표한 인물은 윤치호와 이승만이었다.

한국 기독교가 그들의 정신적 토대를 개인주의, 또는 자유주의 사상에 두고 있는 이상, 그들의 최고 목표는 개인의 자유와 개인의 자기실현을 가로막는 제도와 관습을 타파하는 데 앞장서는 것이었다. 그 때문에 그것은 한국 사회의 자유화와 근대화에 최초의 동기를 부여하였다. 구한말 서양의 기독교 선교사들이 이 땅에 들어오는 순간부터 기독교회는 술, 담배, 노름, 게으름, 축첩과 같은 악습을 추방하고 신분제와 군주제의 만행을 시정하려는 반(反)봉건 운동에 앞장섰다. 초기 기독교도들의 그러한 자유주의적 태도는 1910년 한일합방 직후 미국에서 돌아와 YMCA에서 활동한 이승만이 "나라가 없어진 것은 슬프지만, 상투, 양반, 임금이 없어진 것은 시원하다"고 말한 데서 잘 나타나고 있다.[85]

1945년 일본의 지배로부터 벗어나면서 구한말부터 갈등을 빚어 온 한민족은 문명개화파와 위정척사파로 나뉘어 아주 다른 길을 가게 되었다. 북한 지역은 옛날처럼 그대로 중국의 대륙문명권에 남아 위정척사파의 전통을 지속하게 된 것과는 달리, 남한 지역은 새로이 해양문명권에 편입되어 문명개화파의 전통을 이어나가게 되었기 때문이다.

두 갈래 길에서 문명사적 전환을 겪은 남한 지역이 간 길에 고통이 더 컸다. 왜냐하면 대한민국이 세워진 남한 지역은 선진문화를 받아들일 대상국을 대륙문명권의 중국으로부터 해양문명권인 일본과 미국으로 완전히 바꾸어야 하는 일대 '문명사적 전환'을 이룩해야 했고, 따라서 새로운 해양문명에 새로이 적응해야 하는 힘겨운 짐을 지게 되었기 때문이다.

공동체주의적이고 집단주의적인 중국적 생활방식에 오랫동안 익숙해 온 남한 주민들에게 개인주의적이고 자유방임주의적인 미국적 생활방식은 아주 낯선 것이었다. 따라서 그것에 대한 적응은 정말 힘든 과정

---

[85] 이주영, 건국 60주년 기념 논문집, 「한국의 문명사적 전환과 기독교」.

이었다. 그 과정이 얼마나 힘들었는가 하는 것은 지난 반세기 동안 대륙문명권의 전통적인 생활방식에 그대로 머물러 있던 북한이 내부적으로 안정과 질서를 유지해 왔던 것과는 달리, 남한이 격동과 혼란의 과정을 걸어 온 사실에서 잘 나타나고 있다.

그러나 대한민국은 1987년에 이르기까지는 중국의 대륙문명권과 관계를 완전히 끊고 미국과 일본의 해양문명권에 편입되어 반공적 자유주의 국가로서의 체계를 유지하는 데 성공하였다. 그 과정에서 기독교의 역할이 결정적으로 중요했음은 물론이다. 거기에는 일제강점기의 가혹한 환경 속에서도 새로운 해양문명에 적합한 엘리트를 양성한 기독교의 역할이 컸다. 그러한 점은 해방 직후 미군정 기간에 군정청의 한국인 국장 13명 가운데 7명이 기독교인이었다는 사실에서 확인된다. 그리고 12년간에 걸친 이승만의 통치 기간에 135명의 장관급 부서장 가운데서 기독교인이 47.7%를 차지했다는 사실에서도 확인된다.

그와 같은 자유주의 성향의 기독교적 엘리트는 일제강점기에 일본식 교육에 의해 양성된 국가주의 성향의 일반 엘리트와 함께 신생국 대한민국을 후진국에서 선진국으로 끌어올리는 견인차 역할을 했다.[86] 이러한 문명의 전환기를 이끌어가는 중심에 우남이 서 있었던 것이다.

우남은 청년 시절에 과거를 준비하기 위하여 한학을 공부하던 유학자였다. 그러나 그는 배재학당에 들어가서 서양 선교사들을 만나고 서양 문명과 접촉하게 되었다. 그리고 한성감옥 시절에 고통스러운 상황 속에서 그는 자신이 그동안 신봉해 온 어머니의 종교인 불교와 아버지의 철학인 유교 대신에 기독교인으로 거듭나게 되었다. 그는 한성감옥에서 성경을 읽으며 서양의 문명과 사상을 담은 서적들을 통하여 기독교만이 나라를 바르게 세울 수 있고, 구할 수 있다는 믿음을 점차 갖게

---

86) 이주영, 건국 60주년 기념 논문집, 「한국의 문명사적 전환과 기독교」에서 계속.

되었다. 그의 이러한 견해는 미국 유학을 하는 동안 더욱 심화되었다. 결국 대통령이 된 후 그의 이러한 사상의 영향력은 전 국가에 미치게 되었다고 보아야 할 것이다. 그러므로 이주영 박사의 말처럼 우남의 개인적 사상 변화가 곧 대한민국 미래의 문명권의 방향을 돌려놓는 결과가 되었다는 결론을 내릴 수 있게 되는 것이다.

| 나가는 말 |

　우남의 기독교는 곧 서구 제국의 문명과 일치되는 개념이었다. 미국을 비롯한 서구의 앞선 제도, 국민의식, 가치체계 모두가 기독교를 바탕으로 한 것이고 그 기독교는 곧 신문명의 힘을 상징하는 것이었다. 그렇기 때문에 한국의 당시 여러 가지 상황에서 볼 때에 기독교를 수용하는 것은 낡은 가치관과 제도를 변혁하여 문명 강국으로 나아갈 수 있는 최선의 방책이라고 본 것이다. 바로 여기서 우남 신앙의 본질이 초기 한국 기독교 민족 운동가들의 일반적 신앙 맥락에서 엿볼 수 있는 목적론, 혹은 조건적 신앙의 틀임이 확연해진다.

　즉, 기독교란 국가를 갱신하고 민족의 당면한 과제를 극복하기 위한 이데올로기 내지는 그 구체적 방법으로서의 가치에 국한되고 있는 점이다. 이데올로기로서의 기독교가 전통적인 봉건사회 제도에서의 변혁을 일으키는 사상적 바탕으로 인식됨과 동시에, 그것의 선교적 교류로 맞닿아지는 서구 제국과의 통로 혹은 교회 학교와 같은 조직으로서의 결집 형태가 국권 회복의 방법으로 간주되기도 했던 것이다.[87] 다음은 우남이 노년에 대통령직에서 물러나 하와이 망명 생활을 하는 동안에 가정에서의 아침 광경을 묘사한 것이다.

---

87) 이정식, 『이승만의 구한말 개혁운동』, p.123.

> 세 식구는 아침 7시 반에 일어나고 8시에 반에 식사를 했는데 식사 전에 이 박사가 기도를 했다. 아주 적은 소리로 기도를 해서 옆 사람은 잘 알아듣지 못하였다고 하였다. 아침 식사는 과일 주스 한 컵과 빵을 먹었다. 아침 식사를 마치면 이인수 씨와 프란체스카 여사가 번갈아 가며 성경과 신문을 읽어 드렸는데 우남은 아들이 읽어드리면 더 좋아하였다.[88]

우남이 한성감옥의 고통 가운데서 예수를 그리스도로 영접한 이후 대통령직에서 하야하여 90이 된 노년에 하와이에서 하나님의 부르심을 받는 그 시간까지 이러한 아침 광경은 매일 아침 반복되었다. 이는 우남의 신앙이 마지막까지 신실하였음을 말해주는 대목이라고 할 수 있다. 우남이 하와이 요양원에 있을 때 오정중과 최백렬[89]씨가 자주 찾았다고 한다. 다음은 오씨를 통해 들어본 프란체스카 여사의 간병 생활의 모습이다.

> 그런 열녀가 없었지요. 아침 8시부터 저녁 10시까지 쇼핑하러 나가거나 외출하는 모습을 본 적이 없어요. 여사는 항상 이 박사 옆에서 성경을 읽어 드리고 찬송가를 불러 드리고 손발이 마비되니까 손발을 주물러 드렸습니다. 필요한 물건은 제가 심부름 해 드렸지요....(중략)... 사람이 정신적으로 시들 것 같은데 워낙 신앙이 강해서 그런지 두 분 다 강했던 분이셨어요. 국부와 국모의 자격을 갖춘 분이었지요.[90]

우남은 90세이던 1965년 7월 19일 0시 35분에 세상을 마감하였다. 프란체스카 여사는 늘 들고 다니던 팬암 항공사 로고가 찍힌 낡은 비닐 쇼핑백에 성경책과 찬송가를 담아 들고는 총총히 병실을 나섰다.[91] 자

---

88) 이동욱, 『우리의 건국 대통령은 이렇게 죽어 갔다』, p.34.
89) 오정중은 당시 한국 정부가 파견한 하와이 총영사로 있었고, 최백렬은 하와이에서 양복점을 운영하며 우남을 친부모처럼 모신 교포라고 하였다.
90) 이동욱, 『우리의 건국 대통령은 이렇게 죽어갔다』, pp.80-81.
91) 이동욱, 위의 책, p.88.

신의 국가와 민족을 위해 독립운동으로 건국을 성취해 냈고, 전쟁으로부터 나라를 구원해 내며, 전 생애를 아낌없이 불살랐던 우남의 힘은 어디에서 나왔을까? 그것은 바로 하나님을 믿는 신앙의 힘이었다. 이인수 박사는 우남의 마지막 유언을 회고하면서 다음과 같은 우남의 증언을 남기고 있다.

> "잃었던 나라의 독립을 다시 찾는 일이 얼마나 어렵고 힘들었는지 우리 국민은 알아야 하며, 불행하였던 과거사를 거울삼아 다시는 어떤 종류의 것이든 노예의 멍에를 메지 않도록 해야 한다. 이것이 내가 우리 민족에게 주는 유언이다" 하시며 갈라디아서 5:1을 일러 주시는 것이었습니다.
> "그리스도께서 우리로 자유케 하려고 자유를 주셨으니 그러므로 굳세게 서서 다시는 종의 멍에를 메지 말라."92)
> 나는 이 말씀을 들으며 전 생애를 구국과 독립운동 그리고 자유 민주 대한민국의 건국과 그 수호로 민족의 건전한 생존과 발전의 기반을 마련해 구원과 광명의 길로 인도해주신 아버님, 우남 이승만 박사께서 마지막으로 남기시는 참으로 소중한 유언이라 생각하였습니다.
> 아버님께서는 당신의 건강 회복이 어렵다는 것을 아시고부터는 조석으로 기도의 말씀을 이렇게 하셨습니다. "…이제 저의 천명이 다하여감에 아버지께서 저에게 주셨던 사명을 감당치 못하겠나이다. 몸과 마음이 너무 늙어 버렸습니다. 바라옵건대 우리 민족의 앞날에 주님의 은총이과 축복이 함께 하시옵소서. 우리 민족을 오직 주님께 맡기고 가겠습니다. 우리 민족이 굳게 서서 국방에서나 경제에서나 다시는 종의 멍에를 메지 않게 하여 주시옵소서."93)

이것은 태평양에 지는 장엄한 낙조와 같이 그 파란만장한 생을 마치려는 90세의 '독립투사이자 민족의 위대한 지도자'가 숨이 다할 때까지

---

92) 갈라디아서 5:1.
93) 이승만, 『일본 그 가면의 실체 - 다시는 종의 멍에를 메지 말라』(서울: 청미디어, 2007), pp. 23-24.

우리 민족을 위해 축복의 은총이 임하시길 하나님께 부르짖는 간절한 중보 기도의 모습이었다. 우남은 진정한 그리스도인으로 평생을 살았다. 성경이 말하는 그리스도의 정신을 혼란스러운 조국에 국기(國基)로 세우려고 애를 쓰시다가 마지막 순간 하나님의 부르심을 받았던 것이다.

근래에 들어 여러 학자들에 의하여 우남 연구가 다양하고 활발히 진행되는 것을 기쁘게 생각한다. 여러 가지 이유로 인하여 폄하된 우남에 대한 잘못된 역사적 평가가 이제는 바로 잡아야 할 때가 되었다. 그 분의 공(功)이 과(過)에 밀려 감추어져서는 안 되며, 일제 식민 통치로 인하여 단절된 우리 민족 역사의 수레를 돌려놓은 대한민국 건국 대통령으로서의 우남이 바르게 알려져야 할 것이다.

일제 치하에서 해방된 조국의 모든 혼란스러움을 정리하여 건국의 틀을 마련하고, 전쟁으로 인하여 공산주의자들의 손아귀에 거의 다 넘어간 조국의 운명을 바꾸어 놓고, 이 땅에 자유 민주주의 국가의 기틀을 마련하신 그 자체만으로도 우남은 우리 민족에게는 큰 어른이요, 은인인 것이다.

우남의 기독교 신앙으로 인해 시작된 그의 조국애를 간과해서는 안 될 것이다. 우남의 신앙을 연구하는 일에 미진한 부분들은 우남을 존경하고 사랑하는 학자들과 아펜젤러의 정신을 이어받은 배재의 후학들에게 미루고 이제 나는 동작동 국립묘지에 영면하고 있는 우남의 묘비에 쓰인 묘비의 글을 소개하면서 이 글을 마치려 한다.

> 배달민족의 독립을 되찾아
> 우리를 나라 있는 백성이 되게 하시고
> 겨레의 자유와 평등을 지켜
> 안녕과 번영의 터전을 마련해 주신

거룩한 나라사랑 불멸의 한국인
우리의 대통령 우남 리승만 박사
금수강산 흘러오는 한강의 물결
남산을 바라보는 동작의 터에
일월성신과 함께 이 나라 지키소서94)

---

94) 프란체스카 도너 리, 『대통령의 건강』, p.8. 이승만 연보에 소개됨.

Ⅱ

스승과 제자,
아펜젤러와 이승만의 관계 연구

II. 스승과 제자, 아펜젤러와 이승만의 관계 연구

| 들어가는 말 |

　예수에게는 12명의 제자가 있었다. 제자들은 예수께서 승천하신 후 예수의 정신과 사역을 계승하였다. 베드로, 야고보, 요한과 같은 특별히 사랑받은 제자들은 물론이거니와 다른 모든 제자들도 스승 예수의 정신을 이해하였고 마음으로 받아들인 뒤 다시 세상에 나가 가르치고 전하였던 것이다.

　1902년 6월 서해 어청도 근해에서 발생한 해상사고로 인한 선교사 아펜젤러의 갑작스러운 죽음을 보면서 필자는 한동안 하나님이 원망스러웠다. 발전된 문명과 가족들을 뒤로 하고 아직 서구문명에 눈을 뜨지 못한 조선에 와서 열정적으로, 헌신적으로 선교 사역을 하던 선교사를 그렇게 갑자기 불러 가시는 것이 도무지 이해할 수 없었다. 그런 사람이라면 다른 사람보다 더 많은 은혜와 복을 받아야 마땅한 도리라고 생각하였다. 주님을 위해서 평생 헌신을 약속한 내게 이 사실은 너무나 불편한 진실이었다.

　그러나 나는 아펜젤러와 이승만 두 분의 신앙과 사상 행적을 연구하면서 아펜젤러를 일찍이 데리고 가신 하나님의 섭리를 조금은 이해할 수 있는 마음을 갖게 되었다. 비록 아펜젤러는 안타까운 죽음을 맞이하였지만 다행스럽게도 아펜젤러의 사업과 정신을 승계하게 될 후계자들이 조선에 등장함을 보게 되었기 때문이다.

아펜젤러의 정신과 사상 그리고 사업을 계승할 후계자들이 여럿 있을 수 있지만 우선 손꼽을 만한 후계자로 세 분을 말할 수 있다. 첫째는 그의 가정에서 성장한 장녀 엘리스 레베카 아펜젤러(Alice Lebeca Appenzeller)이고, 둘째는 그의 장남 헨리 닷지 아펜젤러(Henry Dodge Appenzeller)라고 말할 수 있다. 그리고 셋째는 배재학당에서 아펜젤러의 사랑과 교육을 많이 받고 성장한 대한민국의 건국 대통령 이승만이라고 할 수 있을 것이다.

앨리스 레베카 아펜젤러는 아버지 아펜젤러의 이차 안식년(1901)을 맞아 가족들과 함께 미국으로 돌아가 대학 교육을 마치고 1915년 일제 식민지 시절, 다시 미국 선교사 자격으로 조선에 돌아왔다. 그리고 이화학당의 6대 당장(堂長)이 되어 오늘날 이화여자대학이 발전하는 데 결정적인 역할을 하였다. 그가 당장(堂長)으로 재임할 당시 이화여대의 신촌 부지가 확보되었고, 대부분 이화여대의 오랜 건축물들은 앨리스 레베카 아펜젤러에 의해서 지어졌다는 것은 이미 알려진 사실이다.[1] 그녀는 이화학당을 정동에서 신촌으로 이전하였으며 이화학당을 이화여자전문대학으로 승격 확장하였다. 뿐만 아니라 이화의 역사상 최초로 한국인인 김활란에게 총장직을 넘겨주고 1950년 2월 이화의 강단에서 설교를 하던 도중 쓰러져 갑작스러운 죽음을 맞이하였다.

또한 헨리 닷지 아펜젤러도 1017년 아버지가 목숨을 바쳐 선교한 조선으로 돌아왔다. 당시 그는 아버지가 조선에 오던 때의 나이보다 한 살이 더 많은 28세였고, 결혼을 하지 않은 상태였다. 1918년 선교사 노블의 장녀와 한국에서 결혼한 그는 선교사로서의 처음 삼 년을 인천 지방에서 배를 타고 도서(島嶼) 지방을 돌며 복음을 전하다가 1920년 아버지 아펜젤러가 세운 배재학당의 교장으로 부르심을 받게 되었다. 그는 배재에서 선교사로서 또한 교장으로서 교육자로서 사역을 20년간 감당

---

[1] 김성은, 『한국 근대 여성 교육의 기틀을 다지다. 아펜젤러』(서울: 이화여대 출판부, 1989) 참조.

하다가 일제에 의하여 선교사들이 추방당하던 1940년 한국을 떠나게 되었다. 그러나 미군정 당시 다시 한국으로 돌아와 대한민국 정부를 위해 방송하는 일을 하다가 목회 사역을 위하여 다시 하와이로 돌아갔다. 1950년 한국에 전쟁이 발발하자 미국에서의 목회를 사임하고 한국 사람들을 돕기 위하여 1951년 아내와 더불어 부산으로 돌아왔다. 그러나 1952년 광견병이 있는 개에게 물린 것이 원인이 되어 변변하게 치료도 받아 보지도 못하고 1953년 하나님의 부르심을 받았다.[2)]

  제자 이승만은 훗날 대한민국의 건국 대통령이 되었다. 일제의 식민 정치 시대와 삼 년간의 미군정이 끝나가는 1948년, 혼란스러웠던 조국의 정세를 하나로 통합하고 자유 민주주의와 기독교 정신을 근간으로 하는 대한민국을 건국하였던 것이다.

  건국 대통령, 이승만은 청년 시절에 선교사 아펜젤러를 만났다. 처음에 그들은 배재학당을 통하여 다른 이들과 마찬가지로 평범한 학생과 선생으로 만났을 것이다. 그러나 그들은 곧 일반적인 스승과 제자를 넘어서는 특별한 관계로 발전하였다. 청년 우남이 가진 뛰어난 지도자로서의 재능과 잠재력을 알아보았던 아펜젤러는 특별한 가르침과 사랑을 우남에게 주었다. 그리고 이러한 아펜젤러의 가르침과 사랑은 우남의 삶에 지대한 영향을 주었다. 철저한 기독교 정신과 서양의 민주주의 사상으로 충만한 아펜젤러의 가르침은 당시 오랫동안 유학을 연마한 유학자로서 동양사상만 알고 있었던 우남에게 커다란 사상적 변화를 주었다. 그 후 우남은 동양사상과 서양사상에 능통한 세계적 인물이 되었고 이러한 그의 사상은 대한민국을 건국하는 데 기초가 되었다.

  동양과 서양사상을 초월하여 기독교 정신을 지닌 뛰어난 지도자를 내려준 것은 대한민국을 향한 특별하신 하나님의 섭리요 또한 하나님의

---

2) 배재대학 아펜젤러 프로젝트 편찬위원회, 『아펜젤러와 한국 Ⅱ권』에서 헨리 닷지 아펜젤러에 관한 모든 것을 살펴볼 수 있다.

축복이라고 하여야 할 것이다. 우남은 자신의 일생을 통하여 스승이 되시는 아펜젤러의 사상을 전승하려고 노력했다.

　필자는 이 글을 통하여 아펜젤러와 우남의 특별한 제자와 스승으로서의 관계를 밝히려 한다. 청년 우남의 사상이 형성되어 가는 과정에서 스승 아펜젤러의 역할과 그 영향을 찾아보게 될 것이다. 우남이 대한민국의 건국에 지대한 공헌을 하신 분이라면 우남의 사상 형성에 큰 영향을 주신 아펜젤러야말로 대한민국 건국의 숨은 공로자라고 하여도 지나친 말은 아닐 것이다.

| 제1장 |

배재학당에서 만난 우남과 아펜젤러

1. 아펜젤러의 인물됨

헨리 게하르트 아펜젤러
(Henry Gerhard Appenzeller, 1858-1902)

헨리 게하르트 아펜젤러 (Henry G. Appenzeller)는 조선에 온 문명의 개척자로 세계 감리교회 사상 불후의 이름을 남긴 선교사다. 하나님의 영광을 위하여 예수의 복음을 전파하는 데 온 생애를 바친 그의 열정과 헌신은 감탄과 눈물을 자아내기에 충분하다. 조선 반도를 종횡무진하며 선교 활동에 나섰던 그의 행적이야말로 조선에 뿌린 복음의 씨앗이요, 한국 감리교회의 놀랄만한 발전을 가져온 원동력이 되었음을 누구도 부인하지 못할 것이다.[3]

---
3) 김석영, 『처음 선교사 아펜젤러』, p.3.

27살의 어린 나이에 조선에 와서, 44살의 젊은 나이로 세상을 떠나기까지 17년간 아펜젤러의 조선에서의 행보는 조선에 복음을 전하려는 그의 열정과 믿음을 지키기 위한 투쟁의 삶이었다. 그의 선교사역은 바로 성령의 역사였다. 그 후 오늘날까지 한국교회와 사회에 일어난 엄청나고도 놀라운 변화와 발전의 결과를 아펜젤러 자신도 상상하지 못하였을 것이다.4)

미국 펜실베니아(Pensilvenia) 주의 목가적인 향취가 한껏 묻어나는 수더튼(Souderton)은 조그만 농촌 마을로 비옥한 땅으로 둘러있었으며 유서 깊은 코네스토가 강이 유유히 흐르는 곳이었다. 지금으로부터 150여 년 전인 1858년 2월 6일, 이곳에서 교회사에 하나의 커다란 전기가 마련된다. 그것은 조선의 첫 선교사인 아펜젤러의 출생이었다. 그가 태어난 곳은 조선에서 약 1만km나 떨어진 미국 펜실베니아주 몽고메리 수더튼 근처의 베들레헴 턴파이크(Turnpike)라는 곳이다. 장차 조선에 가서 위대한 일을 하라는 하나님의 소명을 받은 한 아이의 울음소리로 조선 감리교회의 역사는 시작된 것이다.5)

아펜젤러는 스위스 혈통의 가문에서 태어났다. 아펜젤(Appenzell)이라는 이름은 예술과 시와 역사 분야에서 잘 알려져 있다. 동시에 개혁교회 및 교육사, 문화사에도 빛나는 이름을 남기고 있다. 아펜젤러의 가문이 미국에 온 것은 1735년인데 교만한 왕의 횡포와 박해를 피해 독일계 미국인들이 많이 모이는 펜실베니아 지방으로 이주한 후 이곳에 집단적으로 정착하게 되었다.

미국 개척자였던 제이콥 아펜젤러에게 두 아들이 있었는데 이 중 둘째 아들인 제이콥 Ⅲ세가 바로 헨리의 할아버지이다. 제이콥 Ⅲ세는 부모의 농사일을 이어 받아 한 농장의 소작인으로 살았지만 계속해서 농

---

4) 김낙환, 『아펜젤러 행전 1885-1902』, P.114.
5) 김석영, 『처음 선교사 아펜젤러』, p.6.

토를 넓혀 나가 나중에는 농장을 운영하게 되었다. 그에게는 네 남매가 있었는데 이 중에 헨리의 아버지인 기드온은 1823년 출생하여 1855년 12월 헨리의 어머니인 마리아 게하르트와 결혼하였다. 이들은 아들을 셋 낳았는데, 그 중 둘째가 바로 헨리 게하르트 아펜젤러다.

헨리 아펜젤러의 집안은 1518년 스위스에서 시작된 츠빙글리의 종교개혁 전통에 따라 개혁교회의 신앙을 따랐고, 그 성품은 스위스 용병의 전통을 이어받아 용감하고 진취적이었다. 이러한 용맹스러운 기질이 헨리를 당시 누구나 꺼려하였던 조선 복음화의 선구자가 되게 하였던 것이다.[6]

아펜젤러와 그의 가족들
1901년 두 번째 안식년에 찍은 것으로 추정됨

아펜젤러의 영적 성장에 일대 전환점을 초래한 것은 그의 회심(回心) 체험과 감리교회로의 전환 사건이었다. 기독교 교리에 대한 지성적인

---
6) 위의 책, p.7.

이해와 인격의 변화를 초하는 영적인 신앙 체험과는 별개의 것이었다. 펜실베니아 웨스트 체스터(West Chster) 주립 사범학교에 재학 중이던 18세의 헨리 아펜젤러는 1876년 10월 1일, 그 곳 장로교회에서 열린 부흥회에 참석했다가 부흥사 풀턴(Fulton)의 설교를 듣던 중, '깊은 감동 속에 철저한 회심'을 체험하였다. 그것은 죄에 대한 실존적인 자각과 이에 대한 하나님의 구속의 은총을 경험하게 된 일이었다. 교육에 의해 준비된 단계에서 세례를 받았을 때와는 달리, 영적으로 거듭나는 뜨거운 체험을 하게 된 것이다. 이것이 그로 하여금 평생토록 그리스도의 복음을 위해 헌신하도록 만들었다. 그는 이 날을 자신의 영적 생일로 정하고 해마다 이 날을 기념하였다.[7]

아펜젤러의 신생(新生) 체험은 그의 일생을 가름하는 중요한 전환점을 초래하였다. 무엇보다도 개혁(改革)교회에 속해있던 그를 감리(監理)교인이 되게 하였다. 회심 후의 아펜젤러는 감리교인들과 접촉하기 시작하였으며 결국에는 존 웨슬리의 신앙과 삶을 받아들이면서 감리교인으로 자신의 교파를 전환하였다.

아펜젤러는 1877년 사범학교를 졸업한 후, 한 학기 동안 교사로 일하다가 1878년 펜실베니아 주 랭캐스터에 있는 프랭클린 마샬 대학(Franklin and Marshall College)에 입학하였다. 거기에서 그는 랭캐스터 제일감리교회에 출석하였고 특히 그 교회의 기도회와 속회에 참석하여 신앙의 기쁨을 누렸다. 그로서는 교회 소속 문제로 다소 고민하지 않을 수 없었지만 결국 감리교회로 교적(教籍)을 옮기기로 결정하였다. 이때의 일에 대하여 그는 일기에서 이렇게 적고 있다.

---

7) William E. Griffis, A Modern Pioneer in Korea: The Life Story of Henry G. Appenzeller, Fleming H. Revell Co., 1912. 이만열 역, 『아펜젤러』, 연세대학교 출판부, 1985. p.58.

개혁교회에서 감리교회로 옮기는 문제에 대한 이전의 모든 생각과 논쟁들이 모두 끝났다. 나는 감리교회의 완전한 신자로 받아들여졌기 때문이다. 이것은 내가 택한 일이다. 이 일은 한동안의 기도와 묵상 끝에 이루어진 것이다. 1876년 10월 1일에 회개한 이래 나는 주로 감리교도들과 함께 지내면서 개혁교회에서 보다 훨씬 편안하다는 느낌을 가졌다. 나는 감리교회에 가입하는 것이 나의 의무라고 생각하며, 오늘날 내가 한 일은 오로지 하나님의 영광을 위한 것이라고 생각한다.8)

아펜젤러가 칼뱅주의(Calvinism)를 떠나 웨슬리언(Wesleyen)이 된 것에 대해 훗날 제임스 게일(James S. Gale)은 조선 선교사들의 생활을 묘사한 소설에서 이렇게 말하고 있다. 이는 아펜젤러를 두고 한 말이다.

나는 너무나 기쁘고 행복해서 '할렐루야'를 외치고 싶었습니다. 하지만 아시다시피 장로교에서는 그렇게 외칠 수가 없었습니다. 그래서 나는 마음껏 소리칠 수 있는 감리교회로 옮겼습니다.9)

아펜젤러가 요한 웨슬리의 삶을 따르기로 한 것은 1879년 4월 20일경으로 랭캐스터 제일감리교회 스미스(H.C. Smith) 목사에 의해서였다. 이때부터 그는 감사하는 마음으로 이날을 늘 회상했는데 그때 감명을 받은 설교도 잊지 않았다. 그것은 "오직 우리 주 곧 구주 예수 그리스도의 은혜와 저를 아는 지식에서 자라가라"10)는 말씀이었다.

1900년 12월 10일 자 일기에 보면 아펜젤러는 그 전 주일에 영국의 런던에 있는 웨슬리 교회를 찾아간 기록이 있다. 아마도 아펜젤러가 안식년을 맞이하여 미국으로 돌아가는 길에 유럽을 여행한 것으로 보인다.

---

8) 아펜젤러, 『일기』, 1879년 4월 20일, 유동식, 『한국 감리교회 사상사』, p.33에서 재인용.
9) 이만열 역, 『아펜젤러』(서울, 연세대학교 출판부, 1985), p.63.
10) 베드로후서 3장 18절.

교회 앞마당에 있는 웨슬리의 동상을 보고, 방명록에 이름을 쓰고, 웨슬리의 무덤을 보는 그의 심정에서 감회가 깊었음을 말하고 있다. 감명 깊은 예배를 드리고 나서 감리교회의 위대한 창시자가 설교했던 곳에 지금 그가 와 있다는 것을 생각하니 눈물이 고였다고 감격스러움을 기록하였다.[11]

존 웨슬리와 마찬가지로 아펜젤러의 신생(新生) 체험은 그로 하여금 선교적인 책임에 눈을 뜨게 하였다. 그때부터 그의 삶의 목표는 그가 체험한 신생의 기쁨과 하나님의 사랑을 모든 사람에게 나누어 주어야 한다는 확신에 찬 것이 되었다. 그리고 그의 신생을 초래한 죄에 대한 자각과 그리스도에 의한 속죄의 체험은 그의 사상의 중심을 이루게 되었다. 그 후 그는 신학교에서 그 신학적 의미를 분명히 밝힐 수 있었으며, 이 속죄의 교리는 그가 일생 동안 가르친 핵심 사상이 되었다.[12] 아펜젤러에 대해 그의 전기를 쓴 그리피스는 이렇게 적고 있다.

> 자신의 재능을 그대로 묻어두는 일이 없는 그는 멜로디언을 연주하였다. 노래를 지도하였으며, 잡역부로서도 즐겁게 봉사함으로써 남들로 하여금 부지런해야겠다는 마음을 품도록 만들었다. '칭의(稱義), 성화(聖化), 한 주일에 1페니[13]'라는 표어대로 그는 가르치고 살았다. 다른 여러 예에서 보듯이 뉴저지에서 '한 사람의 감리교도이며 살아있는 찬송가'였던 그는 유례없을 정도로 순식간에 교회를 성장시켰다.[14]

유동식은 아펜젤러의 신앙적, 사상적 특징을 그의 책, 『한국 감리교회 사상사』에서 다음과 같이 밝히고 있다. 다음에 소개하는 글은 필자가 요약한 것이다.

---

11) 조성환, 『배재대학 인문학 논총, 제6집』, p.230.
12) 유동식, 『한국 감리교회 사상사』(서울, 전망사, 1993), p.34.
13) 이는 당시 드리는 속회 헌금을 말한다.
14) 이만열 역, 『아펜젤러』(서울: 연세대학교 출판부, 1985). p.70.

① 아펜젤러의 복음 이해의 초석이 된 것은 그가 18세 때에 부흥회에 참석했다가 얻은 그의 회심과 신생 체험이었다. 그는 거기에서 그리스도에 의한 속죄를 통해 신생하는 기쁨을 갖게 된 것이다. 그리고 평생토록 이 기쁨을 전하기로 결심하였다.
② 그가 신생 체험을 통해 얻은 것은 주 안에 있는 평화였다. 그는 다음과 같이 설교를 통해 말한다. "회심하고 믿는 순간 이 모든 불안은 사라지고 모든 이해를 넘어선 하나님의 평화가 찾아오는 것입니다."
③ 불멸, 영생을 얻게 된 사실이다. 이에 대해 그는 다음과 같이 말한다. "나는 살 것이며 죽지 않을 것입니다. 나는 내 영혼을 사랑하는 주님과 함께 있을 것입니다. 나는 만왕(萬王)의 왕이 지닌 아름다움을 보게 될 것입니다. 나는 주의 집에 영원히 거할 것입니다. 나는 이것이 하나님의 사랑과 평화의 필연적인 결과라는 것을 알고 있습니다."
④ 영적 복음에 입각한 현실 사회에 대한 책임이다. 그는 사단의 존재를 믿었고, 조선의 복음화는 사단과의 싸움을 동반하는 것이라고 하였다. 그리하여 민족을 도탄에서 구하려던 서재필의 독립협회 운동을 적극 돕고 있는 것이다. 1896년 11월 21일 그는 독립문 기공식에 참여하여 배재학생들과 함께 애국가 합창을 하였고, 기도 순서를 담당하였다. 역사상 공개된 최초의 기독교 의식이 조선에 독립문 기공식에서 진행된 것이다.
⑤ 그는 높은 수준의 조선 문화를 꿈꾸고 있었다. 배재학당을 통한 그의 교육 활동은 단순한 교양인 수준의 중등교육이 아니라 조선의 문화를 이끌어갈 인재를 양성하는 고등 교육기관이었던 것이다. 감리교회가 마땅히 그리고 반드시 이 나라 720만 사람들을 위한 최고 수준의 교양과 대학과정 그리고 신학을 수업할 수 있는 학교를 세워야 한다[15]는 것이 그의 주장이었다. 그리하여 그는 마지막 안식년으로 미국에 갔을 때에도 대학과 신학부(神學部) 건물을 건축하기 위한 모금운동을 전개했던 것이다.[16]

---

15) Annual Report of M.E.C. 1902, p.324.
16) 유동식, 『한국 감리교회 사상사』, pp.38-45.

2. 청년 우남의 인간됨

한 인간을 연구하는 데 있어서 그의 출생과 성장 환경은 대단히 중요하다. 우남은 소년 시절을 제외하고 한성감옥에 들어간 청년 시절 이후 대통령직에서 하야하여 하와이에서 하나님의 부르심을 받고 소천 할 때까지 평생을 기독교인으로 살았다. 그러나 그는 소년 시절에 연마한 유교적인 훈련으로 인하여 일생을 두고 또한 유교적인 사상과 습관들을 버리지 못한 것이 사실이다. 또한 우남과 그 시대의 사람들은 600여 년의 조선 역사가 끊어지고 문화가 붕괴해 가며, 일제가 식민지로 조선을 삼키는 천지가 요동하는 격동기에 유년 시절을 보냈는데 그가 처한 가정, 시대적인 환경은 그의 성격 형성과 행동 유형에 적지 않은 영향을 주었을 것이다.

1) 우남의 가정환경

우남 이승만(李承晩, 1875-1965)은 1875년 3월 26일 황해도 평산군 마산면 능안골에서 청빈한 가정인 아버지 이경선(李敬善, 1837-1912) 옹과 서당 훈장 김창은(金昌銀, 1833-1896)의 외동딸인 어머니 김해김씨(金海金氏, 1833-1896) 사이의 3남 2녀 중 막내아들로 태어났다. 우남의 두 형은 모두 우남이 태어나기도 전에 홍역을 앓다가 죽었기 때문에 우남은 사실상 가정의 외아들이며 아버지에 이어 6대 독자가 되었다.

우남은 어릴 때 '용(龍)이' 혹은 '용'이라고 불렸는데 이는 모친이 그를 가졌을 때 용이 품속으로 내려오는 꿈을 꾸었기 때문이었다. 그 이름이 그의 뇌리에 오랫동안 박혀있었음이 분명하다. 우남이 1946년 로버트 올리버(Rovert T. Oliver)에게 여러 명칭에 대한 암호 해독서(解讀書)를 보내면서 자신이 가장 길게 귀양살이 했던 호놀룰루를 지칭해 '용(龍)이'라

고 하였다.17) 하지만 어릴 때의 그의 공식 이름은 승룡(承龍)이었다.18)

우남의 큰 누님은 황해도 해주의 우씨 집안으로, 작은 누님은 평산의 심씨 집안으로 출가하였고 우남은 이(李)씨 가문 6대 독자로서 주위의 많은 사람들 특별히 부모님과 누님들에게 많은 사랑을 받으며 성장하였다. 우남을 둘러싼 전주이씨 일족은 조선왕조의 창건자 태조 이성계의 후예로서, 우남은 세종대왕의 형님인 양녕대군의 16대 손, 즉 이성계의 18대 손이었다. 이처럼 우남의 가문은 조선 사회에서 으뜸가는 왕족이었지만 그의 가계는 한파로 알려진 양녕대군 파에 속한데다가 그 파내에서도 격이 낮은 이흔의 서계(庶系)를 이었기 때문에 오랫동안 벼슬길이 막혀 몰락한 양반이나 다름없이 빈한하였다.19)

2) 우남의 성격

우남이 태어나기 전 그의 부모는 황해도 평산(平山)의 능내동에 살고 있었는데 가세가 기운 탓에 집안 형편은 넉넉하지 못했다. 그의 가족은 우남이 세 살 되던 해에 서울의 남쪽인 도동으로 이사했다. 우남의 교육을 위한 부모들의 뜻에 의한 것이었다. 우남은 이곳에서 스무 살까지 살았는데 왕족의 혈통을 가지고는 있었지만 가난한 사람들 속에서 생활하다 보니 그들과 같은 방식으로 생각하고 느꼈다. 우남이 가진 민주적인 관념들은 이처럼 진보주의적인 생각에 대한 각성과 경험에서 키워진

---

17) 해방 후 서울로 돌아온 이승만은 미국에 있는 그의 친구이며 조력자였던 올리버와 서신 연락을 하면서 암호를 사용했는데 그것은 이 당시 한국과 미국과의 서신 연락을 할 수 있는 유일한 길이 미국의 우편제도를 이용하는 것이었기 때문이다. 즉, 대한민국이 수립될 때까지는 '국제우편제도'가 없었다. 이승만은 미군 측이 자신의 편지를 읽고 있을 것이라는 생각에 한동안 암호를 썼는데, 그 암호라는 것이 워낙 조잡하고 초보적인 것이어서 일상적으로 그의 글을 읽는 사람이라면 누구나 그 내용을 파악할 정도였다.
18) 이정식,『이승만의 구한말 개혁운동』, pp.24-25.
19) 유영익,『이승만의 삶과 꿈』, p.14.

것이라고도 할 수 있을 것이다.[20]

 이러한 그의 특수한 가족 배경은 그로 하여금 조선왕조에 대해 비교적 냉담한 입장을 취함과 동시에 다른 양반들에 앞서 사민평등과 민주주의 사상을 받아들이게 만들었다고 여겨진다. 우남은 양반으로서 체면만 내세우고 일은 안하는 사람들을 참으로 싫어한다는 자기 견해를 밝힌 바 있다.

> 나는 어린 시절에 우리나라 양반들이 자기 집안의 족보나 아니면 예부터 내려오는 명문 집안들의 족보를 들여다보면서 귀중한 시간을 허비하는 것을 많이 보았다. 그들은 자기나 가족의 생계를 위하여 일을 하지 않고 옛날에 공을 쌓은 어느 누구의 21대 손이라거나, 42대 후손이라고 내세우며 자기를 위해서나 나라를 위해서는 손끝도 움직이지 않고 그저 동포의 등을 처먹고 살았는데 나는 이런 것을 참으로 싫어하였다.[21]

 가족들은 우남을 응석받이로 키웠다. 우남이 그 집안의 외아들이었기 때문이었다. 당시 우리나라에서는 가계를 잇는 것이 가장 중대한 일로 여겨졌고, 아들만이 가계를 계승할 수 있었기 때문에 아들을 중요시 할 수밖에 없었는데 특히 그는 6대 독자였기 때문에 더욱 그랬다. 우남이 자신의 수기에서 말하는 것처럼 그의 부친은 그가 6대 독자라는 사실을 번번이 강조하곤 하였다.[22] 모친은 우남이 17살이 되었을 때에도 그를 '아가'라고 불렀다고 한다.

 우남은 스스로를 돌아보면서 "자신은 매우 야심적이고 노력형인 학생"이었다고 회고하고 있다. 그는 수준 높은 책들을 모두 외웠을 뿐 아

---

20) 이원순, 위의 책, p.19.
21) 최종고,『대한민국 건국대통령의 사상록, 우남 이승만』, p.17. (나의 자서전, 1955)에서 인용.
22) 이정식,『청년 이승만』, 자서전 참조.

니라 붓글씨도 주야로 닦았다. 우남이 스스로 자신의 개발을 위해 노력하고, 부모에게 효도하고, 남들 앞에 자신을 드러내는 것을 좋아하고, 스스로를 절제 할 줄 아는 자신의 성격을 보여주는 대목으로 다음과 같은 글이 전해진다.

> 나는 나 자신의 글씨 연습을 위해서도 그랬고 또 부친의 말씀에 따라 종종 다른 사람을 위해 글을 쓰곤 했는데 내가 글쓰기에 열중할 때면 여러 사람들이 내 주위에 둘러서서 보면서 "야, 그 도령 잘 쓴다"라고 탄성을 지르곤 하였다. 나는 그런 소리를 들으면 너무나 신이 나고 용기가 북돋아 올라서 서당에서도 서예 연습에 박차를 가하곤 하였다. 이런 일들은 나를 더욱 서예에 정진하게 만들었고 이 예를 닦는데 방해될 만한 일은 하지 않게 되었다.[23]

시인 서정주(徐廷柱, 1915-2000)는 2년 동안 집필하여 우여곡절 끝에 1949년 10월 삼팔사(三八社)에서 『이승만 박사 전』을 전작으로 출간하였다. 그러나 이 전기는 출간하자마자 우남의 지시로 발매 금지 처분을 당하였다고 하는데 지금까지 알려진 이유는, 책 속에 등장하는 우남 집안의 어른들에게 경칭을 사용하지 않았기 때문이었다고 한다.

서정주가 우남의 전기를 쓰면서 어느 정도 각색을 했는지는 모르지만 그에 의하면 어린 시절의 우남은 호기심이 많아서 장안에서 각종 정치적, 군사적 소요가 일어날 때면 거리를 혼자 배회하곤 하였다고 한다. 그의 아버지가 그랬듯이 이승만은 외톨박이였던 것 같다. 서정주가 쓴 우남의 전기에 의하면 때때로 우남은 혼자서 몇 시간이고 연 날리기를 하였다고 한다.

---

[23] 우남 이승만의 '서예에 대한 비망록'에서 인용.

> 그는 그림 그리는 것을 좋아해서 다른 아이들이 놀고 있는 동안 꽃이나 나비 그리고 선생님들의 초상을 그리는 데 열중하였다. 나비는 그가 가장 좋아하는 그림 그리기의 대상이어서 그의 학교 친구들은 그를 '이 나비'라고 놀려대곤 하였고 그러면 그림 그리기를 중단하곤 하였다고 한다. 그림 그리기이든, 연 날리기이든, 글을 읽던 우남이 한번 열중하면 아무것도 그를 움직이지 못하였다. 그는 여가만 나면 2주 동안 삼국지(三國志)를 읽는 일 말고는 아무것도 하지 않았고, 그림을 그리고 나면 또 다른 소설을 그렇게 읽곤 하였다. 그는 학교의 일꾼에게 노래를 가르쳐 달라고 졸라서 노래 가사를 적은 노트가 책이 될 정도였다. 또 그는 꽃을 서당의 마당에 옮겨 심는 것을 좋아해서 선생님이 그를 꽃에 빠진 놈이라고 불렀다고 한다.[24]

이러한 글을 통하여 우리가 알 수 있는 것은 우남이 집중력과 인내력이 두드러졌다는 점과, 주로 혼자서 여가를 보내곤 하였다는 점이다. 그리고 그는 이미 어려서부터 훌륭한 정서 생활을 하고 있었다는 것인데 이러한 경험들이 후에 우남을 뛰어난 시인이요, 문장가로도 만들었던 것이다.

우남과 더불어 어린 시절을 함께 보내고, 배재학당에서 함께 수학하였으며, 한성감옥에도 함께 있었던 신흥우는 우남의 성격과 관련하여 아래와 같은 증언을 남기고 있다.

> 영어(囹圄) 생활을 하는 동안 승만은 영어(英語)를 일층 열심히 공부하여 영어 실력이 서양인과의 교섭에서 조금도 손색이 없는 정도에 달했다. 그가 입감된 지 약 1년 반이 지나서 나도 입감하여 승만과 한 방에 있게 되었기 때문에 우리는 한층 더 친해졌고 또 동지로서 그를 대단히 숭배했지만 가끔 의견 충돌이 있었다. 그 이유는 내가 본 이승만은 포용성이 부족한 것이 결점이었다. 그가 나를 볼 때 내가 중용성(中庸性)을 갖고 있었기 때문

---

[24] 서정주, 『우남 이승만 전』, pp.68-72.

에 좋지 못하다면서 서로 말다툼을 했던 것이다. 그는 자기의 주장에 반대 하면 조금도 용서 없이 화를 내는 성질이었다. 그것이 원인이 되어 어떤 때 나는 격론 끝에 승만의 방에서 자리를 옮기지 않으면 안 되었지만 (나 는) 그러지 않고 계속 같은 방에 남아 있었다.25)

신흥우는 우남이 영어 공부를 열심히 공부하여 영어에 능통하게 된 점 등을 칭찬하면서도, 그가 성격적으로 너무 독선적이라 자기와 의견이 다른 사람을 용납하지 않아 더불어 감방살이 하기가 힘들었음을 고백했다. 이 증언은 출옥 후에 우남의 정치 행태를 이해하는 데 크게 도움을 주는 대목이라고 할 수 있을 것이다.

우남은 조선왕조의 국족으로 태어난 탓으로 어려서부터 높은 엘리트 의식과 호국의 사명감을 속으로 지니고 자라났다. 게다가 집안의 6대 독자였기에 때문에 온 가족의 사랑을 독차지 하면서 성장하였다. 이러한 신분 및 가정 배경이 우남으로 하여금 독존적인 성격을 갖게 만들었다고 할 수도 있을 것이다. 다른 한편 우남은 아버지가 늘 집을 비운 상태에서 집안의 여인들을 보호 대변하면서 자라난 결과 어른이 된 후에 민족의 이권을 보호하기 위해 외적에 대항한 '수탉형'의 외향적 성격을 갖게 되었던 것이다.26)

우남은 부모로부터 특별한 유산을 받지 못하였다. 그러나 양친으로부터 왕족의 후예라는 자부심과 남달리 영민한 두뇌와 튼튼한 체력을 이어받았다. 이러한 두 자산을 밑천으로 삼아 학문과 정치의 세계에 도전하여 끈질기게 분투, 노력한 결과 그의 먼 조상 태조 이성계가 도달한 것과 맞먹는 수준의 정치적 고지를 점령하는 데 성공하였다. 우남은 혼자의 힘으로 자신의 앞길을 개척한 전형적인 자수성가형의 인걸이었던

---

25) 신흥우의 일본 책, 『이승만의 語』, pp.284-285. 유영익의 『젊은 날의 이승만』, p.193 주석 부분에서 다시 옮김.
26) 서정주, 『우남 이승만전』, p.20.

것이다.[27]

우남은 자존심이 강한 인물이었다. 한성감옥에서 1904년 7월 14일에 알렌 공사에게 쓴 서한을 보면 그가 얼마나 자존심이 강하고, 자기의 주장이 강한 인물이었는가 하는 것을 알 수 있다. 우남 자신의 석방을 위해 진력하던 미국의 주한 공사 알렌(H. N. Allen, 1858-1932)에게 우남은 다음과 같은 내용의 공개서한을 쓰고 있다. 이글에서 우리는 우남의 강한 자존심을 엿볼 수 있다.

> 공경히 아뢸 말씀은 제가 옥중에 있는 몸으로 각하께 서신을 직접 올리는 것이 불경(不敬)한 일인 듯하오나, 관계가 가볍지 않은 사건이 있기에 염치를 무릅쓰고 우러러 번거로움을 끼치는 바입니다. 근자에 듣자오니 각하께서 저를 위하여 일본 공사에게 보호를 요청하기도 하고, 또 외부에 석방도 요청하였다는 소식이 누차 신문에 게재되었습니다. 저의 사사로운 분수에 비추어 감사함을 이기지 못하겠사옵니다. 그러나 세상 사람들은 제가 직접간접으로 청탁한 바가 있어서 그런가 하는 의혹이 없지 않을 것입니다. 이는 본인의 염원을 저버린 것이요, 또한 각하의 공인(公人)으로서의 체통을 훼손하는 일이 됩니다. 하물며 한국 죄수의 보호를 이웃나라의 공사에게 부탁하는 것은 우리 한국의 독립을 존중히 여기는 본의에 위배되며 귀국과 우리나라의 우의(友誼)를 손상시키는 바입니다. 본인은 차라리 억울함을 품고 달갑게 죽을지언정 이 일만은 참으로 원치 않는 바이오 또한 차마 할 수도 없는 바입니다. 천만 살펴서 헤아리시기를 바라고 또 깊이 바랍니다.
>
> 광무(光武)8년 7월 18일, 즉 July 18, 1904.[28]

이 서한의 내용을 검토해 보면, 미국 공사 알렌은 1904년 중순에 일본 공사 하야시에게 우남의 신변 보호를 요청하였고 동시에 대한제국 외부

---

27) 위의 책, p.20.
28) 유영익, 『젊은 날의 이승만』, 부록 「국역 옥중잡기」, #6 참조.

에도 우남의 석방을 요구하는 보냈던 것이 분명하다. 그런데 우남은 이 서한에서 1899년 초 한성감옥에 처음으로 구치되었을 때 알렌의 호의를 사절했던 전례대로 – 외국 공사의 도움을 받아 출옥하는 것은 피차 존중한다는 명분에 맞지 않기 때문에 알렌의 뜻을 사절하겠다는 뜻을 밝힌 것이다.[29]

우남이 1904년, 같은 해 8월 7일에 출옥하였다는 것을 감안하면 이미 우남은 5년 7개월의 긴 영어 생활을 했음에도 불구하고 피차 존중의 명분에 맞지 않는다는 이유로 알렌의 도움을 정중하게 사양하고 있다. 이는 좋게 말하면 조선인으로 구차스럽게 외국인의 도움을 받고 싶지 않다는 말이고, 또한 명분도 없는 일로 구차하게 살지는 않겠다는 조선의 선비 정신 혹은 양반의 기개를 보여 주는 것이라고 할 수 있다. 그러나 나쁘게 보면 그는 자기주장 내지는 자기 고집이 얼마나 강했던 인물이었는가 하는 것을 보여주는 극단적인 예라고 할 수 있을 것이다.

또한 우남은 그가 일찍이 배운 유학을 통하여, 또한 아버지의 모습을 통하여 학습된 소위 가부장적인 권위를 가진 사람으로 보인다. 우남과 가장 가까이에 살면서 우남과 평생을 같이한 아내 프란체스카 여사는 『대통령의 건강』이라는 회고록을 쓰면서 우남이 남긴 생전의 모습을 다음과 같이 증언하고 있다. 이는 우남이 가정에서 아내와 남편의 사이를 규정하는 데 있어서 어떤 성품의 사람이었는가 하는 것을 짐작하게 하는 대목이다.

> 신혼 생활을 시작할 무렵, 남편은 나에게 "한국의 남자들은 부엌에 들어가서 아내를 도와주지 않는다고" 말해 주었다. 나도 친정에서 "정숙한 부인은 남편으로부터 부엌일을 도움 받지 않는다"는 가르침을 받고 자랐다고 말했더니, 남편은 무척 대견해 했었다. … 한국의 독립운동가로 유명한 남

---

29) 유영익, 위의 책, pp.25-26.

> 편이 왜 값싼 3등 열차나 3등 선실만 골라서 타고 다니면서 그토록 오랫동안 필사적인 독립투쟁을 계속하는지 이해할 수 있게 되었다. 우리의 신혼살림도 어렵기는 마찬가지였지만 우리는 그런대로 행복하였다. 남편은 가끔 나에게 "적게 먹으면서도 부지런하고 농담 상대역이 되어 주는 여자로 생각이 되어 아내로 맞았다"고 우스갯소리를 곧잘 하였다.30)

프란체스카 여사는 남편 우남의 성품을 알 수 있는 대목을 이 책의 여러 곳에서 증언하고 있다. "남편은 언제나 특유의 유머로 사람들을 곧잘 웃기고 여유를 보이는 낙천가였다. 사람이 굶을 줄 알아야만 훌륭한 선비이며 봉황은 아무리 배고파도 죽순 아니면 안 먹는다는 한국의 가정교육을 받았다고 하였다. 나는 남편으로부터 가난한 생활을 품위 있게 이겨내는 지혜와 절도를 배웠다."31)

"불로초(不老草)를 든 적이 없어도 80세가 넘도록 젊은이처럼 건강했던 대통령은 남달리 부지런하고 낙천적인 성품이었다. 아무리 어렵고 힘들 때라도 한국인 특유의 재치와 유머로 사람들을 웃기고 위로해 주는 여유가 있었다. 무엇보다도 대통령의 건강 장수 비결은 허욕 없이 편안한 마음가짐과 절도 있고 규칙적인 생활 습관이 아니었나 생각된다."32) 평생을 같이 살아간 아내의 눈에 비친 우남은 인격적으로 잘 갖추어진 동양의 신사였다. 우남은 좋은 습관을 많이 갖고 있었다. 그는 동양과 서양의 모든 매너를 알고 지키고 있었으며, 자신에게 늘 엄격한 잣대를 갖고 자신을 계발해 가는 신앙인 지도자였다.

그러나 한편 우남의 급한 성격을 말해 주는 대목도 문서의 여러 곳에서 발견된다. 아마도 이런 일은 우남이 결혼한 후 바로 신혼 때에 있었

---

30) 프란체스카 도너 리, 『이승만 대통령의 건강, 프란체스카 여사의 살아 온 이야기』 (서울: 도서출판햇불, 2006), p.27.
31) 프란체스카 도너 리, 위의 책, p.30.
32) 프란체스카 도너 리, 위의 책, p.76.

던 일로 여겨진다. 성격이 급한 우남이 얼마나 빨리 차를 몰았던지 우남이 운전하는 차에는 아내 이외에 누구도 타기를 꺼렸다는 것이다.

> 남편은 이곳저곳의 강연이나 방송, 신문 기자와의 약속 때문에 운전대만 잡으면 과속으로 차를 몰아 태풍처럼 질주했다. 과속이지만 운전이 정확하여 사고가 없었던 것은 그만큼 남편의 시력과 판단력이 뛰어났기 때문이었다. 그의 과속 운전은 먼 거리를 짧은 시간에 가야하는 바쁜 일정 때문이기도 했지만 마음껏 달려야만 직성이 풀리는 혁명가(革命家)적 기질 탓으로도 보였다. (중략) 나는 조심스러워서 과속을 말렸지만 남편은 아랑곳하지 않고 대낮에 헤드라이트를 켠 채 신호를 무시하고 논스톱으로 마구 달렸다. (중략) 이때부터 자동차 운전은 꼭 내가 해야겠다고 마음속으로 결심하였다. 그래서 나는 남편으로부터 자동차 운전을 배웠다. 목적지에 도착해서야 겨우 살았구나 하고 정신이 드는 남편의 차에는 나 이외엔 누구도 타기를 꺼렸다.[33]

또한 우남은 얼마나 꾸준하게 자신의 성장을 위하여 노력하는 사람이었는가 하는 것을 알 수 있는 장면이 그의 생애의 여러 곳에서 발견된다. "남편은 사형수의 형틀을 쓰고 있을 때도 영어 단어를 외우거나 공부를 했다. '언제 죽을지 모르는 사람이 그런 공부는 해서 무엇 하나?' 하고 옆에서 물으면 '죽으면 못쓰더라도 산 동안은 해야지…혹 쓸 일이 있을지 모르니까' 하고 태연히 대답했고, 나중에는 영한사전[34]을 집필하였다.[35]

아마도 우남은 이미 어려서부터 늘 한학을 공부하던 습관이 몸에 배어 있었던 것 같고, 또한 영어를 공부해야 한다는 집념이 있었던 것으로

---

33) 프란체스카 도너 리, 위의 책, p.32.
34) 우남이 감옥에서 있을 때에 영한사전을 집필하였다. A-F까지 이루어졌을 때, 러일전쟁소식을 듣고 나라의 위기를 직감하게 된 이승만은 영한사전 집필을 중단하고 국민계몽을 위한 『독립정신』이라는 책을 집필하였다.
35) 프란체스카 도너 리, 위의 책, p.94.

여겨진다. 프린스턴 대학에서 박사학위를 받지만 늘 학생처럼 열심히 새 단어를 외우고 꾸준히 공부하였는데 이는 80이 넘을 때까지 계속되었다. 또한 틈나는 대로 붓글씨를 쓰는 노력가였으며 초인적인 정신으로 쉬지 않고 노력하며 일하였기에 남편은 아프거나 늙을 틈도 없었다고 하였다. 우남은 성실하고 가기 계발을 위하여 끊임없이 노력하는 부지런한 성품이었던 것이다. "남편이 붓글씨 쓸 때는 언제나 내가 곁에서 먹을 갈아 드렸다. 초인적인 정신력으로 쉬지 않고 노력하며 일하는 남편은 아프거나 늙을 틈도 없는 것 같았다."[36]

독립운동을 하며 해외여행을 자주 해야 하는 우남이 상대국의 비자 발급의 불편함을 감수하며 30여 년이 넘는 오랜 세월을 미국에 살면서도 미국 시민권 받기를 거부한 것은 그가 철저한 한국인으로 살았다는 것을 보여주는 일이다.

1963년 우남은 하와이에서 생애 마지막 노년을 외롭게 보내며 그의 아내 프란체스카와 우리 노래인 아리랑 그리고 도라지 타령을 부르며 위안을 삼았다고 한다. 그 때에 우남이 마지막까지 기억한 노래는 다음의 노래였다.

> 날마다 날마다 김치찌개 김치국
> 날마다 날마다 콩나물국 콩나물
> 날마다 날마다 두부찌개 두부국
> 날마다 날마다 된장찌개 된장국[37]

프란체스카 여사는 『6·25와 이승만』이라는 6·25전쟁 회고록의 마지막 부분에서 다음과 같이 남편 우남을 회고하고 있다.

---

[36] 프란체스카 도너 리, 위의 책, p.29.
[37] 이동욱, 『우리의 건국 대통령 이렇게 죽어갔다』, p.84.

대통령의 구술을 계속해서 받으며 타자를 해 나가는 내 손끝은 모두 부르트고, 눈은 너무나 피로해서 뜰 수가 없다. 나는 염려 말고 쉬도록 하라는 대통령의 권유로 잠자리에 들었으나 잠이 오질 않았다. 독립운동 중 가장 힘든 고비였던 1941년 대통령의 『일본, 그 가면의 실체(Japan, Inside Out)』 원고를 세 차례나 타자했을 때도, 손끝이 부르트고 눈이 짓무른 경험이 있다. 당시 대통령은 나를 포토맥 강변으로 데리고 가 나에게 '아리랑' 노래를 부르며 위로해 주었다. 아리랑 아리랑 아라리요, 아리랑 고개를 넘어간다. 청천 하늘엔 별들도 많고, 우리네 가슴속엔 시름도 많다. 오다가다 만난 '님'이지만, 살아서나 죽어서나 못 잊겠네.' 끝 구절은 대통령이 나를 위해서 지어 넣은 가사이다. 이 노래가 떠오를 때면 나도 모르게 눈물이 난다.[38]

여사는 똑같은 내용의 글을 『대통령의 건강』이라는 책에도 썼는데, 그 곳에서는 이렇게 끝을 맺고 있다. "대통령이 나를 위해 지어 불렀던 이 노래를 부르면 가슴속에 맺힌 한이 아리랑 고개로 넘어 가는 것 같다." 여사께서도 독립운동을 하는 대통령을 돌보며 자신도 이미 조선의 독립을 간절히 원하는 조선 사람이 다 되어 있었다. 우남은 수십 년의 해외 생활을 하면서도 아리랑을 부르고, 아내에 대한 사랑을 표현하고, 또 조국인 대한민국을 한시도 잊지 않고 살았던 것이다.

우남은 인생의 많은 우여곡절을 경험하였다. 많은 외국의 고위 관리인들을 상대로 한 삶의 화려함, 그리고 독립운동가로서의 외로움과 고독, 가난도 경험하였다. 하지만 그의 노년은 결국은 조선의 고향, 어린 시절로 돌아가고 싶어 했다. 우남이 하와이에서 마지막 인생을 쓸쓸하게 보내며 즐겨 부르던 이와 같은 노래는 그가 늘 사랑하던 조국의 토속적인 것이었다는 것은 오늘 우리들에게 상징하는 바가 크다.

---

38) 프란체스카 도너 리, 위의 책, p.126. 이 글은 『일본 내막기』에도 거의 같은 내용이 기록되어 있다.

『우리의 건국 대통령 이렇게 죽어갔다』라는 책을 써서 하와이에서 우남의 마지막 생애를 그린 작가 이동욱은 우남의 모습을 이렇게 그리고 있다. 이 대목은 평소에 청렴하고 알뜰하기로 소문난 우남 내외가 마지막 노년에 어떤 모습으로 살았는지를 잘 보여준다.

> 이 박사가 귀국을 위해 노력했던 눈물겨운 모습은 망명생활 중 곳곳에 배어 있다. 5달러 하는 이발비를 아껴 여비를 모으기도 했다. 그 바람에 한동안 이 박사의 머리는 보기 싫을 정도로 길어서 프란체스카 여사가 손수 이발을 해드려야 했다. 매주 금요일은 부인이 한 주일분 식료품을 사들이는 장보는 날. 그러나 이 박사는 부인에게 시장엘 가지 말라고 한사코 말렸다. 프란체스카 여사는 "굶어서야 살 수가 없지 않아요"하고 설명을 하면 "그러면 조금만 사와... 돈 써버리면 서울 못 가..."라고 말하며 겨우 놓아주곤 했다. 시장을 보고 온 부인은 항상 작은 봉투 하나만 들고 현관문으로 들어갔다. 작은 봉투를 들고 이 박사 앞을 지나서 부엌으로 가는 모습을 보임으로써 남편을 안심시키려 한 것이다. 그리곤 부엌에 달린 뒷문을 통해 나머지 물건을 몰래 들여놓아야 했다. (…)
> 해가 바뀌어 1962년이 되자 이 박사의 귀국에 대한 열망은 더욱 커져갔다. 그럴수록 자신의 희망이 관철되지 않는 것에 대한 분노도 덩달아 커져갔다. 한번은 "내가 알고자 하는 것은 누가 나를 여기 데려다 붙잡아 두고 있는가 하는 거야!"하며 격분했다. 흥분을 절대하지 말라고 부인이 애원했음에도 불구하고 이 박사는 이날 상기된 표정이 되어 혼잣말을 계속 이었다. "온 천하에 못된 놈들... 그 놈두... 그 놈두. 웬 도적놈이 그다지 많아... 어떻게... 그런 것을 저질렀단 말이야?... 내가 도적놈인가? 나는 본시 가난한 사람이야... 돈을 어찌 해?... 기가 맥혀..." 그리고는 혈압이 올라 두통을 호소하며 몸져누웠다.
> 마키키가의 집에서 이런 일이 있고 난 뒤 얼마 안 있어 이 박사는 트리풀러 병원에 들렀다. 당시 '그레고라토스'라는 희랍계 미국인 의사가 이승만 박사의 주치의였다. 이 박사가 "왜 그런지 모르겠다. 요즘 자꾸 건강이 안 좋다"고 하자 주치의는 뇌파 검사를 제안했다. 뇌파 검사가 끝나자 두 모자를 별실로 불러들인 주치의는 뇌파 검사 결과를 프란체스카 여사에게

설명했다. 그러면서 '그 이상 희망이 없음'을 전해주었다.39)

유영익 박사는 『청년 이승만』의 마지막 부분에서 우남의 성품과 관련하여 중요한 결론들을 내리고 있다. 우남은 천재였지만 몇 가지 인간적인 약점이 있었다는 것이다. 우남은 능력 면에서 타의 추종을 불허하는 출중한 인물이었다. 그는 천부적으로 두뇌가 우수하고 건강이 절륜인데다가 남다른 노력가였기 때문에 잠재력이 탁월하였다. 그는 도동 서당의 도강(都講: 종합경시)에서 항상 장원을 하고 배재학당에 입학한 지 반년 만에 학당의 영어 조교사로 발탁됨으로써 20세 이전에 이미 주위 사람들로부터 천재, 신동이라는 평을 들었다.40)

그는 한문과 영어에 모두 뛰어났는데, 그 가운데 탁월한 영어 실력이야말로 그가 지도자로서 나설 수 있는 주된 무기였다. 그는 언론인 혹은 저술가로서 필재가 뛰어났다. 그는 한성감옥에 투옥되기 전후에 양적으로나 질적으로 동년배 가운데 가장 앞서는 문필 업적을 쌓았다. 그의 신문 논설들은 박학한 내용에다 비판의식을 곁들인 것이기 때문에 독자들 간에 대단히 인기가 높았다고 한다.

우남은 웅변에도 능하였다. 때문에 협성회(協成會, The Mutual Friendship Society), 만민공동회(萬民共同會), 그리고 중추원 회의 등에서 두각을 나타낼 수 있었다. 이것은 그가 정치 선동가 혹은 기독교 전도사로서 잠재력이 컸음을 의미하는 것이다. 우남은 자기에게 필요한 사람에게 접근하여 그와 친밀한 관계를 맺는 능력, 즉 사교술이 남들보다 앞섰다. 그가 미국 선교사들을 많이 사귈 수 있었던 것은 이러한 그의 사교술 때문이었다.

---

39) 이동욱, 『우리의 건국 대통령은 이렇게 죽어갔다』, p.66.
40) 이갑수, 『偉人 李大統領 傳記』(서울: 李承晩博士傳記 普及會, 1955), p.12. 이승만과 함께 배재학당에서 공부한 신흥우는 이승만의 자질에 대해, "Rhee had splendid memory -very superior student"라고 평하였다. 올리버 수집, 이정식 소장문서, Conversation: Hugh Cynn, p.2.

이와 같은 애국 애족심 그리고 기독교적인 메시아 의식 내지 선민의식을 겸비하고 있었기 때문에 남보다 더 많은 일을 하고 더 많은 업적을 산출하고 있었던 것이다. 한마디로 우남은 역사에 보기 드문 천재 중의 한 사람이었다.

하지만 그에게는 몇 가지 성격상의 결함이 있었다. 집안에서 6대 독자로 애지중지 자라난데다 주위 사람들로부터 신동, 천재로 칭찬에 익숙해 있어서 그는 만사에 완벽주의였고, 유아독존적 성격을 가지고 있었다. 좋게 보면 자신감이 넘쳐 있었고 나쁘게 보면 자만심이 넘쳐흘렀던 것이다. 이러한 자만심은 때때로 육친이나 선배의 호의적인 권고를 무시하고 제멋대로 행동하는 형태로 나타나기도 하고 자기의 의견에 반대하는 사람들을 용서하거나, 포용하지 못하는 독선으로 표출되기도 하였다.

그리고 남에게 자신의 업적을 과대 선전하는 자과벽(自誇癖)으로 나타나기도 하였다. 그러한 예로서 그는 자기의 한성감옥 복역 기간(5년 7개월)을 설명할 때, 아전인수 격의 음력 계산법에 따라 실제로는 5년 7개월임에도 불구하고 - 6년 반 혹은 7년으로 과대 홍보하였다.[41] 20대의 청년 이승만에게 보이는 이러한 성격상의 흠 또는 결점은 30대 이후 그의 험난한 인생역정에서 점점 더 불거져 그의 정치적 기반을 스스로 무너뜨

---

[41] 이승만의 영어 기간이 7년이라고 하는 최초의 기록은 캐나다 출신 선교사 게일이 이승만에게 써 준 추천서에 나타난다. 그런데 게일은 이 추천서를 써 주기에 앞서 이승만이 간략한 자서전(a short autobiography)을 작성하는 일을 도와주었다. Richard Rutt, James Scarth Gale and His History of the Korean People, p.34. 이로 미루어 게일은 우남이 작성한 자서전에 입각하여 추천서에서 그의 영어 기간이 7년이라고 기술하였을 가능성이 높다. 여하튼 우남은 그 후 줄곧 자기의 영어 기간이 6년 반 내지 7년이라고 주장하였다. 예컨대 1941년에 출판된 그의 영문 저서에서도 '약 7년'이었다고 기술하였다. Syngman Rhee, Japan Inside Out, p.8. 우남은 자기가 한성감옥에 투옥되었던 날 (1899년 1월 9일)이 음력으로 1898년 11월 28일이었기 때문에 음력으로 따져서 자기의 영어 기간이 1898년부터 1904년까지 7년으로 계산한 것이 틀림없을 것이다.

리는 아킬레스건으로 작용한 것으로 여겨진다.

3) 우남의 학문

우남은 소년기에 여느 양반집 자제와 마찬가지로 과거 등과를 목표로 서당에서 공부하였다. 여섯 살 때 천자문을 마친 그는 그 후 줄곧 서울의 낙동과 도동에 있는 서당을 다녔다. 그는 열 살 때부터 열아홉 살 때까지 10년간 양녕대군의 봉사손으로서 종친부 종정경과 사헌부, 대사헌 등 요직을 역임한 이근수(李根秀) 옹이 세운 도동서당에서 이 옹 부부의 귀여움을 받으면서 학업에 정진하였다. 우남은 어려서 이병주, 최을용, 그리고 후에 주일 대사에 임명되고, 1952년의 대통령 선거 때 그의 정적이 된 친구 신흥우의 두 형과 함께 공부하였다.[42]

서당 시절에 우남은 사서오경을 익히고 문장술을 연마하는 데 주력하였다. 서당에서 치르는 도강(都講)에서 항상 장원을 차지했던 그는 열세 살 때부터 해마다 과거에 응시했지만 매번 낙방의 고배를 마셨다. 열일곱 살 때부터 한시를 짓기 시작한 그는 서당에서 동료들과 당음(唐音)[43]을 즐겨 읊었다. 그는 국사에도 관심이 컸는데, 이 무렵 그가 열심히 공부한 역사상 인물은 성삼문이었다고 한다. 오랜 시간을 우남의 비서로 지낸 이원순[44]은 우남의 유년 시절 유학 공부에 대하여 다음과 같이 적고 있다.

---

42) 이원순(李元淳), 『인간 이승만』, p.23.
43) 당(唐)나라 때의 잘 지은 시를 뽑아 엮은 책의 이름.
44) 이원순은 우남을 30여 년간 가까이에서 모셨던 분이다. 그는 1911년 우남이 미국 유학을 마치고 YMCA에서 재직할 때에 우남과 사제지간으로 만났다. 후에 그는 『인간 이승만』이라는 전기를 썼는데 여기에서 올리버 박사의 『李承晩』과 그 외, 우남의 귀중한 서신들과 자료를 자신이 보관하였다고 밝히고 있다.

그가 최초로 배운 책은 한자의 천자문이었다. 여섯 살 때 그는 그것을 모두 외웠다. 그가 책을 암송했을 때 부모는 동네 사람들을 초청하여 잔치를 베풀었고, 이것은 도동의 한 자랑거리로 전해졌다. 천자문의 암송은 영어 단어 천 개를 외우는 것과 비교할 만하였다. 거기에다가 승룡[45]은 서도(書道)의 기술도 배웠다. 다음으로 그가 배운 것은 동몽선습(童蒙先習)이었고 일곱 살 때는 통감(通鑑)을, 열여덟 살이 되기 전에는 중국의 고전인 칠서(七書)- 중용(中庸), 논어(論語), 맹자(孟子), 대학(大學), 시전(詩傳), 서전(書傳), 주역(周易)-을 모두 끝냈다.[46]

비록 우남이 과거에 급제를 하지 못하였다고 하더라도 그가 영리했다는 것은 의심할 여지가 없는데 그가 11차례나 과거에 낙방하였다는 서정주의 기록은 다시 생각해 볼 여지가 있는 대목이다. 그는 매번 낙방하면서 어떤 느낌을 가졌을까? 한 두 번의 낙방이라면 자기의 무능 혹은 자기의 준비 부족에 돌렸을 것이지만 재수와 재수를 거듭한 후에 자기보다 실력이 없어 보이는 청년들이 장원급제하는 모습을 보면서 그의 심정은 어땠을까?

서당에 다니면서 동양적 세계관과 중국, 애국사상을 터득했던 우남은 1894년에 터진 청일전쟁을 계기로 서당 공부를 중지하고 서양의 신학문에 눈을 돌리게 되었다. 전쟁 와중에 단행된 갑오경장의 일환으로 과거제도가 폐지된 데다 청일전쟁에서 일본이 청을 제압 승리한 사실이 정치적으로 얼마나 중요한 지각변동인가를 재빨리 감지했기 때문이었다. 결국 우남은 1895년 2월에 신흥우의 형, 신긍우의 권유로 서울 정동에 있는 미국인 선교사 아펜젤러가 설립한 선교학교 배재학당에 입학하게 되었다.[47]

---

45) 우남의 어릴 적 이름은 승룡(承龍)이었다. 이는 어머니가 용꿈을 꾸고 태어났다 하여 붙여진 이름이었다.
46) 이원순, 위의 책, p.23.
47) 이원순, 위의 책, p.26.

우남은 후에 배재학당을 다니며 선교사들을 만나 신학문을 수학하고, 영어를 배우고 기독교인이 되었다. 그리고 미국으로 유학하여 서양 학문을 익혔다. 그리고 1911년 일제가 무단통치의 일환으로 민족운동을 탄압하기 위해 데라우치 마사타케 총독의 암살 미수 사건을 확대, 조작하여 애국계몽 운동가들을 투옥한 사건인 105인 사건[48] 후 하와이에 망명하여 수십 년을 살았다. 다시 말해 우남은 서양적이며 기독교적인 사고와 습관에 철저하게 훈련된 사람이었다고 할 수 있을 것이다.

그러나 우남이 어려서부터 청년기까지 성장한 조국의 상황들과 그의 경험들, 끊임없이 배우고 몸으로 익힌 유교적인 사고들, 그리고 어머니에게 받은 불교적인 영향들은 비록 유학을 하고 외국에서 망명 생활을 하고 기독교인으로 살았다 할지라도 우남에게 한평생 또 다른 영향으로 남았을 것이다. 그리고 남다른 그의 조국애는 더욱 더 한국적인 습관과 사고를 버리지 못하게 하였을 것이다.

> 물과 하늘사이 이 몸을 띄워
> 가없는 바다를 오고가고 또 갈제
> 고운 땅이사 곳곳이 있네마는
> 꿈에도 못 잇는 건 고향 한남산[49]

우남(雩南)이라는 호는 자신의 어릴 적 살던 동리를 그리워하여 그 동리에 있는 우수현[50]의 첫 글자인 우(雩) 자를 따고 남쪽의 남(南) 자를 따서 우남(雩南)이라고 하였던 것이다.

---

48) http://100.daum.net/encyclopedia/view.do?docid=b09b0845a, 105인 사건.
49) 이 절구는 1924년 갓 쉰 살이 된 우남이 미국에서 발행되던 어떤 중국 사람의 신문에 발표한 것이다. 서정주 『우남 이승만 전』, p.27에서 재인용.
50) 가물 때 기우제를 지내던 우수현(雩守峴)의 우(雩)자와 남녘 남(南) 자를 따 호를 우남(雩南)이라 지어 주었다고 한다. 당시 이 우수현이 남산에 있었다.

3. 배재에서 만난 우남과 아펜젤러

우남은 아펜젤러를 배재학당에서 만났다. 머리가 명석하고 장래가 촉망했던 우남이 아펜젤러의 눈에 띄는 것은 시간문제였을 것이다. 다음에 소개하는 일련의 사실들은 우남이 배재를 다니는 동안 아펜젤러의 특별한 사랑을 받게 된 것을 보여주는 일련의 사건들이다.

> 입학 후 곧 발군의 총명을 드러낸 우남은 입학한 지 불과 6개월 만에 배재학당 영어 조교사로 발탁되었고 동시에 제중원에 근무하는 미국 장로교 여성 의료선교사 파이팅(Georgiana E. Whiting) 양과 재콥슨(Anna P. Jacobson) 양에게 한국어를 가르치면서 월봉 $20을 버는 행운을 얻었다.[51]

우남은 1897년 7월 8일에 배재학당을 졸업하였다.[52] 이 날 개최된 배재학당 졸업식에서 그는 미국 대학에서 본 딴 졸업생 대표연사로 선정되어 배재학당장 아펜젤러 및 서재필은 물론 벙커(Dalize A. Bunker) 존스(George H. Jones), 헐버트(Homer B. Hulbert) 등 선교사 내지 교사들과 미국 공사관의 씰(John M. Sill) 공사와 알렌(Horace N. Allen) 서기관, 그리고 영국 총영사 조단(J.N. Jordan) 등 외국인 하객 그리고 궁내부 대신 이재순, 내부 대신 박정양, 탁지부 대신 심상훈, 법부 대신 한규설, 학부 대신 민종묵, 농상공부 대신 이윤용, 군부 대신 안경수, 학부 협판 윤치호, 한성부 판윤 이채연, 전 일본 공사 이하영 등 정부의 여러 고급 관료들을 포함한 천여 명의 청중 앞에서 한국 역사상 처음으로 영어 연설을 행하고 독립가(獨立歌)를 불렀다.[53]

---

51) 김낙환『우남 이승만 신앙연구』, p.61.
52) 유영익,『젊은 날의 이승만』, p.56.
53) 이만열,「아펜젤러의 교육활동」, 유원동 박사 화갑기념 사학논총 간행위원회 편,『한국근대 경제사 연구』(정음문화사, 1985), p.146 및「조션 그리스도인 회보」, 1897년 7월 14일자 기사 참조.

우남의 연설 제목은 '한국의 독립(Independence of Korea)'이었다. 이 연설은 제목 자체가 시기적절 했을 뿐만 아니라, 우남의 영어 어휘 구사와 표현 방법이 돋보였기 때문에 졸업식에 참석하였던 하객들로부터 크게 칭찬을 받았다. 배재학당에서 행한 이 연설을 계기로 우남은 일약 온 장안이 주목하는 유망한(embryonic) 청년으로 부상했다.[54]

이처럼 우남이 계속해서 성장할 수 있도록 뒤에서 지켜보는 이가 있었는데 그는 바로 배재학당의 당장(堂長)이었던 아펜젤러였다. 아펜젤러는 이미 배재학당에서 공부하는 우남의 뛰어난 잠재력을 파악하고 있었던 것 같다. 그래서 입학한 지 6개월 밖에 안 된 우남을 영어 보조교사로 발탁하였을 뿐만 아니라 미국에서 갓 도착하는 선교사들의 한국어 지도를 우남에게 맡기고 있었던 것이다. 이 일로 인하여 우남은 한 달에 20달러라는 큰 액수의 수입도 얻게 되었을 뿐만 아니라 선교사들과 사귐도 갖게 되었고 영어도 쉽게 배우게 되었을 것이다. 그리고 무엇보다도 서양 선교사들이 보여주는 서구식 사고를 배우게 되었을 것이다.

---

54) 유영익, 『젊은 날의 이승만』, p.9. 이승만이 행한 연설에 대하여 1897년 7월 10일자 독립신문은 '잡보' 난에서 "이승만이가 영어로 조선 독립 문제로 연설을 하난데 듣기 훌륭하고 영어도 알아듣게 하야 외국 사람들이 매우 칭찬들 하더라"라고 보도했다.

| 제2장 |

우남의 감옥 생활과 아펜젤러

　우남이 배재학당이 다닐 때만 해도 그는 기독교인이 되는 것에 대하여 회의적인 사람이었다. 그는 불교 신앙을 가진 어머니 밑에서 어린 시절을 보냈을 뿐만 아니라 청년 시절의 대부분을 과거 시험을 준비하며 동양의 성리학을 깊이 있게 연구하던 사람이었다. 그래서 2000년 전에 돌아가신 예수가 인간을 구원한다는 교리를 믿는 기독교인들이야말로 어리석은 사람들이라고 생각했을 것이다.
　그러나 한성감옥의 고통 속에서 그는 하나님은 기도하는 사람의 기도를 들어 주신다는 어느 선교사들의 가르침을 기억하고 기도를 하게 되는데 그 기도는 "하나님 우리나라를 구해 주세요. 나를 구해주세요"라고 하는 간단한 기도였다. 그러나 이 간단한 기도는 우남의 마음을 전적으로 하나님을 향하여 돌려놓았다. 마침내 그는 기독교 신앙으로 회개하기에 이르게 되고 예수를 그리스도로 고백하고 하나님을 믿는 신앙을 갖게 되는데 이는 아펜젤러의 끊임없는 기도와 수고의 열매였던 것이라고 말할 수 있을 것이다.

1. 우남의 회개

우남의 전기를 쓴 이원순은 우남이 회개하기 전의 상태를 다음과 같이 밝히고 있다. 불교도인 어머니가 우남이 배재학당에 다니는 것을 아직 모르고 있을 때에 우남의 마음 상태를 보여주는 것이다.

> 이승만은 자기가 개종하기까지에 대해 다음과 같은 글을 남겼다. "가장 기묘하게 생각되는 것은 1900년 전에 죽은 사람(예수)이 내 영혼을 구해 준다는 생각이었다. 나는 자문했다. 우리에게 그리스도 이야기를 해 주던 이상한 사람들이 이처럼 바보 같은 교리를 믿을 수 있을까? 확실히 그들은 이 무지한 우리에게 믿을 수 없는 사실을 믿게 하려고 온 것이다. 따라서 가난하고 무지한 사람만이 교회에 가는 것을 보아도 알 수 있다. 위대한 불교의 지식이나 유교의 지혜를 가지고 있는 교양 있는 학자는 결코 이와 같은 교리에 미혹(迷惑)되지 않는다. 이와 같은 결론에 도달하자 나는 아무튼 마음의 평안을 얻을 수 있었다. 그래서 나는 어머니에게 배재학당에 다니고 있다는 것을 이야기 할 수 있었다."[55]

후에 배재학당을 다니는 동안 기독교에 대한 우남의 생각들이 변해가는 모습을 이원순은 다음과 같이 그리고 있다.

> 나는 새벽 예배에 이따금 참석하게 되었고, 그리스도는 구원 이상의 그 무엇을 포함하고 있다고 생각하게 되었다. 그리스도는 동포애와 봉사의 복음을 나에게 베풀어 주었다. 나는 이 외국 종교가의 가르침에 마음을 두었고 그리스도는 공자와 동일한 위치에 있는지도 모른다고 가슴 깊이 생각하게 되었다. 그러나 그 이상의 것을 생각할 수는 없었다.[56]

---

55) 이원순, 『인간 이승만』, p.71.
56) 이원순, 『인간 이승만』, p.72.

이 이야기는 그가 투옥되기 전까지의 정치운동을 하던 시기에 기독교에 대해서 가지고 있던 그의 자세와 감정을 명확하게 나타내 주는 이야기이다. 우남은 1899년 초에 체포되어 병영과 경무청을 거쳐 한성감옥에 이감되었고 이곳에서 약 7개월간 손목에는 수갑, 다리에는 족쇄 그리고 목에는 10kg의 무거운 칼을 쓰고 미결수 생활을 강요당하였다. 이때에 그는 자신이 조만간에 처형될지도 모른다는 죽음의 공포 속에서 심각한 종교적 고뇌를 겪었다.

그때 그는 에비슨(O.R. Avison) 박사에게 사람을 보내어 영어성경과 영어사전을 차입해 줄 것을 부탁하였고 에비슨은 때마침 서울에 부임한 노바 스코티아(Nova Scotia) 출신 선교사 헤로이드(Harroyd) 양을 통하여 셔우드 에디(Sherwood Eddy)로 하여금 영문 신약성서를 우남에게 차입하여 주었다. 이렇게 입수된 신약성서를 탐독하던 우남은 어느 날 하나님께 기도를 드리면서 회개하고 기독교에 귀의하게 되었다.[57]

우남은 이러한 회개의 과정에 관해서 자신의 영문 투옥 경위서(Mr. Rhee's Story of His Imprisonment)에서 자신의 회개 경위를 다음과 같이 고백하고 있다.

> 나는 감방에서 혼자 있는 시간이면 성경을 읽었다. 그런데 선교학교(배재학당)에 다닐 때에는 그 책이 나에게 아무런 의미가 없었는데 이제 그것이 나에게 깊은 관심거리가 되었다. 어느 날 나는 선교학교에서 어느 선교사가 하나님께 기도하면 하나님께서 그 기도에 응답해 주신다는 말씀이 생각이 났다. 그래서 나는 평생 처음으로 감방에서 "오, 하나님 나의 영혼을 구해 주십시오. 오, 하나님 우리나라를 구해 주십시오(Oh God, save my soul and save my country)"라고 기도하였다.
>
> (그랬더니) 금방 감방이 빛으로 채워지는 것 같았고, 나의 마음에 기쁨이 넘치는 평안을 누리면서 나는 (완전히) 변한 사람이 되었다. 동시에 그때까지 내가 선교사들과 그들의 종교에 대해서 갖고 있었던 증오감, 그리고

---

57) 유영익, 『젊은 날의 이승만』, p.60.

그들에 대한 불신감이 사라졌다. 나는 그들이 우리에게 자기들 스스로 값
지게 여기는 것을 주기 위해서 왔다는 것을 알게 되었다.[58]

우남은 성경을 읽던 도중에 자신이 배재학당에 다닌 시절 들었던 선교사의 설교를 떠올리게 되었던 것이다. 우남의 머릿속에 떠올랐던 설교는 '하나님께 기도하면 하나님께서는 그 기도에 응답해 주신다'[59]는 내용이었다. 경무청 감방에서 목에 무거운 형틀을 쓰고, 사형 선고를 기다리는 극한 상황에서 우남은 하나님을 만나는 경험을 하게 되었고, 예수를 자신의 그리스도로 영접하였다. 그리고 그는 불교인 혹은 유교인에서 기독교인으로 개종하였던 것이다. 그리고 우남은 바로 그 자리에서 기도하였다. 그날 이후로 우남의 기도 생활은 그의 일생을 두고 계속되었다고 하와이에서 우남의 마지막 삶을 지켜본 우남의 양자 이인수 박사는 말하고 있다.[60]

이처럼 하나님께 처음으로 기도를 드리는 순간, 우남은 특별한 체험을 하게 되었다. 지금까지 두려움과 공포로 얼룩진 어둡고 침울했던 마음에 기쁨과 평화가 찾아온 것이다. 이 짤막한 기도야말로 유가에서 태어났고 독실한 불교도인 어머니의 영향 아래에서 자란 우남이 기독교에 귀의하는 결정적 계기가 되었음을 의미하는 것이었다. 다음은 우남이 그 당시를 회고한 글이다.

> 이 이야기의 가장 고무적인 부분은 예수가 다른 사람들의 구원을 위해 자
> 신의 생명을 저버린 데 있다. 어두운 감방 안에서 일부 죄수들은 죽음의
> 시간을 고통스럽게 기다리고 있었고, 어떤 자들은 교수대로 끌려갔고, 또
> 다른 이들은 마치 사탄 자신이 영원히 옥좌에서 군림하고 있는 듯 희망의

---

58) O. R. Avison, *Memories of Life in Korea*, pp.275-276.
59) Oliver R. Avison, 위의 책, p.90 우남과 가깝게 지냈던 에비슨은 자신이 쓴 책에 이승만의 수감 이야기를 기록하고 있다.
60) 크리스천 투데이, 2008.3.26. 이인수 박사 인터뷰(김대원 기자).

빗줄기라고는 하나도 없이 끝없이 고통을 받고 있었다.
그런 시간과 그런 상황에서 우리 각자는 예수가 다른 사람들의 구원을 위해 고통을 받았다고 믿었고, 예수가 당한 무고와 불의는 너무나 현실적이고 참된 것이어서 우리 각자가 이상스럽게도 가슴이 뜨거워지는 경험을 하였다. 우리들은 기독교의 가르침이 진실이 아닐지라도 너무나 이기적이고 이기주의여서 동포들의 복지에 대해서는 전혀 무관심했던 우리 겨레의 심정에 변화를 줄 수 있는 유일한 종교라는 것을 굳게 믿었다.61)

이와 같이 우남은 한성감옥 안에서 이상스럽게도 가슴이 뜨거워지는 경험을 하였고 예수가 자신의 구주가 되심을 고백하였다. 우남은 예수를 구주로 고백하고 하나님을 섬길 것을 다짐하며 기독교를 자신의 종교로 받아들였던 것이다. 이는 마치 감리교회의 창설자 요한 웨슬레(Rev. John Wesley, 1703-1791)가 로마서 주석을 읽다가 가슴이 뜨거워지는 경험을 한 것과 같은 경험이라고 할 수 있을 것이다.

2. 아펜젤러의 돌봄

유영익 박사가 쓴 『젊은 날의 이승만』이라는 책의 표지는 흰 모자를 쓴 한 서양인이 한성감옥의 입구에서 청년 이승만을 만나는 장면을 담은 귀한 사진을 소개하고 있다. 이 사진의 표지 설명을 보면 다음과 같은 글을 볼 수 있다.

프랑스인 쟝 드 팡스의 저서 『한국에서(En De Pange)』(1904)에 실려 있는 한성감옥 바깥의 이승만(중앙). 이승만이 맞이하고 있는 서양인은 1902년에 사망한 그의 스승 아펜젤러로 추정된다.62)

---
61) 이승만의 비망록에서, 「기독교 선교와 한국의 독립운동」을 참조.
62) 유영익, 『젊은 날의 이승만』(서울: 연세대학 출판부, 2002), p.1.

II. 스승과 제자, 아펜젤러와 이승만의 관계 연구 ▌117

아펜젤러는 감옥에서 고생하는 제자를 위해 새로운 책을 넣어주고 위로해주고 제자의 석방을 위해 탄원서를 제출했다. 아펜젤러는 제자 이승만이 1897년 7월 8일 배재학당을 졸업[63]하고 고종 폐위 운동에 가담하였다는 이유로 체포되어 한성감옥에서 영어(囹圄) 생활을 할 때 우남을 돌보면서 그의 가족의 생계까지 돌보아 주었다. 이 사실은 이승만이 아펜젤러에게 보낸 두 통의 편지 속에 잘 드러나 있다. 1899년 12월 12월 28일에 우남이 아펜젤러에게 보낸 편지는 다음과 같은 내용으로 되어있다.[64]

> 존경하는 선생님께,
> 서양력에 대해서는 까마득히 잊고 있었기 때문에 이 무렵인 것은 확실하지만 어느 날이 성탄절인지 기억할 수가 없습니다. 이 편지를 귀한 선물 대신 새해 인사까지 겸한 성탄절 선물로 여기고 받아 주시기를 부탁드립니다. 행복, 강녕, 축복이 함께하시기를 빕니다. 저희 가난한 가족들을 위해 값비싼 담요와 쌀, 그리고 땔감 등을 보내 주신 데 대하여 어떤 감사의 말씀을 드려야 할지 모르겠습니다. 동시에 저와 같이 비참하고 죄 많은 몸을 감옥에 갇혀 있는 가망 없는 상태에서 구원해 주시고, 더욱이 의지할 데 없는 제 가족들에게 먹고 살아 갈 양식을 주신 하나님께 진심으로 감사를 드립니다.
> 내게 주시는 하나님의 축복이 얼마나 놀라운지요! 제 부친께서 편지로 선생님의 크신 도움에 감사하다고 하셨습니다. 그때는 저희 집이 아주 곤경에 처한 시기였습니다. 황량한 겨울이기 때문에 이곳 어둡고 축축한 감방은 요즘 너무나 춥습니다. 대부분의 수용자들은 의복과 음식, 그 외에 모든 것이 부족하여 어려움을 겪고 있습니다.

---

63) 유영익, 『젊은 날의 이승만』, p.171. 이 당시 배재학당에는 입학식과 졸업식 등의 학제가 아직 제정되지 못한 상태여서 여름방학 종강식과 졸업식을 실시하였던 것 같다고 유영익은 기록하고 있다. 이승만은 미국에서 박사학위를 취득하고 귀국하여 1912년 11월 1일에 배재고등학교에서 명예졸업장을 수여받았다.
64) 유영익, 『젊은 날의 이승만』, p.53.

그러나 하나님의 은혜와 선생님의 자비로 저는 지금 옷이 충분하며 그래서 추위가 더 이상 저를 괴롭히지 못합니다. 다시 한 번 선생님께 감사를 드립니다. 차후에 다시 글을 올릴 것을 기대하면서 오늘은 이만 그치겠습니다.

당신의 사랑하는 제자 이승만[65]

다음 편지는 그 다음해인 1900년 2월 6일자 편지이다.

존경하는 선생님께,
이제 신정과 구정은 다 지나고 봄이 시작되었습니다. 번창과 축복과 행복이 특별히 선생님과 모든 크리스천 가족에게 일 년 내내 함께하시기를 하나님께 기도드립니다. 사모님에게 새해 인사를 전해 주시길 바랍니다. 부친의 편지로 선생님의 소식과 선생님께서 저의 석방을 위해 백방으로 노력하신다는 것을 자주 듣고 있습니다. 진심으로 감사를 드립니다. 당연히 선생님께 고마움을 전하는 편지를 보내려고 하였습니다만, 그저 감사 감사하다는 말만 한다는 것은 소용이 없다는 생각을 하였습니다.
비록 세상의 권세 있는 모든 자들이 나를 대항한다고 해도 하나님의 뜻은 이루어질 것임을 확실히 믿습니다. 이 믿음이 저를 편안하게 해주며, 이 비참한 곳에서 행복하게 만들어 줍니다. 그리하여 저는 책을 읽고, 간간이 시를 지으면서 시간을 보내고 있습니다. 그러나 제가 잊을 수 없는 오직 한 가지는 연로하신 아버지와 모든 가족들이 겪는 말할 수 없는 고통입니다.[66]

이승만 올림

우남은 이 편지를 통하여 스승 아펜젤러가 가난한 자신의 가족들을 위해 값비싼 담요와 쌀, 그리고 땔감 등을 보내주신 데 대하여 또한 가족들에게 먹고 살아갈 양식을 주시는 것에 대하여, 우남의 석방을 위해

---

65) 유영익, 위의 책, p.53.
66) 위의 책, p.173.

백방으로 노력하신다는 것을 전해 듣고 진심으로 감사드리는 것을 보게 된다. 실제로 당시 배재의 학생들은 200명이나 되었고 또한 우남은 배재를 이미 졸업한 졸업생이었음을 생각해 볼 때에 아펜젤러가 우남에게 특별한 관심을 갖고 돌보아 주었음을 보여주는 대목이라고 할 것이다.

또 한편으로 아펜젤러는 제자 이승만이 한성감옥에서 생활하는 동안 그의 석방을 위해서 여러 사람과 더불어 애를 쓰고 있는 흔적들도 발견하게 된다. 그 가운데서도 우남과 친분이 있게 지냈던 선교사들 다섯 분이 연명으로 1901년 11월 9일 대한제국 내부협판 이봉래(李鳳來)에게 진정서를 제출한 것은 아주 특별한 일이다.

이는 그들이 얼마나 우남을 아꼈는가 하는 것을 알게 하는 대목이기도 하다. 아펜젤러, 에비슨, 벙커, 헐버트 및 게일 선교사는 당시 궁중에 영향력이 컸던 이봉래에게 아래와 같은 내용의 진정서를 보내면서 고종황제로 하여금 지난겨울에 약속한 대로 이승만에게 특사를 베풀도록 영향력을 행사해 줄 것을 부탁하고 있다. 이 다섯 분의 선교사들이 연명으로 제출한 청원서에 아펜젤러의 이름이 가장 먼저 등장하는 것을 보면 이는 분명 아펜젤러에 의해서 주도된 것임이 분명하다는 짐작을 할 수 있게 하는 대목이라고 할 수 있을 것이다.

> 귀하의 관심을 끌어야만 하는 급한 용건이 있어 저희들이 각하의 귀중한 시간을 빼앗게 된 것을 용서해 주십시오. 약 3년 전에 이승만은 한국인 환자를 치료하기 위해 왕진(往診) 길에 나섰던 미국인 의사 셔만 박사를 도우려고 동행하던 중 (병졸에게) 체포되어 한성감옥에 구속되었습니다. 그 후 그는 재판을 받고 처음에는 종신형을 선고 받았으나 나중에 형량이 10년으로 줄었습니다. 체포되었을 당시 이승만은 인술을 베풀려는 미국인 의사와 동행하였기 때문에 우리들은 그의 사안에 비상한 관심을 기울이게 된 것입니다.

지난겨울에 언더우드 박사의 진지한 노력의 결과로 황제 폐하께서는 이승만을 가장 가까운 기회에 사면, 석방하겠노라고 약속하신 바 있습니다. 우리는 이 기회에 폐하께서 약속하신 커다란 자비와 선심에 대하여 깊은 감사의 뜻을 표하는 바입니다. 우리는 또한 각하(이봉래)께서 이 은전의 소식을 우리에게 전달했던 사실을 기쁘게 흡족하게 기억하고 있으며 각하께서 이 불행한 청년에게 친절한 관심을 베풀어 주신 점에 대해서도 감사합니다.

저희들은 이 아름다운 나라에 잠시 살고 있는 다른 외국인들 모두와 더불어 존귀하신 황제 폐하의 50주년 탄신일을 맞아 한국의 모든 충성스러운 백성들과 함께 축하를 했습니다. 신하들 간에 자비롭다고 소문난 폐하께서는 이날 일정 범주의 죄수들을 전부 사면하셨습니다. 우리는 이 일반 특사에 이승만과 같은 죄수가 포함되었을 것으로 이해했습니다.

폐하의 탄신을 기리는 이러한 성대한 행사의 와중에 제국 정부의 모든 관리들이 여러 가지 중대한 업무로 인하여 혹시나 황제께서 전번에 우리 친구 언더우드 박사에게 약속하셨고 또 각하께서 우리에게 직접 전언(傳言)하셨던 사면, 석방의 명령을 제대로 신속하게 이행하지 않은 것 같습니다. 따라서 우리는 감히 이 문제에 대해 각하의 주의를 환기시키고 싶습니다. 우리가 이같이 대담하게 말씀을 드리는 이유는 각하께서는 황제 폐하께서 언더우드 박사에게 약속하신 사실을 우리보다 더 자세하게 기억하고 계실 것이기 때문입니다. 달리 방도가 없는 우리로서는 이렇게 각하에게 직소(直訴)함으로써 황제께서 너그럽게 베푸시려는 사면, 석방의 명령이 정부 당국자에게 올바로 전달되어 감옥에 갇힌 죄수가 그 특혜를 조속히 받게 되기를 기원하는 바입니다. 다시 한 번 각하의 시간을 빼앗은 데 대하여 관서(寬恕)를 빕니다. 이 기회에 각하에게 최고의 경의를 표하면서,

아펜젤러, 에비슨, 벙커, 헐벗, 및 게일 배상(拜上)[67]

---

67) 이 진정서는 1901년 11월 9일 날짜로 기록된 것이다.

이 진정서의 내용을 당시 국내의 정치 상황에 결부시켜 음미해 보면 1900년 말, 고종은 이봉래를 통해서 언더우드에게 이승만을 가장 가까운 기회에 석방시켜 주겠노라고 약속한 사실이 있는데, 1901년 9월 7일 고종의 탄신기념일(만수절: 萬壽節)을 맞아 고종이 '6범 내외(內外)를 무론(無論)하고 정적(情跡)을 참구(參究)하여 방석(放釋)할만한 자(者)는 방석하고 감등(減等)할만한 자는 감등하라'68)는 조칙(詔勅)을 내렸건만, 이 조칙이 공포된 지 두 달이 지난 11월 초까지 이승만의 석방에 관해서는 아무런 조치가 취해지지 않았으니 도대체 어떻게 된 영문인가를 따지면서, 결론적으로 1년 전 고종이 언더우드에게 전달했던 장본인인 이봉래가 책임지고 고종에게 여쭈어 고종으로 하여금 그 약속을 이행해 달라는 내용이었다.

1901년 11월에 아펜젤러를 비롯한 당시 유력한 여러 선교사들은 정부 내지 궁정의 유력한 관리를 움직여 이승만의 조기 석방을 실현하려고 애썼지만 그들의 노력은 무산되었다. 흥미롭게도 우남은 옥중에서 선교사들의 이러한 움직임을 소상히 파악하고 있었다.69) 이 청원서에서 보이는 것과 같이 그의 스승 아펜젤러는 제자 이승만의 석방을 위해 백방으로 노력하고 있었다.

---

68) 국사편찬위원회, 『고종 시대사』 5집, p.403.
69) 유영익, 『젊은 날의 이승만』, p.56.

| 제3장 |

아펜젤러의 뒤를 이은 우남의 활동

    1902년 6월 11일 아펜젤러가 예기치 못한 배 사고로 돌아가셨다는 소식을 접하게 되었을 때 이승만은 사랑하고 존경하는 스승을 갑자기 잃은 충격에서 벗어나기 어려웠다. 사가(史家)들은 우남이 하루 반나절 식음을 전폐할 정도였다고 전해주고 있다. 그리고 그날 이후로 우남의 행보가 이전과는 크게 달라지는 것을 볼 수 있다. 필자의 견해로 볼 때에 우남은 아마도 스승의 뒤를 잇는 제자로서의 삶을 결심하게 되는 계기가 되지 않았나 하는 생각을 하게 된다.

> 해가 바뀌면서 석방 운동의 핵심인물이던 아펜젤러가 뜻밖의 사고로 사망함으로써 이승만은 정신적인 큰 고통을 겪었다. 아펜젤러는 1902년 6월 11일 목포에서 개최되는 성경번역위원회 회합에 참석하러 가던 도중에 그가 탔던 배가 다른 배와 충돌하여 침몰하는 바람에 익사하고 말았다.[70] 이승만은 은사의 비보를 듣자 하루 반을 내리 울고 단식했을 정도로 깊은 슬픔에 잠겼다.[71]

---

70) 이만열 편, 『아펜젤러』, pp.453-454.
71) 朝鮮日報, 1934년 11월 27일자, "朝鮮新敎育側面史: 培材50年 座談會", 손세일, 『이승만과 김구』에서 재인용, p.87.

이후로 우남의 행적을 살펴보면 우남은 놀랍게도 아펜젤러의 삶의 모습을 따르는 것을 보게 된다.

1. 1902년 이후 한성감옥에서

다음의 글은 허문도 전 통일부장관이 쓴 「이승만의 울음과 선지자 의식」이라는 글의 일부이다. 이 글에서 그는 우남이 한성감옥에서 1902년 6월 13일 아펜젤러가 배 사고로 돌아가셨다는 소식을 들었을 때 한나절 반 동안을 식음을 전폐하고 통곡하였다는 사실에 주목하고 다음과 같은 귀한 깨달음을 전해 주었다. 우남이 스승인 아펜젤러를 얼마나 사랑하고 존경하였는지 그리고 스승의 죽음 이후 그의 사고에 어떤 변화가 있었는지 이 글을 통해 살펴보기로 하자.

> **이승만의 울음**
> 신흥우(申興雨)는 이승만의 한동네 친구였고, 배재학당의 한 해 후배로서, 한성감옥에서 학당이 개설되었을 때는, 그와 함께 죄수들의 교사였다. 한국 최초의 감리교 선교사로서 최초의 신교육기관인 배재학당을 창설했던 헨리 G. 아펜젤러가 해난(海難) 사고로 사망했다는 뉴스를 접했을 때 이승만의 충격과 슬픔은 컸다. 신흥우는 이때의 에피소드를 전해주고 있다. "이승만은 은사의 비보를 듣자 하루 반을 내리 울고 단식했을 정도로 깊은 슬픔에 잠겼다."
> (『朝鮮日報』 1934.11.27. 「조선 신교육 측면사 - 培材50년 좌담회」, 김낙환의 『우남 이승만 신앙연구』에서 인용)

이승만이 감옥에서 아펜젤러의 부보(訃報)를 들었을 때 울었다는 그 예사롭지 않은 울음의 의미를 알아보고자 한다. 우선 아펜젤러의 죽음과 관련 일지를 간추려 보고, 이승만의 울음 전후의 감옥 내 활동일지를 맞대어 본다. 다음은 1902년에 6월에 있었던 아펜젤러의 해상사고 일지이다.

6월 11일   아펜젤러, 목포로 가던 중 해상조난, 사망
6월 13일   아침, 인천의 기선회사서 아펜젤러 조난 통보
6월 14일   황성신문, 어청도 해난사고만 보도
6월 16일   황성신문, 아펜젤러 등 18명 승객 조난 사망 보도
6월 16일   정동교회서 아펜젤러 추도예배
6월 24일   오후 2시 배재학당서 교사, 학생, 우인(友人)들 추도회
6월 24일   오후 4시 각국 공사, 국내 선교사, 국내외 귀빈들 참석 추도회
(이상, ① 이진호, 『아펜젤러와 조성규의 조난사건』, 도서출판 우물, ② 김낙환, 『아펜젤러 행전』, 청미디어 참고)

교통과 통신이 불편했던 당시, 1902년 6월 13일 아침에 인천의 기선회사로부터 조난 통보가 있자, 배재학당에서 감옥에 정기적으로 드나들며 이승만의 뒷바라지(주로 신앙 지도와 도서 반입)를 하던 벙커 목사가 직접, 혹은 간접으로 이승만에게 부보(訃報)를 알렸을 것이다. 여하튼 이승만의 하루반의 울음은 6월 13일 오후에는 시작되었을 것이다. 울음의 시점을 짚어 놓고 이승만의 감옥에서의 활동상을 알게 하는 서역(書役)일지를 대조해 보면 다음과 같다.

이승만의 옥중(獄中) 서역(書役) 일지(日誌)
1900년 봄 : 『체역집』 베낌 시작
1900년(음) 4월 4일 - 7월 6일: 『청일젼긔』, 한글 번역
1901년 2월 8일 - 1903년 4월 17일: 『뎨국신문』에 논설 집필
1902년 4월 9일: 『주복문답』 번역, English Grammar Material Primer 번역
1902년 6월 18일 이전: 『산술』 순한문 저, 『적주채벽』 편, The Junior Methodist History 번역.
…
1903년 4월 20일 - 1904년 2월 19일: 「신영한(新英韓)사전」 편찬작업
1903년 5월: 『신학월보』에 「옥중전도」 게재

1904년 2월 19일 - 1904년 6월 29일: 『독립정신』 집필
(유영익, 『젊은 날의 이승만』 p.78에서)

위의 일지에서 주목을 요하는 두 가지가 있다. 하나는 1902년 6월 18일을 경계점으로 다음해 4월 하순까지 서역 작업은 휴지기에 들게 되는데, 이승만의 옥내 활동에 큰 변화가 일어난 것을 알게 한다는 것이다. 또 하나는 그동안 옥내에서도 왕성했던 이승만의 저술·번역 등의 서역이 휴지 기간에 들어가는 6월 18일에 마지막으로 마무리 된 책은 『The Junior Methodist History(감리교 약사)』의 번역이었다는 것 등이다.
서역 작업의 휴지 기간에 이승만은 감옥 서장에게 진정서를 내어 받아들여지고, 서장 등의 지원으로 옥중학당을 개설하여, 죄수 학생들 상대로 교사 역을 맡는다. 가르치는 내용은 영어, 일어, 지리, 문법, 산술, 동국역사, 명심보감 등등 거기다가 성경 공부, 기도하기, 찬미가 부르기 등이었다. 신학문과 종교 교육을 함께 했으니, 이승만은 한성감옥 내에 그가 다닌 배재학당의 축소판을 만들어 보려 했을 것 같기도 하다. 이때에 옥중학당에서 이승만을 도운 신흥우가 이승만의 긴 울음을 증언하고 있는 것은 앞에서 보았다.
주목해야 할 것은 아펜젤러의 부음을 접한 이승만의 긴 울음 다음에 그는 그 동안의 서역 작업을 마무리하고 옥중학당 개설을 결행했다는 사실이다. 그리고 아펜젤러가 해난사고를 당했던 6월 11일에서 휴지기로 들어갔던 6월 18일까지의 기간에, 일지의 마지막에 기록되어 있는 『The Junior Methodist History』를 이승만은 번역하고 있었을 것 같다는 사실이다. 즉 아펜젤러가 건넸을 『The Junior Methodist History』를 아펜젤러의 부음을 듣는 순간 이승만은 번역하고 있었다고 할 수 있겠다.
이승만이 번역하고 있던 책은 어떤 책이었던가를 알아보고, 그의 긴 울음의 정신분석적 의미를 촌탁해 본다면, 아펜젤러의 죽음과 이승만의 긴 울음 중심으로 '보이지 않는 손'에 의해 엮어진 장엄한 섭리적 드라마는 모양을 드러낼 것이다. 『The Junior Methodist History』를 이승만 독서 목록으로 기록한 곳에는 책이름 옆의 괄호 속에 studied and translation이라 해 놓았다. 특별히 공부하고 번역한 책임을 강조해 놓은 것이다.

이화장 문서에는 이 책의 원본이나 번역한 것이 남아있지 않다. 미국의 헌책방에서 입수된 책의 제목은 『Junior History of Methodism』이고, 부제가 「엡워스 연맹의 청소년 공부 속회용」이며 발행처는 미국 감리교 서책협회, 초판이 1900년, 재판이 1901년, 입수된 것은 1925년판, 전부가 103페이지의 책이고 사진이 약 5분의 1쯤이다. 이 책의 초판이나 재판쯤을 감옥에 서책을 넣어주던 아펜젤러 선교사가 촉망해 마지않던 제자 이승만에게 건넸을 것이다.

이 책은 도입부에서 감리교의 창시자인 존 웨슬리가 메소디즘 운동을 시작하던 직전 시대 영국의 사회상을 그려놓고 있다. 영국 종교사에서 가장 암울한 시대라고 하는 이때의 사회는 온갖 종류의 범죄와 무질서로 '주일날은 악마의 장날'이라고 할 정도였다. 교회는 나태하고 무력했으며, 교직자는 타락하고 속물적이었다. 이 책은 메소디즘이 태어날 때의 사회상은 이와 같았는데, 메소디즘이 태어나 스스로의 요람인 영국 사회를 변혁시켰다 하고 있다. 때는 영국의 산업혁명 전야였다. 조선을 깊이 사랑하던 꿈 많은 개혁가, 이승만은 책 첫머리에서부터 세상을 바꿔놓은 메소디즘 운동에 끌려들지 않을 수 없었을 것이다.

이 책에는 또한 메소디즘의 창시자 웨슬리가 되풀이 된 시련과 신앙적 고뇌를 거쳐 회심에 이르는 과정이 적당하게가 아니고, 리얼하게 묘사되어 있다. 1738년 5월 24일 저녁 런던 거리의 모라비아 교도들 집회에 가서, 마틴 루터의 로마서강해 서문을 읽고 있는 것을 듣고 있다가, 웨슬리는 회심 체험을 한다. "나는 내 가슴이 이상하게 뜨거워짐을 느꼈다. … 그리고 그가 나를 죄와 죽음의 법칙으로부터 구해 냈다는 것을 깨닫게 되었다."
이승만은 감옥에서의 회심 체험을 뒷날 비망록에서 "이상스럽게도 가슴이 뜨거워지는 경험을 하였다"고 적고 있다. 이승만은 번역을 하다가 스스로의 회심 체험이 웨슬리의 그것에 닮아 있음을 느끼는 순간, 신앙적 자기 정의에 혁명적 비상 혹은 고차원의 소명의식(sense of deep calling)에 눈떴을 것 같기도 하다. 이승만의 긴 울음은 제2의 회심이라 해야 할지도 모르겠다.

이 책은 메소디즘 운동의 출발에 큰 영향을 준 모라비아 교도들의 원조 존 후스 이야기를 하고 있다. 그는 루터보다 100년이나 앞서 교황의 비리와 압제에 항거하다가, 교황청에 의해 정죄되고 화형 당했다. 이런 구절이 보인다. "콘스탄스에서 후스를 태운 불길의 불꽃은 바다 건너 런던으로 가는 길을 발견했고, 드디어는 온 세계를 둘러싸고 뻗어가는 메소디즘의 불꽃에 불을 붙인 것이다."

은사 아펜젤러의 사랑과 믿음에 깊이 경도되어 있었을 뿐 아니라, 국가 개조의 식을 수 없는 열정을 간직한 27살의 청년 이승만의 가슴에 이 책 속의 불이 어떻게 옮겨 붙지 않을 수 있었을 것인가?

이승만의 울음과 소명의식

프로이트는 사람이 죽었을 때의 관계자의 울음을 '복상(服喪) 작업', 혹은 '비애의 작업'이라고 분석하고 있다. "이 울음 속에 있는 인간은 그 전 에너지가 고통과 회상에 의해 완전히 점령당해 있는 것처럼 보이는 것이다. 그래서 그 인간의 에고(ego)는 상실된 대상과 운명을 함께할 것인가 어쩔 것인가의 결정에 다잡히게 된다"는 것이다.

이래 놓고서는 인간을 욕구에의 반응체로만 보는 프로이드는, "자기애(自己愛)적 만족을 바라는 에고(ego)가 드디어는 정신 내부에서, 사망한 대상과의 유대를 단절할 것을 결심한다"고 했다. 앞에서 본 실존적 정신분석의 빅터 프랭클 같으면 울음 분석의 마지막 단계에서의 프로이드의 결론에 반대할 것이다. 보통은 그런 경우가 많지만, 그와는 달리 의미를 찾아내어 삶의 동력으로 하는 인간 부류는, 망자(亡者)가 추구했던 의미를 자기의 추구 목표로 승계함으로써, 망자와의 유대, 혹은 자기 동일시를 영원으로 가져가려 할 수도 있는 것이다.

청년 이승만은 강렬한 복상행위인 긴 울음을 통해 초월자로부터 소명된 아펜젤러의 조선에서의 사역을 자기의 사역으로 받아들이고, 초월자로부터 웨슬리, 아펜젤러로 이어지는 영원의 행렬에 스스로 나아가려 했을 것만 같다.[72]

---

72) 허문도, 「이승만의 울음과 선지자 의식」, 2014년 7월 8일자 허문도의 글에서 인용.

허문도 전 장관이 본 이승만의 울음은 스승의 죽음에 대한 단순한 슬픔의 문제가 아니었다. 우남은 스승의 죽음을 경험하면서 스승이 보여준 조선에 대한 사랑과 선교 사업을 계승하려는 자리로 한 걸음 나아가고 있는 것이라고 보고 있는 것이다. 당시까지만 해도 역사상 전무한 옥중학교를 시작하는 우남의 모습 속에서 아펜젤러의 모습을 보게 되는 것이다. 아펜젤러의 선교 사업과 조선에 대한 뜨거운 사랑은 그의 사랑을 많이 받은 제자인 우남을 통하여 새로운 모습으로 재탄생하고 있는 것이다.

2. 1910년 서울에서

우남은 미국에서의 학업을 마치고 조국으로 돌아와서 YMCA에서 활동하였다. 당시 그의 직책은 한국인 총무(Chief Korean Secretary)로서 한국인으로서는 최고의 직책이었다. YMCA의 학생부와 종교부 간사로서 학생들을 교육하는 일과 청년운동을 총괄적으로 지도하는 것이었다. 이곳에서 활동하는 동안 그의 행적은 기독교 교육가로서 마치 아펜젤러의 삶을 보는 것과 같았다. 설교를 하고 성경연구반(Bible Study Class)을 운영하고 강의, 강연 그리고 전국적인 YMCA망을 구축하고, 번역 사업을 하는 등 다양하였다.[73] 그는 1911년 2월 11일자 뉴욕에 있는 YMCA 국제위원회에 보낸 보고서에서 이렇게 보고하였다.

> 나는 안식일마다 바깥 교회에 나가서 설교를 하고 오후에는 바이블 스터디 클래스 지도를 계속하고 있습니다. 다른 한편으로 나는 청년회 학교에서 주 9-12시간의 강의를 합니다. 다른 학교에 나가서 수시로 하는 짧은 강의

---

73) 유영익, 『이승만의 삶과 꿈 - 대통령이 되기까지』, p.80.

외에도 청년회 학교 생도들만을 위한 주 3회의 특강을 해야 합니다.74)

마치 아펜젤러가 기독교 교육가로서의 일생을 살았던 것처럼 우남은 미국 유학을 마치고 서울로 돌아온 이후로 암울해진 조국의 현실을 바라보면서 기독교 교육에 전념하고 있었던 것이다. 그는 전국 방방곡곡을 돌며 YMCA를 조직하고 때로는 부흥사가 되어 뜨거운 열정으로 복음을 전하였다.

3. 1913년 이후 하와이에서

1912년 105인 사건으로 일제가 많은 기독교 지도자들을 체포할 때에 그는 감리교회의 연례회의 참석을 핑계로 미국으로 피신하게 되었다. 하와이에 정착한 우남은 다시 교육, 교회, 출판 사업에 참여하게 되는데 이러한 우남의 행보 역시 아펜젤러가 보여 준 그대로의 행적이라고 할 수 있을 것이다.

> 이승만은 하와이에서 감리교 선교부를 통하여 터전을 잡고 그의 민족주의적 종교·교육 사업을 이끌어 갔다. 이승만은 기독교 교육을 통하여 하와이 한인들에게 민족주의 사상을 고취시키고 독립심을 배양하려고 하였다. 이승만이 그의 터전인 감리교회를 떠나 한인 기독교회를 개척한 것도 민족주의에 입각하여 한인들이 미국 교단에서 독립된 교회를 유지할 수 있다고 확신하였기 때문이다.75)

---

74) 전택부,『한국 기독교청년회 운동사』(범우사, 1994), p.149. 유영익의 책,『이승만의 삶과 꿈』, p.82에서 재인용.
75) 오영섭·홍선표 외『이승만과 하와이 한인사회』, 이덕희,『이승만의 종교활동과 교육활동』, P.39.

이승만은 1913년 9월 미국 감리교 선교부 산하 한인기숙학교 교장으로 취임하여 교육자의 생활을 시작하였다. 취임 이후 그는 학교 이름을 한인중앙학원으로 변경하여 학교 이미지를 갖도록 하였는바 그의 취임 직후 6개월 만에 학생 수가 32명에서 120명으로 급증하였다. 어쩌면 이것은 그의 대통령 취임 이후 학교 및 학생 급증의 역사적 선례였는지 모른다. 교과목에는 영어에 한국어와 한문이 포함되어 있었다.

한인 중앙학교 교장으로서 이승만은 당시로서는 혁명적인 남녀공학 제도를 도입하였다. 이것은 남녀 7세 부동석이라는 유교적 전통 관념에 뿌리깊이 젖어있었던 한국인들에게는 매우 급진적이고도 충격적인 조치였다. 한 연구는 이러한 이승만의 조치를 두고 한국 교육사에 있어서 획기적인 사건이면서 역사적으로 이승만이 한국인으로서 처음으로 남녀공학 제도를 도입한 인물로 기록되어야 할 것이라고 주장한다.[76]

이승만은 교육 사업만이 아니라 하와이에서 감리교회의 지도자로 활동하였다. 1913년 2월 27일부터 3월 2일까지 호놀룰루 제일감리교회 연회에 참석했던 한인 감리교회 교역자들과 평신도 지도자들을 모아 놓고 펄 씨티 공원에서 성경 공부와 감리교 교역에 관한 훈련 집회를 주관하였다.[77] 또 이승만은 하와이에 도착하면서 『한국 교회 핍박』이라는 책을 집필하여 두 달 만에 탈고하였다. 이 책은 105인 사건의 발발 경위와 재판 과정 및 이 사건에 대한 미국과 영국의 여론을 자세히 소개한 책이다. 이 사건의 배경을 설명하면서 이승만은 한국 기독교회의 성장, 한국 교회가 차지하는 한일관계에 있어서의 중요성 등을 자세히 설명함으로써 아펜젤러의 뒤를 이어 이미 성숙한 기독교 지도자로서의 면모를

---

76) 최영호, 『이승만의 하와이에서의 초기 활동』, 유영익 편 『이승만 연구 - 독립운동과 대한민국 건국』(서울: 연세대학교 출판부, 2000), p.74.
77) 오영섭·홍선표 외 『이승만과 하와이 한인사회』(서울: 연세대학교 대학출판 문화원, 1912), p.4.

드러냈다.

　하와이에서 이승만은 교육가, 언론인, 종교가, 정치가로서의 다양한 행보를 보여 주는데 이러한 모습은 이미 세상을 떠난 스승, 아펜젤러의 모습을 승계한 바로 그 모습이었다.

| 제4장 |

건국 대통령이 된 이후 우남의 사상

유교사상이 지배하던 600년간의 조선시대가 마감되고 36년간의 일본 식민지인으로 생활을 했던 조선인들은 주어진 독립을 즐길만한 정신적인 여유가 없었다. 새로운 나라를 열어야 하는 혼란 속에서 지도자로 부각한 우남은 두 가지 확신을 가지고 있었다. 그것은 이제 시작되는 새로운 나라는 자유민주적인 정신과 미국 혹은 영국과 같이 기독교 정신이 지배하는 나라가 되어야만 한다는 것이었다. 이는 청년 시절부터 배재학당을 출입하며 스승인 아펜젤러 그리고 서재필과 윤치호와 같은 선각자들을 통하여 배우고 익힌 정신이었다.

1. 자유 민주주의 정신

배재는 1885년 8월 3일 미국의 감리교 목사인 아펜젤러가 서울에 세운 한국 최초의 근대식 중등교육 기관이다. 고종(高宗)은 1886년 6월 8일 '배재학당(培材學堂)'이란 교명과 액(額)을 내리었다. '배재(培材)'란 배양영재(培養英材)의 준말로 이는 유용한 인재를 양성한다는 의미인데 아펜젤러는 그의 선교 보고서에 다음과 같이 자신의 교육철학을 보고하고 있다.

유용한 인재는 갈보리에서 돌아가신 주의 피로써 구원받지 않고는 양육될
수 없다. 학생들은 길을 묻고 있는 중이다. 우리의 기도와 심령의 소원은
이 학교를 특별한 영적 힘이 넘치는 기관으로 만드는 데 있다.[78]

배재학당의 학당 훈은 "큰 인물이 되려는 사람은 남을 섬길 줄 알아야 된다(欲爲大者當爲人役)"[79]인데, 기독교적 교훈으로 봉사적 인물을 양성한다는 뜻이 담겨있었다. 교과목으로는 한문·영어·천문·지리·생리·수학·수공·성경 등이 있었고, 그 외의 과외활동으로 연설회·토론회와 같은 것을 열어 의견 발표 훈련을 시켰고, 정구·야구·축구 등 운동을 과하였다. 학교 운영 방침에 학년을 두 학기로 나누었으며, 수업료는 종전의 물품 대신 돈으로 받았고, 입학과 퇴학의 절차를 엄격히 규정하였고 근로를 장려하였다.[80] 우남이 다니던 당시에 배재학당은 한국인, 서양인, 일본인, 청국인이 두루 섞여 배우고 가르치는 국제적인 분위기의 학교였다.

1894년 발발한 청일전쟁에서 조선의 종주국 청국이 패배하자 세상이 크게 바뀐 것을 깨닫고 우남은 나이 20세가 되던 1895년 4월 배재학당에 입학하여 그 곳에서 1897년 2월까지 영어와 신학문을 연마하였다. 배재학당은 청년 우남에게는 서양 문명에 눈을 뜨게 한 별천지와 같은 곳이었다.

배재학당 영어과에 들어간 우남은 영어 공부에 치중하면서 역사, 지리, 산수, 성경 등 교양과목을 이수하였고 또 학당에서 의무화한 아침 예배에도 참석하여 설교를 들었다.[81] 배재학당에서의 교육을 통하여 우

---

78) 유동식, 위의 책, p.65, (ARMEC, 1887, p.313f)에서 인용한 것을 재인용.
79) 마태복음 20: 26-28 "너희 중에는 그렇지 아니하니 너희 중에 누구든지 크고자 하는 자는 너희를 섬기는 자가 되고 너희 중에 누구든지 으뜸이 되고자 하는 자는 너희 종이 되어야 하리라. 인자가 온 것은 섬김을 받으려 함이 아니라 도리어 섬기려 하고 자기 목숨을 많은 사람의 대속 물로 주려 함이니라."
80) 파란 홈페이지, 위키백과에 소개된 '배재학당'

남은 서양의 정치적 관념(민주주의)에 대하여 새롭게 인식할 수 있었다. 배재학당에서 우남은 미국 선교사들로부터 영어 이외에 보다 더 중요한 것을 배우게 되었다. 우남을 자극한 것은 바로 영어가 아닌 서양 정치제도와 그 문명이었다. 특히 우남은 미국에서 온 고학력의 선교사들로부터 미국 독립전쟁사 내지 건국사, 남북전쟁사, 노예해방 그리고 법치주의 원칙하에서 누리는 미국 국민의 정치적 자유 등에 관하여 알게 되었다.[82]

이렇게 혁명적인 사상에 눈을 뜬 우남은 절대 군주제 아래 신음하는 조선의 동포를 위해 이 나라는 미국과 같은 기독교 국가의 민주주의 제도를 도입하는 일이 옳은 일이며 이 일을 위하여 일생을 바치기로 마음 먹게 되었던 것이다.

> 배재학당에 입학할 당시 나의 큰 욕심은 거기서 영어, 한 가지만을 배우는 것이었다. 그러나 나는 그 곳에서 영어보다 더 중요한 것을 배웠음을 깨달았다. 그것은 정치적 자유의 개념이었다. 한국의 일반 백성이 무지하게 당하는 정치적 억압의 개념에 대하여 조금이라도 아는 사람이라면 한 젊은 이가 평생 처음으로 기독교 국가에서는 국민들이 법률에 의해 지배자의 횡포로부터 보호받는 이야기를 들었을 때 그의 마음속에 어떠한 혁명이 일어났을 지를 쉽게 상상할 수 있을 것이다. 나는 속으로 "우리가 그와 같은 정치적 원칙을 채택한다면 나라의 핍박받는 동포들에게 커다란 축복일 것이다"라고 다짐하였다.[83]

---

81) 배재학당의 설립자인 아펜젤러는 배재학당을 자신의 모교인 필라델피아 주 랜캐스타 소재 프랭클린 앤 마샬 대학을 본 딴 교양 중심의 대학으로 육성시킬 계획이었다. 그래서 그는 1891년부터 1902년까지 본국 선교부에 제출한 연회 보고서에서 배재학당을 Paichai College라고 칭하였다. 배재학당의 이름은 1902년 이후에 배재고등학교로 바뀌었다. 『배재 100년사』 편찬위원회 편. (재단법인 배재학당, 1989), pp.63-64. 유방란, 「개화기 배재학당의 교육과정 운영 교육사 연구』 8, 1998, pp.175-176, 182-183, 184 참조

82) 유영익, 『젊은 날의 이승만, 한성감옥 생활(1899-1904)과 옥중잡기 연구』, p.169에서 재인용

이와 같은 우남의 생각은 갑신정변(1884) 주역의 한 사람으로서 1895년 말에 미국 시민권과 의사 자격증을 취득하고 귀국한 서재필(Philip Jaisohn, 1863-1951) 박사가 1896년 5월부터 매주 목요일 학당에서 실시하는 세계지리, 역사 및 정치학 그리고 의사 진행법 등에 관한 특강을 들으면서 더욱 심화되었다.84) 이처럼 배재학당에서의 교육은 우남으로 하여금 조선이 당한 현실을 서양의 정치적 관점에서 새롭게 이해할 수 있게 한 중요한 계기였다.

2. 기독교 정신

우남은 28살의 나이에 한성감옥에 있으면서 신학월보(神學月報), 1903년 8월호에 「예수교가 대한(大韓) 장래의 기초」라는 제목의 다음과 같은 장문의 글을 싣고 있다. 그의 이러한 생각은 미국 유학을 하는 동안에도 하와이에서 살면서도 또한 조국에 돌아와서 대통령이 된 이후에도 변함이 없었다. 다음은 우남이 쓴 「예수교가 대한 장래의 기초」의 일부분이다.

> 지금 예수교 받드는 나라들이 문명부강 태평안락하다는 것은 그 나라 안에 있는 악한 사람이 다른 나라보다 적어 그런 것이 아니요, 그 나라 안에 악한 것을 몰아내는 일국이 다른 나라보다 많은 까닭이라. 선한 일이 악한 일을 이기는 나라는 선한 자의 천국이오, 악한 자의 지옥이라 하겠고, 악한 일이 선한 일을 이기는 나라는 악한 자의 천당이요 선한 자의 지옥이라. 부럽도다. 저 개명한 나라들에서는 사람의 몸과 집안과 나라를 통해 하는

---

83) 유영익, 위의 책, p.7. (올리버 수집, 이정식 소장 문서 "Autobiography. Rhee", 1912, p.5)
84) 유영익, 위의 책, p.7. 서재필이 배재학당에서 베푼 특강에 관해서는 「協成會 活動에 관한 考察」, 『韓國學報』, p.25에서 찾아볼 수 있다.

님의 도로써 구원을 얻었고, 저 열리지 못한 나라에서는 사람의 몸이나 집안이나 나라가 다 사람의 도로 인연하여 고초 환란 멸망을 면하지 못하여도 종시 깨닫지 못하고 악한 일과 악한 사람이 홀로 득세하여 세상에 횡행하며 착한 일과 착한 삶은 용납할 곳이 없으니, 성경에 이른바 여우는 굴이 있고 새는 공중을 날겠으되 사람의 아들은 머리 둘 곳이 없다 하심과 같은지라. 장차 길게 이러하고야 어찌 서로 보전하기를 바라리오. 하느님의 도로써 서로 구원 얻을 도리를 대강 말할지라.

첫째는 이 세대에 처하여 풍속과 인정이 일제히 변하여 새 것을 숭상하여야 할 터인데, 새 것을 행하는 법은 교화로써 근본을 아니 삼고는 그 실상 대익을 얻기 어려운데, 예수교는 본래 교회 속에 경장하는 주의를 포함한 고로 예수교 가는 곳마다 변혁하는 힘이 생기지 않는 데 없고, 예수교로 변혁하는 힘인즉 피를 많이 흘리지 아니하고 순평히 되며 한 번 된 후에는 장진이 무궁하여 상등 문명에 나아가나니, 이는 사람마다 마음으로 화하여 실상에서 나오는 까닭이라. 오늘날 사람들이 마땅히 이 관계를 깨달아 서로 가르치며 권하여 실상 마음으로 새것을 행하는 힘이 생겨야 영원한 기초가 잡혀 오늘은 비록 구원하지 못하는 경우를 당할지라도 장래에 소생하여 다시 일어서 볼 여망이 있을 것이오.

둘째는 사람마다 내 몸 하나만 있는 줄로 생각지 말고, 남도 또한 나와 같은 몸이 있어 기쁘고 슬프며 가볍고 아픈 줄을 모르지 아니하니, 그 몸에 손해를 끼쳐 내 몸에 이로움을 경영하면 그 사람이 또한 내 몸을 손해하여 제 몸에 이로움을 경영할지니, 서로 무소하고 고발하며 토색하고 늑탈하여 작은 고기, 중 고기, 큰 고기가 서로 잡아먹기로 재주와 능사로 생애를 삼을진대, 이를 어찌 사람 사는 인간이라 하며 이중에 사는 자 뉘 능히 보전하기를 바라리오. 불과 서로 멸망하다가 함께 자진하는 데 이르고 말지라.

지금 우리가 이 처지에 처하여 관민상하 부자형제가 서로 잔해하며 인망하매 영웅호걸이 있어 부국강병 할 방책을 품고라도 이 천지에서는 의론할 사람이 없은즉, 제갈량의 재주와 라팔균의 도량인들 사람 없는 빈들에 홀로 서서 무슨 계책과 세력을 행하여 보리오. 천만 가지로 생각하여도 아무 수 없이 가만히 앉아 스스로 없어지기만 기다릴 뿐이니, 슬프다 이 가련한 신세들을 어찌하며 이 가련한 나라를 어찌하며 이 가련한 후생들을 장차 어찌하리오. 세상사를 다 우리가 잘못하여 우리는 오늘날 이 화근을 당하는 것이 불쌍할 것도 없고 또한 의례히 당할 일이라 하려니와, 일후 남에게 무궁한 원망을 어찌 생각지 않으리오. 마땅히 후생의 움 돋아날 씨는 뿌려 주어야 할지라.

예수교 외에는 더 좋은 씨도 없고 더 좋은 밭도 없으니 남을 내 몸 같이 사랑하는 교회에 남의 죄를 대신하여 목숨을 버리는 은혜로써 씨를 뿌려 먼저 내 마음에 뿌리를 박고 염후에 남에게 미치게 할진대, 남의 살을 베어다가 내 살에 부치며 남의 목숨을 끊어다가 내 목숨을 이으려 하던 자 한 둘씩 화하여 남을 대신하여 고난을 받으려하는 자 될지니, 사탄을 치는 강한 군사가 점점 많아지고 어린 양의 무리를 인도하는 목자가 차차 많이 생겨 서로 사랑으로 보호하는 중에서 세상에 즐거움도 있으려니와 합하는 힘이 부지 중 자라리니, 그런 후에야 능히 몸을 구원하며 집안을 보전하며 나라를 회복하여 오늘날에 살 수 없는 인간이 차차 천국같이 되어 가지고 영원한 영혼의 구원을 함께 얻을지라. 너무 지리하여 다 못하니 우선 이 두 가지 조목으로만 가지고서라도 사람마다 장원한 계책을 삼아 진심으로 일한진대 그 뒤 일은 하느님이 도와 주시리로다.[85]

이 글의 제목에서 볼 수 있듯이 우남은 기독교가 나라의 기초가 되어야 한다고 생각하였고 그러한 그의 신념과 신앙은 대통령이 된 후에도 국가 정책에도 그대로 반영되었다. 우남의 통치 기간 중에 국가의 지도자들인 각료들의 상당수가 기독교인들이었으며, 기독교 방송, 기독교 신문사 설립이 다수 허가되었고 국가적으로 군목(軍牧), 형목(刑牧) 제도가 신설되었고 음으로 양으로 기독교 우대 정책을 실시하여 당시 기독교인의 인구가 급속도로 성장하였다는 것은 이미 밝힌 바가 있다.

---

85) 이승만, 「예수교가 대한 장래의 기초」, 『신학월보』, 1903.8.

| 나가는 말 |

　우남은 1875년 조선시대 말기에 출생하셨다. 그는 어린 나이인 6살이 되던 해부터 19살이 되어 조선의 과거제도가 없어지기 전까지 과거시험 합격을 위하여 유학을 공부하였다. 사서삼경을 비롯하여 당송 시문, 통감절요, 시전, 서전 등이 그의 학문세계가 되었고 그의 가치관이요 철학이 되었다. 어려서부터 익힌 유학 사상이 골수에 사무쳐서 그는 조선시대의 마지막 선비로서의 삶을 계획하였을 것이다.
　그러나 우남의 골수에 사무친 유학사상은 배재학당에 들어가서 아펜젤러를 만남을 계기로 변화되기 시작하였다. 우남은 처음에는 배재학당에 들어가서 단지 영어를 배워 국가의 관리가 되어 출세한 삶을 살아가기를 원하였다. 그러나 서양에서 온 기독교 선교사들이 전해준 서양 학문은 영어 이상의 것이었다.
　그는 세계지리를 배우며 세계의 다른 나라에 대하여 눈을 뜨기 시작하였다. 조선에 살면서 오로지 군주제만을 알고 경험했지만, 미국이나 영국의 자유 민주주의와 의회제도를 배우며 자유 민주주의 신봉자가 되었다. 어머니를 통하여 배운 불교 그리고 아버지의 유교보다 그를 흔들어 깨운 것은 아펜젤러가 전해준 기독교 복음이었다.
　그는 아펜젤러가 세상을 떠난 후에 누구보다도 훌륭한 아펜젤러의 신앙적, 사상적 후계자가 되어 있었다. 청년 시절에 한성감옥 생활을 하면서 연 감옥학교나 미국 유학을 마치고 한국에 돌아와 2년간 활동한 YMCA 운동, 그리고 하와이 망명 중에 행한 교육자로서의 활동 그리고 자유 민주주의를 택한 대한민국 정부 수립은 청년 시절에 그를 사랑하고 그의 잠재력을 이끌어내려고 노력한 우남의 스승 아펜젤러의 영향이라고 할 수밖에 없다. 한 사람의 영혼을 구원하고 바르게 세우려 노력한 아펜젤러 그리고 그 스승의 가르침을 받아들이고 충실히 따른 이승만 모두 오늘을 살아가는 우리들에게는 귀중한 민족의 스승이라고 할 수 있다.

Ⅲ

선교사 게일과 청년 이승만의 멘토링 관계 연구

| 들어가는 말 |

요즈음 들어 멘토링(mentoring)이란 단어는 아주 보편적인 용어가 되었다. 리더십 전문가, 팀 엘모어(Tim Elmore)는 "멘토링이란 하나님께서 주신 자원을 나눔으로써 한 사람이 다른 사람에게 힘을 더 해주는 관계적 경험이다"[1]라고 정의하였다. 멘토링을 쉽게 설명해 주는 성경 구절이 잠언(箴言)서에 나타나고 있다.

> 철이 철을 날카롭게 하는 것같이 사람이 그 친구의 얼굴을 빛나게 하느니라.[2]

철이 철을 통해 날카로워지는 것처럼 사람은 사람을 통해 성장하고 지혜가 자라는 것이다. 이와 같은 멘토링 관계는 성경에도 수차례 등장하고 있다. 아브라함과 룻, 야곱과 요셉, 모세와 여호수아, 나오미와 룻, 엘리와 사무엘, 요나단과 다윗, 엘리야와 엘리사의 관계[3] 등 그 외에도 여러 사람들이 멘토링 관계를 맺고 있음을 보게 된다.

특별히 신약성경에 등장하는 바나바라는 사람은 사울이라는 청년이 가진 잠재력을 보았다. 비록 그가 처음에는 예수를 핍박하는 바리새파

---

1) 팀 엘모어(김낙환 역), 『팀 엘모어의 멘토링』(서울: 진흥, 2002), p.21.
2) 잠언 27:17.
3) 팀 엘모어(임종원 역), 『위대한 멘토들』(서울: 진흥, 2002), 이 책에서는 신, 구약 성경에 나타나는 멘토링 관계들을 각각의 특징을 살펴서 모두 정리하였다.

청년이었으나 장차 세계적인 기독교 지도자로 성장할 것을 확신하고 아직 미숙한 청년인 사울을 돕는 것을 볼 수 있다.4) 이처럼 성장 잠재력이 있는 사람을 발견하고, 그들의 성장을 돕는 역할을 하는 사람을 멘토(mentor)라고 하고, 멘토의 도움을 받는 사람을 멘티(mentee)라고 하고 이 두 사람의 관계를 멘토링(mentoring)이라고 하는 것이다.

우남 이승만(李承晩, 1975-1965)은 대한민국의 초대 대통령이자 한국 현대사의 핵심 인물이다. 우남은 조선시대의 말기에 출생하여, 일제 식민통치 시대를 지나 해방과 6·25 한국전쟁 그리고 나라가 건국되는 혼란스러운 과정에서 역사의 중심에 서 있었던 분이었다. 우남은 소년기에 동양의 전통학문인 유학을 공부하였고, 어머니로부터는 불교를 배우고, 청년기에는 배재학당에서 미국에서 온 선교사들을 통하여 신학문과 접하며, 기독교라는 서양종교에 접하게 되었다.5)

우남은 본래 유인(儒人) 혹은 불교인이었으나 한성감옥에서 보낸 5년 7개월의 고통스러운 생활을 견디며 기독교 신앙인으로 회심을 하게 되었는데, 그가 기독교인으로 개종한 이후에는 평생을 기독교 사상을 가진 기독교인으로 살아갔다. 기독교인이 된 우남은 대한민국을 건국하는 데 있어서 유교정신이 조선의 국기(國基)가 된 것처럼, 기독교 정신이 국기가 되는 자유 민주주의 국가를 세우려고 했다.6) 우남은 기독교도로 회심한 이후 1904년 여름에 한성감옥에서 저술한 『독립정신』의 마지막 부분을 이렇게 쓰고 있다.

---

4) 행 9:27 바나바가 데리고 사도들에게 가서 그가 길에서 어떻게 주를 보았는지와 주께서 그에게 말씀하신 일과 다메섹에서 그가 어떻게 예수의 이름으로 담대히 말하였는지를 전하니라.
5) 정진석,『언론인 이승만의 말과 글』, 원영희, 최정태 편,『뭉치면 살고: 1898-1944 언론인 이승만의 글 모음』(서울: 조선일보사, 1955), pp.32-50, 유영익,『이승만의 삶과 꿈』, p.30에서 재인용.
6) 유영익,『대통령의 삶과 꿈』(서울: 중앙일보사, 1996), pp.218-219.

III. 선교사 게일과 청년 이승만의 멘토링 관계 연구

지금 우리나라가 쓰러진 데서 일어나려 하며 썩은 데서 싹이 나고자 할진데, 이 교(기독교)로써 근본을 삼지 않고는 세계와 상통하여도 참 이익을 얻지 못할 것이요... 마땅히 이 교로써 만사에 근원을 삼아, 나의 몸을 잊어버리고 남을 위하여 일하는 자 되어야 나라를 일심으로 받들어 영, 미 각국과 동등이 되리라.[7]

우남은 멸망 지경에 도달한 대한제국이 부흥하여 미국이나 영국 같은 일등국가가 되기 위해서는 반드시 기독교를 받아들여 국기(國基)로 삼아야 한다고 주장한 것이다.

이처럼 동양의 전통사상인 유학을 공부하고, 그 사상을 신봉했던 우남이 기독교인으로 변화되어 가는 과정, 그리고 그가 신앙적, 인격적으로 성장하며 대한민국의 대통령으로 변화되어 가는 과정에는 우남의 성장을 지켜보고, 우남을 사랑하고, 우남이 가진 놀라운 잠재력을 보면서 우남을 도왔던 몇 분의 멘토들이 있었다. 바로 그 분들은 구한말에 복음을 전하기 위해 이 땅을 찾아오신 몇 분의 선교사들과 선각자들이다.

배재학당의 설립자인 아펜젤러(Rev. H.G. Appenzeller)를 비롯하여 캐나다 의료 선교사 에비슨(Oliver R. Avison) 그리고 갑신정변으로 인하여 일본으로 망명을 했다가 미국에 가서 선진교육을 받고 돌아온 개화파 애국자인 서재필(徐載弼) 박사, 윤치호(尹致昊) 박사, 그리고 연동교회 담임자로서 30여 년간 한국에서 사역을 하신 캐나다 선교사, 제임스 게일(James Scarth Gale 1863-1937)과 같은 분들이다. 특별히 오늘은 우남 이승만과 게일의 관계를 집중하여 조명하면서 두 분의 멘토링 관계를 살펴보려 한다.

---

7) 이승만(서정민 역), 『풀어 쓴 독립정신』(서울: 청미디어, 2008), pp.412-413.

| 제1장 |

우남 이승만의 신앙적, 사상적 배경

　열아홉 살이 되도록 동양적인 세계관과 중국, 애국사상을 터득했던 우남은 1894년에 청일전쟁을 계기로 서당 공부를 중지하고 서양의 신학문에 눈을 돌렸다. 그것은 전쟁의 와중에 단행된 갑오경장(甲午更張)의 일환으로 과거제도가 폐지된 데다 청일전쟁에서 일본이 청을 제압 승리한 사실이 정치적으로 얼마나 중요한 지각 변동인가를 재빨리 감지했기 때문이었다. 우남은 1895년 2월에 신흥우의 형, 신궁우의 권유로 서울 정동에 있는 미국인 선교사 아펜젤러가 설립한 선교학교 배재학당에 입학하였다.[8]

　우남은 배재학당을 다니며 여러 명의 선교사들을 만나면서 신학문을 수학하고 영어를 배웠다. 그러나 우남이 어려서부터 청년기까지의 경험들과 끊임없이 배우고 익힌 유교적인 사고들, 그리고 어머니에게 받은 불교적인 영향들은 우남이 기독교인으로 변화되는 과정에 커다란 방해거리가 되었다. 우남이 회심하기 전에 마음 상태를 그의 전기를 쓴 이원순은 다음과 같이 밝히고 있다. 이 글은 아직 불교도인 어머니가 우남이 배재에 다니는 것을 모르고 있을 때에 우남의 마음의 상태를 보여 주는 것이다.

---

8) 이원순, 『인간 이승만』(서울: 신태양사, 1895), p.26.

가장 기묘하게 생각되는 것은 1900년 전에 죽은 사람(예수)이 내 영혼을 구해 준다는 생각이었다. 나는 자문했다. 우리에게 그리스도 이야기를 해 주던 이상한 사람들이 전해 준 이처럼 바보 같은 교리를 믿을 수 있을까? 확실히 그들은 이 무지한, 우리에게 믿을 수 없는 사실을 믿게 하려고 온 것이다. 따라서 가난하고 무지한 사람만이 교회에 가는 것을 보아도 알 수 있다. 위대한 불교의 지식이나 유교의 지혜를 가지고 있는 교양 있는 학자는 결코 이와 같은 교리에 미혹(迷惑)되지 않는다. 이와 같은 결론에 도달하자 나는 아무튼 마음의 평안을 얻을 수 있었다. 그래서 나는 어머니에게 배재학당에 다니고 있다는 것을 이야기 할 수 있었다.9)

후에 배재학당을 다니는 동안 기독교에 대한 우남의 생각들이 변해 가는 모습을 이원순은 다음과 같이 그리고 있다.

> 나는 새벽 예배에 이따금 참석하게 되었고 그리스도는 구원 이상의 그 무엇을 포함하고 있다고 생각하게 되었다. 그리스도는 동포애와 봉사의 복음을 나에게 베풀어 주었다. 나는 이 외국 종교가의 가르침에 마음을 두었고 그리스도는 공자와 동일한 위치에 있는지도 모른다고 가슴 깊이 생각하게 되었다. 그러나 그 이상의 것을 생각할 수는 없었다.10)

이 이야기는 그가 투옥되기 전까지의 정치운동을 하던 시기에 기독교에 대해서 가지고 있던 우남의 자세와 감정을 명확하게 나타내 주는 이야기라고 할 수 있다. 우남이 1899년 초에 고종황제를 퇴위시키고 의화군을 새로운 왕으로 옹립하면서 일본에 망명중인 박영효(朴泳孝)를 영입하여 새로운 혁신내각을 조직, 급진적인 정치 개혁을 추진하려는 음모에 가담했다11)는 명목으로 체포되어 병영과 경무청을 거쳐 한성감옥

---
9) 이원순, 위의 책, p.71.
10) 이원순, 위의 책, p.72.
11) 이정식 역주, 『청년 이승만 자서전』, pp.431-432; 서정민, 『구 한말 이승만의 활동과 기독교』, 『한국 기독교사 연구』, pp.8-10.

에 이감되고 이곳에서 약 7개월 간 손목에는 수갑, 다리에는 족쇄 그리고 목에는 10kg의 무거운 칼을 쓰고 미결수의 생활을 강요당하게 되는데, 이때 우남은 자신이 조만간에 처형될지도 모른다는 죽음의 공포 속에서 심각한 종교적인 고뇌를 겪게 되었다.

그때 우남은 캐나다 의료 선교사인 에비슨(Oliver R. Avison) 박사에게 사람을 보내어 성경을 차입해 줄 것을 부탁하였고, 에비슨은 때마침 서울에 부임한 노바 스코티아(Nova Scotia)출신 선교사 헤로이드(Harroyd)양을 통하여 셔우드 에디(Sherwood Eddy)가 공급하는 영문 신약성서를 차입하여 주었다. 이렇게 입수된 신약성서를 탐독하던 우남은 어느 날 하나님께 기도를 드리면서 회개하고 기독교에 귀의하게 되었다.12) 우남은 이러한 일련의 회개의 과정에 관해서 자신의 영문 투옥 경위서(Mr. Rhee's Story of His Imprisonment)에서 다음과 같이 고백하고 있다.

> 나는 감방에서 혼자 있는 시간이면 성경을 읽었다. 그런데 선교학교(배재학당)에 다닐 때에는 그 책이 나에게 아무런 의미가 없었는데 이제 그것이 나에게 깊은 관심거리가 되었다. 어느 날 나는 선교학교(배재학당)에서 어느 선교사가 하나님께 기도하면 하나님께서 그 기도에 응답해 주신다는 말씀이 생각이 났다. 그래서 나는 평생 처음으로 감방에서 기도하였다. "오, 하나님 나의 영혼을 구해 주십시오. 오, 하나님 우리나라를 구해 주십시오(Oh God, save my soul and save my country)." (그랬더니) 금방 감방이 빛으로 채워지는 것 같았고, 나의 마음에 기쁨이 넘치는 평안을 누리면서 나는 (완전히) 변한 사람이 되었다. 동시에 그 때까지 내가 선교사들과 그들의 종교에 대해서 갖고 있었던 증오감, 그리고 그들에 대한 불신감이 사라졌다. 나는 그들이 우리에게 자기들 스스로 값지게 여기는 것을 주기 위해서 왔다는 것을 알게 되었다.13)

---

12) 유영익, 『젊은 날의 이승만』(서울: 연세대 출판부, 2009), p.60.
13) O. R. Avison, *Memories of Life in Korea*, pp.275-276.

우남은 성경을 읽던 도중에 자신이 배재학당에 다닌 시절에 들었던 선교사의 설교를 떠올리게 되었던 것이다. "하나님께 기도하면 하나님께서는 그 기도에 응답해 주신다"14)는 내용이었다. 경무청 감방에서 무거운 형틀을 쓰고, 사형선고를 기다리는 극한 상황에서 하나님을 만나는 경험을 하게 되었고, 이러한 신앙적인 경험으로 인하여 그는 기독교인이 되었다. 그동안 배우고 경험해 온 불교 혹은 유교인의 자리에서 기독교인으로 회개하고 개종하였던 것이다. 그날 이후로 우남의 기독교 신앙생활은 대통령이 된 이후에도 그의 일생을 두고 계속되었다고 할 수 있다.15)

이처럼 우남이 하나님께 처음으로 기도를 드리는 순간, 특별한 체험을 하게 되었다. 지금까지 두려움과 공포로 얼룩진 어둡고 침울했던 마음에 기쁨과 평화가 찾아 온 것이다. 이 짤막한 기도야 말로 유가에서 태어났고 독실한 불교도인 어머니의 영향 아래에서 자란 우남이 기독교에 귀의하는 결정적 계기가 되었음을 의미한다. 그리고 우남은 대한민국은 기독교적 민주주의 정신이 근간이 되는 독립된 국가16)가 되어야 한다는 생각으로 일관된 삶을 살았다.

---

14) O. R. Avison, 위의 책, p.90. 우남과 가깝게 지냈던 에비슨은 자신이 쓴 책에 이승만의 수감 이야기를 기록하고 있다.
15) 크리스쳔 투데이, 2008. 3. 26, 이인수 박사와의 인터뷰, (김대원 기자)-「이승만 전 대통령 기독교인 아니었으면 6·25 때 공산화」.
16) 유영익, 『이승만의 삶과 꿈, 1875-1965』(서울: 중앙일보사, 1996), pp.218-221.

| 제2장 |

선교사, 목사인 제임스 게일

(Jamce S. Gale. 1863-1937)

제임스 게일 선교사
(James S. Gale, 1863 - 1937)

우남이 회심하는 과정에 또한 출옥한 한 이후에 세례를 받고 미국으로 유학을 하는 과정, 그리고 공부를 마치고 돌아와서 YMCA에서 학감(혹은 한국인 총무)으로 일하는 모든 과정에 우남의 성장을 지켜보고 우남을 도운 사람이 있었는데 그 분은 바로 캐나다 선교사 제임스 게일이었다. 게일은 우남을 만난 이후로 다른 선교사들과 마찬가지로 그의 비범함을 한눈에 알아보았다. 그리고 그가 대한민국의 위대한 기독교 지도자, 정치적 지도자로 성장하도록 특별한 후견인, 멘토의 역할을 하였다.

1. 게일의 생애

게일은 1863년 2월 캐나다 온타리오 주 엘마(Elma)의 개척 농장에서 장로교회 장로인 아버지의 5남 1녀의 자녀 중 다섯째 아들로 출생하였다. 1884년 토론토 대학[17]에 진학하였고 재학 중에 프랑스에 가서 불어를 공부하고 맥콜 선교단에서 일하면서 교파를 초월한 선교 방법을 배웠다. 1886년 북미 하령회(夏令會)에 참석해 부흥사 무디(D.L. Moody)의 설교를 듣고 감명 받아 외지 선교를 할 것을 결심하였다.[18]

게일과 그의 가족들

---

[17] 게일은 전문적인 신학 교육을 받지 못하고 문학사 학위를 받았다. 그의 사역이 특별한 것은 바로 이러한 연유라고도 할 수 있을 것이다.
[18] 고춘섭, 『연동교회 100년사』(서울, 연동교회, 1995), p.128.

그는 토론토 대학 기독교청년회(YMCA)의 지원[19]을 받고 평신도 선교사로서 25세의 나이로 1888년 12월 15일 부산에 도착하였다.[20] 게일은 영어를 사용하지 않고 조선인들과 부단히 접촉함으로써 조선어를 배울 수 있는 깊은 시골로 들어갔다. 그는 서울에서 200마일 가량 떨어진 곳, 즉 조선에서 개신교회가 첫음으로 세워진 솔내 마을 이야기를 듣고 이 곳으로 공부를 하러 갔다.[21]

그는 최초의 조선인 개신교도인 서상륜(徐相崙)의 집에 하숙을 하면서 조선어를 상당히 잘 할 수 있을 때까지 머물렀다. 그는 조선에서 가장 훌륭한 외국인 한국어 학자로 간주되었는데 한자에 대한 지식은 그 어느 외국인도 따라갈 수 없었다. 그 곳에 있는 동안 그는 전적으로 조선 음식만 먹었다.[22] 1889년 3월 황해도 소래에서 평생의 조사(助事)가 된 이창직을 만나 한글, 한문, 풍습을 공부하고 마침내 1900년 서울로 상경하게 되었다.[23]

게일은 자신을 파송한 토론토 대학 청년회에서 선교비가 끊어지자 1891년 미국 북장로교회로 전직(轉職)하였고, 한국에 온 지 10여 년이 지난 1897년 5월에 미국 북장로교회의 목사로 안수를 받았다. 의료 선교사 헤론[24]이 죽고 2년이 지난 1892년 4월에 이미 자녀가 둘이나 있고, 자신보다 세 살이나 위였던 헤론의 미망인 깁슨(Harriet Elizabeth GIbson)과

---

[19] 게일은 연간 500달러씩 8년간 받았는데 당시 보통 선교사들은 연 평균 1,000달러를 받았다고 한다.
[20] 당시 캐나다에서 한국으로 오는 여정은 선편으로 한 달 정도가 소요되었다.
[21] 솔내는 황해도에 소재하는 마을로 한자 표기로는 송천(松川)이다. 이곳은 개신교회의 개척지이자 선교 거점이었다.
[22] 올리버 알 에비슨, 『구한말 40년의 풍경』(경북, 대구대학교, 1906), p.301.
[23] 고춘섭, 『연동교회 100년사』, p.129.
[24] 헤론은 1885년 6월 29세의 나이로 북장로교회의 의료 선교사로 내한하였다. 알렌에 이어 제중원 2대 원장으로 의사로 사역을 하였는데 과로로 이질에 감염되어 1890년 7월 26일 34세를 일기로 세상을 떠났다. 그는 서울에서 사망한 최초의 선교사로 양화진에 묻힌 첫 번째 선교사가 되었다.

결혼하였다.25) 그러나 깁슨은 1908년 병으로 인해 17년간의 결혼 생활을 마감하고 세상을 떠나게 되었고, 그 후 게일은 1910년 4월 영국인 실업인의 딸, 아다 루이사 세일(Miss Ada Louisa Sale)과 재혼하였다. 그는 내한(來韓)하여 39년간 사역하다가 영국의 베스라는 곳에서 아내와 더불어 여생을 보내다가 1937년 74세를 일기(一期)로 오르몬드 로지(Ormond Lodge)라는 양로원에서 아내와 딸이 지켜보는 가운데 세상을 떠났다.

2. 게일의 사역

게일은 부산(1889-1891), 원산(1892-1897), 서울(1900-1927) 평양 등지에서 사역하였다. 연구와 탐사를 위해 걷거나 말을 타고 한반도를 무려 25회나 여행하였다. 그의 활동을 연대순으로 정리하면 선교사역(1888-1897), 교육자로서 활동(1898-1910), 한국학 연구(1910-1920), 문서 사역자(1920-1927)로 나눌 수 있다. 한국에서의 사역을 정리하면 첫째, 지역 순회전도 활동과 연동교회에서의 목회 활동, 둘째, 예수교 학당인 경신(敬信)학교와 평양신학교에서의 교육 활동 셋째, 한국학 연구와 저술 활동 그리고 성경 번역 등으로 나누어 생각해 볼 수 있다.

```
1863년 2월 캐나다에서 출생
1888년 12월 선교사로 한국 부산에 도착
1892-1897년 원산에서 활동
1892년 헤론의 미망인 깁슨과 결혼
```

---

25) 고춘섭, 위의 책, p.128. 헤론과 깁슨 사이에 이미 애니와 제시(Annie, Jessie)라는 두 딸이 있었다. 게일은 그의 두 딸을 자신의 딸로 삼았고 아내 깁슨이 결핵으로 세상을 떠났을 때(1908년 3월) 그녀를 양화진에 있는 전 남편 헤론의 곁에 묻어 주었다. 아다와의 사이에 이남 일녀를 두었으나 작은 아들은 일찍 죽어 양화진에 묻히고 그의 후손으로는 남매가 있다.

1897년 그리스도 신문 주간(主幹)
1900년 가족들과 더불어 서울로 상경, 연동교회 담임
1901년 연동교회 부속 건물에서 예수교 학당의 후신인 경신학교, 정신학교 시작
1903년 황성기독청년회(YMCA) 창립
1908년 조선 예수교장로회 독노회 회장
1910년 아다와 재혼, 성서공회 성서개역위원으로 활동
1927년 64세의 나이로 한국을 떠남
1937년 74세의 나이로 하나님의 부르심을 받음[26]

    게일 목사는 캐나다 선교사로 25세에 한국에 나와 사역(使役)하다가, 후에 미국 북장로교회로 적을 옮겨 연동교회에서 근 30년간 목회를 하면서 교회를 안정시켰고, 목회의 분주한 틈을 내어 많은 문서 분야의 사역을 감당한 재능이 있는 선교사였다. 성서공회 전임 번역위원으로 활동한 그는 주로 사도행전, 갈라디아서, 에베소서, 고린도전서, 요한1서 등을 번역하였고 1925년 62세 때에는 한국 최초의 사역(私譯)으로 성경(신·구약) 전서를 출판하기도 하였다.
    1897년 4월, 그리스도신문 주간으로 시작하여 기독신보로 바뀐 뒤까지 10여 년간 주필(主筆)로 활동하고, 1898년 안식년에는 미국에서 목사 안수를 받은 뒤 그해 4월에 재차 내한하였다. 1900년 5월, 연동교회 목회를 시작으로, 1901년 한국성서공회 회장(제3대)과 황성기독청년회 창립위원 및 초대회장(1903)으로 문서 선교 활동에 힘썼다. 조선 예수교장로회 독노회장으로 두 차례(1908, 1910) 선출되었고, 평양신학교 교수로도 활동하였다. 게일은 1917년에는 음악연구회를 조직하고 찬송가 개편에 힘썼다. 그는 김만중의 『구운몽』을 영어로 번역(1922)하여 출판하는 등 단행본 저서가 모두 43권에 이른다.[27]

---

26) 고춘섭, 『연동교회 100년사』, pp.128-135.

게일은 교육에도 뜻을 두어 1901년 정신여학교와 경신학교의 교육을 통하여 새로운 교육 기반을 구축하였다. 그리고 후에 피어선 성서 신학원 원장으로 교육 일선에서 인재 양성에 힘을 쏟았다. 게일이 한국 교회와 사회에 남긴 공헌, 특히 문서 분야의 공헌은 아무리 칭찬해도 과하지 않다고 할 것이다. 하나님께서는 이렇게 유능한 인재를 한국에 보내셔서 남들이 하지 못하는 위대한 과업을 남기게 하였다.[28]

그의 사역 활동은 크게 세 가지로 구분할 수 있는데 그가 담임한 연동교회에만 국한하지 않고 한국 전체를 상대한 큰 그릇으로서 선교하는 것(선교사)과 가르치는 것(교육가), 글을 쓰는 것(저술가)이었다.[29]

3. 게일의 번역 및 문서 활동

게일은 천성이 학자로서 학문에 대한 호기심과 열의가 대단해 아침 6시에 일어나 저녁 4시까지 저술에 몰두하였다. 그는 서양에서 한국학의 효시라고 평가되기에 충분한 훌륭한 저서들을 많이 저술했는데 그의 번역물인 『텬로역정(天路歷程)』은 한성감옥에 갇혀있던 선비들을 개종시키는 데 있어서 큰 역할을 하였다. 이 책자는 존 번연(John Bunyan)의 『순례자의 과정(Pilgrim's Progress)』의 번역물인데 기독교인이 수많은 유혹과 역경을 헤치고 천성에 이르는 과정을 묘사한 것으로 한성 밖의 세상에서도 성경 다음으로 가장 널리 읽혀진 책이었다.[30]

그는 문인으로서 수많은 책을 썼는데 그 중 『코리언 스켓치』라는 책은 구한말의 상황을 아주 자세히 기록해 놓은 책이다. 그 책에 많은 재

---

27) http://blog.daum.net/peachbible/8417967에서 인용.
28) 제임스 게일, (김인수 옮김), 『제임스 S. 게일 목사의 선교 편지 1891-1900』, pp.6-7.
29) 연동교회, 『연동교회 100년사』, p.135.
30) 한규무, 위의 책, p.3.

미있는 이야기가 있지만 한 가지만 소개하자면, "한번은 게일 선교사가 순회 전도를 하는 중, 어느 집에서 고기를 주었다고 한다. 너무 배고파 고생하던 게일에게는 너무나 고마운 일이었다. 그는 그 고기를 맛있게 먹고, 너무 맛있어서 그 고기가 무슨 고기냐고 물어보았는데, 그 고기를 대접했던 조선인이 그 고기는 개고기라고 하자 그는 너무 놀랐다고 한다. 서양인들에게 개고기를 먹는다는 것은 상상도 할 수 없는 일이었기 때문이다." 그러나 그는 그 책에 이렇게 기록하고 있다. "나는 그 이후로 노란 개만 보면 군침을 흘렸노라."[31] 한국에 사역하는 동안 게일은 모두 43권의 저서를 남기고 있는데 그 대략은 다음과 같은 것들이 있다.

> 1889년 대영 성서공회의 회원으로 언더우드를 도와 『한영사전』 편찬
> 1890년 성서공회 전임위원으로 사도행전, 갈라디아서, 에베소서. 고린도서, 요한1서를 번역,
> 1891년 『한국어 사전』을 편찬, 세 번의 개정판을 출판
> 1892년 이창직의 도움으로 『성서』, 『사과지남(辭課指南)-한국어 문법책』, 『천로역정』 번역 출판함. 언더우드가 신(神)-God을 '천주(天主)'로 번역하려고 한 것을 '하나님'이라는 용어(用語)로 주장하여 관철하였다.
> 1897년 『그리스도신보』로 시작해서 『기독신보』로 바뀌기까지 10년간 주필이 됨
> 1898년 수필집 『한국만록(韓國漫錄)』 출판
> 1905년 한문(漢文)독본인 『유몽천자』 4권 집필, 영문소설 『첨병』-북한 기독교 확장 역사를 기록한 책, 서울의 역사인 『한양』, 『루터교 기략』, 『성경요리문답』, 『의회 통용규칙』 집필, 출간
> 1909년 『과도기의 조선』 집필
> 1913년 『한국 풍속도- 코리언 스케치』와 『한국 활자에 대한 소고』 출판, 『예수의 재림』 번역
> 1917년 『시가(詩歌) 연구』, 『찬송가』 개편 착수

---

31) http://blog.daum.net/peachbible/8417967에서 인용.

1919년 김창업의 『연행록』을 부분적으로 번역, 『옥중화(獄中花)』를 번역해 『춘향전』으로 발표

1922년 『구운몽』 영어로 번역

1920-24년 『연경좌담』, 『야소인의 인격』, 『구약예표』, 『류황 곽도긔』, 『선영대조대학』, 『양극탐험』, 『영미 신이록』, 『소영웅』, 『그루소 표류기』, 『기독성범』, 『와표전』, 『모자 성경문답』, 『덕혜입문』, 『나사렛 목수 예수』

1925년 사역으로 성경신역 『신구약 전서』, 그 외에 『언문소고』, 『금강산지』, 『한국 결혼고』, 『원각사 탑기』, 『한국 문헌록』, 이지항의 『표해록』을 번역하였다.

1927년 마지막 글은 한국의 풍속과 유적을 연구한 『한국 민족사』가 있다.[32]

4. 게일과 옥중에 있던 양반들과의 만남

옥중에서 신자가 된 사대부들이 선비 못지않게 박식하고 개방적인 게일 목사를 따랐다는 것은 쉽게 이해가 간다. 게일 목사는 우남이 출옥하기 바로 한 해 전인 1903년에 서울 기독교청년회를 세우는 데 중추적인 역할을 하였고, 자기 교회의 주요 인물이었던 이상재, 이원긍, 김정식 등으로 하여금 YMCA의 기둥이 되도록 한 바 있다.

게일은 다른 선교사들과 함께 수시로 감옥을 찾아가 성경 및 기독교 서적을 차입해 주고 전도하였다. 게일은 한국인 개혁파에 관심을 가지고 있었고, 이들 개혁파 정치인들과 개인적인 신분을 형성하고 있었다. 이들 민족주의 지도자들은 대부분 1989년 독립협회(獨立協會)의 만민공동회(萬民共同會) 사건으로 한성 감옥소에 투옥된 후 옥중에서 선교사와 기독교 서적을 접하고 예수 믿기를 결심하였는데 감옥 안은 기독교 교리

---

32) 고춘섭, 『연동교회 100년사』, pp.128-135.

와 성경을 토론하는 옥중학교, 옥중 도서실로 화해, 감격과 감동의 눈물이 끊이지 않았다고 한다. 게일은 그의 저서『전환기의 한국』에서 복당(福堂: 한성감옥)에 모인 정치범들의 성경 연구 및 기도반에 대하여 다음과 같이 기술하고 있다.

> 벙커 목사 부부가 정기적으로 방문했던 이들(이승만, 유성준, 김린, 이상재, 이원긍, 김정식 등)의 감옥은 처음에는 (진리) 탐구의 방(an inquiry room)으로 시작하여 다음에는 기도의 집(a house of prayer)이 되고 그 다음에는 예배당(a chaple for religious exercise)으로 바뀌었다가 급기야 신학당(a theological hall)이 되었다. 이 과정을 끝내자 하나님께서는 이들을 모두 감옥에서 내보내어 사역하도록 하셨다. 그들은 높은 사회적 지위와 정치적 영향력, 그리고 우수한 한문 실력 때문에 (이 나라) 수도의 기독교계에서 최초의 지도자들이 되었다.[33]

1901년 3월 귀양살이에서 서울 감옥으로 이송된 이원긍은 게일 목사 등 선교사들이 찾아가 간절히 예수 믿기를 권함으로써 점점 뜨겁게 감동되었다. 1902년 두 번째 투옥된 이상재는 성경을 읽는 도중 마태복음 5-7장에 감명을 받은 뒤, 선교사 벙커 목사에게 신앙을 고백하고 옥중세례를 받았다. 그는 출옥한 후에 게일을 찾아 연동교회 교인이 되었다. 역시 1902년에 투옥된 김정식은 감옥에 있는 동안 게일목사의 끈질긴 전도에 의해 '무디의 설교집'을 읽고 개종하였다. 그는 후에 일본에 있는 한국 청년기독교회(YMCA) 총무가 되어 기독교 지도자로 평생을 헌신하였다.

한성감옥에서 출옥한 이상재, 김정식, 유성준, 이원긍은 출옥 후 연동교회에 있던 게일을 찾아 갔다는 공통점이 발견된다. 이들보다도 출옥

---

33) James S. Gale, *Korea in Transition* (New York: Young People's Missionary Movement of the United State and Canada, 1909), pp.183-184.

시기가 늦었던 우남도 석방 후 게일을 찾아가 세례를 받으려고 하였다. 이에 대하여 게일의 전기를 저술했으며, 한국에 와서 성공회 신부로 지낸 러트(Richart Rutt)는 다음과 같은 글을 남기고 있다.

> 연못골교회(연동교회)는 새로 기독교에 입교한 독립협회 회원들의 집합처럼 되었다. 그들은 일찍이 과격한 정치운동을 하다가 유죄 판결을 받고 징역살이를 하던 사람들이다. 게일은 특히 이원긍, 즉 학자이며 황제의 총애를 받고 있던 유명한 사학가 이능화의 부친을 좋아했으며, 일찍이 경무관 벼슬을 지낸 김정식, 초대 우정국장이며 한국 초기의 초창기 신교육과 독립협회 창설에 주동 역할을 한 이상재에 대하여 큰 관심을 가졌다. 또한 게일은 이승만에 대하여 주목하였다. 이 개화파 지도자들은 상류 지식인들로 기독고 신자가 된, 한국 역사상 최초의 주요 인물들이었다. 그들 중의 몇 사람은 다년간 연못골에다 교적(敎籍)을 두고 있었다. 그런데 게일이 그들에게 매력을 느끼며 확신을 갖게 된 점은 그들의 교육사상과 종교 사상이었다.[34]

러트의 말에 따르면 다른 선교사들에 비해 게일 목사가 이들에게 가진 관심이 특별한 것임을 알 수 있다.

5. 게일에 대한 평가

해방 전까지 우리나라에 왔던 선교사들은 대략 1,500여 명으로 추정되는데 그 중에서 게일만큼 특이한 선교사는 흔하지 않다고 할 수 있다. 기일(奇一)이라는 그의 이름처럼 기(奇)이하게 살았다. 그리스도의 복음을 전하는 선교사로, 탁월한 언어학자로, 저술가로, 번역가로 목회자로 한

---

34) 전택부, 『한국 기독교청년 운동사』(서울: 범우사, 1994), pp.79-80에서 재인용.

국학의 대가로서의 삶을 살았던 것이다. 게일과 관련하여 연동회를 담임한 전필순 목사는 게일의 서울 이적에 관하여 다음과 같이 기록을 남기고 있다.

> 게일 박사의 소질과 학문적 역량을 살펴 그를 지방에 묻어두는 것은 하나님 편으로나 인간 편으로 볼 때에 똑같이 손해되는 일이기 때문에 미국 북장로교회의 선교사로 만들어 중앙지대인 서울에 주재하게 하여 연동교회를 담임하며 YMCA 운동과 신문 및 번역 사업을 펼치게 하였다.[35]

게일 목사는 당시의 선교사들 중에서 가장 지적이고 개방적인 인물이었다. 그는 당시 한국에 있던 다른 선교사들보다도 한국어에 능통하였고, 한국에 대한 이해도 깊었으며, 한국에 대한 애정이 남달랐다. 그는 한국어뿐만 아니라 한국의 역사와 문학 등의 분야에서 한국의 거인(巨人)이라고 불리울 정도로 상당한 식견을 소유하고 있었다.[36] 그의 설교는 치밀하고 논리적이며 예화나 일화가 없이 성서 중심이었다고 전해지고 있다. 연동교회에서 신앙생활을 한 월남 이상재(李商在)는 "게일은 길의 방향을 잃은 사람들을 바른 데로 돌아오게 하고, 어둠 속에 있는 자에게 빛을 얻게 하였다"고 하였다.[37]

구한말에 누구보다도 서양 문명과 사람들에 대하여 정통하였던 윤치호(尹致昊)는 "게일박사는 상상 이상의 박식가요 문학가입니다. 지금까지 조선에 온 서양 선교사로는 그 재주와 박식에 있어서 씨(氏)를 따를 사람이 없을 것입니다"라고 했다고 하는데 게일은 조선 문화 예찬자였고 조선 문학과 명현들의 경전에 통달한 거인이었던 것이다.[38]

---

35) 고춘섭, 『연동교회 100년사』, p.79.
36) 한규무, 「게일 (James S. Gale)의 한국 인식과 한국 교회에 끼친 영향: 1898-1910년을 중심으로」, 『한국 기독교와 역사』 vol.4, no.1. (1995), p.163.
37) 1923년 2월 19일 게일의 회갑을 맞이하여 월남 이상재 선생은 한시(漢詩)로 된 축하의 글을 봉정하였다.

무엇보다도 청년 우남이 한성감옥에 있을 때 대한민국의 큰 지도자가 될 우남의 잠재력을 알아보고 그의 신앙적 인격적 성장을 도운 것은 게일의 커다란 공로 가운데 하나라고 할 수 있다. 캐나다 토론토 대학의 교수로 평생 동안 선교사 게일을 연구한 유영식 교수[39]는 다음과 같이 게일을 말하고 있다. "게일은 선교사인 동시에 문인이었다. 당시 조선 문화에 대한 깊은 이해와 애정은 고전 번역, 사전 편찬 등 여러 업적으로 나타났다. 그는 특히 '기독교의 한국화'를 강조한 분으로 한국의 근대화 시기에 문화사적으로 중요한 역할을 한 그의 업적을 기리는 것은 지극히 마땅한 일이 될 것이다"고 설명했다.

---

38) 한규무, 위의 책에서 재인용.
39) 캐나다 토론토 대학 교수로 『착한 목자 게일』 2012년 2월에 도서출판 진흥을 통하여 펴낼 예정이다.

| 제3장 |

우남과 게일의 멘토링 관계

정부 타도를 획책했다는 황국협회의 무고로 1898년 11월에 투옥되어 종신형을 선고받은 우남이 기독교로 개종한 데에는 게일의 도움이 있었던 것으로 알려지고 있다.

> 이승만에게는 마음의 해방이 생겼다. 그것은 기독교로 개종한 일이다. 이것은 1904년 장로교 목사 제임스 S. 게일의 조력(助力)에 의한 것이었다.[40]

1904년 2월 8일 일본이 러시아를 공격하자 급격한 정치적인 변혁으로 정치범에게 석방의 특사가 내려지자 가장 늦게 출옥한(8월 9일) 우남은 게일 목사를 찾아가 그의 지도와 세례받기를 원하였다. 그러나 게일 목사는 그가 배재학당에서 공부하였으므로 감리교회에 우선권이 있다고 세례 주는 것만은 거절하였다. 그러나 게일은 우남이 기독교인으로 세례를 받는 일에 도움을 주고 있는데, 다음과 같은 게일의 편지를 통하여 그 사실을 확인하게 된다. 이 편지는 우남이 미국으로 출국할 때 지니고 있던 것으로 후에 그에게 세례를 준 장로교 계통의 햄린(Lewis T. Hamlin) 목사에게 전달되었다.

---

40) 이원순, 위의 책, pp.70-71.

친애하는 햄린 박사님, (중략) 그는 모국에서 여러 가지 경험을 쌓았고 가지각색의 물불의 시련을 극복한 사람입니다. 그는 그 모든 시련을 통해서 정직하고 충실한 기독교인이라는 것을 증명합니다. 그가 정치범으로 감금되어 있는 동안 그는 많은 죄수들에게 진리를 알게 하였는데 지금 저의 교회의 으뜸가는 교인들 중에는 그가 인도한 사람들이 여럿이 있고 또 그가 인도한 사람들이 다른 장로교회에도 있습니다.

이 씨는 몇 달 동안이나 족쇄를 차고 앉아 있었고 또 쇠사슬에 묶인 징역수들의 중노동 작업에도 참가한 바가 있습니다. 그러나 그는 이 반도의 정직하고 총명한 청년들 가운데 가장 앞자리에 서 있는 사람이며, 국회나 백성들의 모임을 싫어하는 보수적인 정부의 몇몇을 제외하고는 모든 사람들의 존경을 받고 있는 사람들입니다. (중략)

그는 아직 세례를 받지 않았습니다. 그 이유는 서울 시내에 여러 교회가 그의 사랑을 받을 권리를 가지고 있고, 이들이 그를 교인으로 받으려고 하기 때문입니다. 그러나 그는 저에게 왔습니다. 저는 그에 대한 권리가 가장 적은데 말입니다. 그래서 저는 금방 미국으로 떠나게 되어 있는 그에게 미국에 도착할 때까지 기다려서 자기가 원하는 곳에서 세례를 받으라고 권했습니다. 저는 그가 당신이 계시는 워싱턴에서 세례를 받게 되기 원하며 목사님께서 그에게 사랑을 베풀어 주시기를 원합니다. 제가 그에게 사랑을 베풀지 않은 이유는 그렇게 함으로써 (이승만을) 자기 교회에 받아들일 권리를 더 가지고 있다고 생각하는 절친한 친구들의 마음을 상하게 할 우려가 있기 때문이었습니다. 그는 2, 3년간 일을 하면서 공부한 후 돌아올 계획입니다.[41]

게일은 우남이 정직하고 충실한 기독교인이며 하나님에 대하여 진실하게 간구하는 사람이라고 하였다. 그는 우남이 반도에서 정직하고 총명한 청년들 중에 가장 앞서 가는 자리에 서 있는 사람이며 모든 사람의 존경을 받는 사람이라고 보았던 것이다.

---

41) Oliver가 타이프 쳐놓은 사본에서 이정식이 옮긴 것을 다시 인용함,『이승만의 구한말 개혁운동』, p.217.

게일의 소개서를 받은 햄린 목사는 우남을 조지 워싱턴 대학의 총장이며 한국 공사관 법률고문인 찰스 니드햄 박사에게 소개해 우남은 장학생으로 2학년에 편입할 수 있었고[42] 세례는 같은 해 1905년 4월 23일 부활절에 워싱턴 디씨에 있는 커버넌트 장로교회(The Presbyterian Church of the Covenant)에서 햄린 자신이 손수 베풀었다.[43] 실제로 우남은 햄린과 자주 만나기도 하였고, 우남은 그에게 금전적인 도움도 받았다고 기록하고 있다. 올리버가 수집한 기록에 의하며 햄린 박사는 1월 6일에 2달러, 1월 8일에 3달러를 우남에게 주었다고 한다.[44]

게일은 햄린 목사에게만 아니라 또 다른 추천서도 쓰고 있다. 이광린이 번역한 『올리버 알 에비슨』의 생애에 소개된 것을 보면 이 추천서는 다음과 같은 내용으로 되어 있다.

> 워싱턴 및 미국 각지의 기독교인 형제들에게
> 1875년 서울에서 출생한 이승만 씨를 소개합니다. 그는 전통적으로 한학 교육을 훌륭하게 받았지만 현대에는 이로써 부족함을 느껴 영어와 기타 학문을 공부하는 데 정력을 쏟아 왔습니다. 그는 조국의 독립을 신봉했으며 한국이 독립해야 할 뿐만 아니라 한국인들도 잠에서 깨어나 생각하고 생존해야 된다고 믿었습니다. 그는 맨 처음에 『매일신문』이라는 일간지를, 뒤에는 『데국신문』을 창간하고 이 신문에 영어 번역물을 싣는 한편 자유 사상을 소개했습니다. 이것은 보수적인 조정의 생각에 상반되는 것으로서, 이씨는 1897년 9월 체포되어 7년간 옥고를 치렀습니다. (중략)
> 그는 투옥되기 전 복음에 대해 들었으나 고통스럽고 외로운 처지에서 하나님을 믿게 되었습니다. 그는 인간에게 가장 어려운 일을 해냈습니다. 즉, 자기 자신을 버리고 온 정성을 하나님께 바친 뒤에 동료 죄수들이 구

---

42) 조선일보, 1995.1.24에 소개됨.
43) 이화장 사료실(이인수 교수)에서, 1895.1.25. 『연동교회 100년사』, p.162에서 재인용함. 이 글은 『연동교회 애국지사 16인 열전』, p.29. 이상재 편에 반복되어 기록되고 있다.
44) 이정식, 『이승만의 구한말 개혁운동』에 나오는 「청년 이승만 자서전」, p.321.

원받는 것을 보았습니다.

그는 상해서 간행된 중국 책들로 감옥 안에 도서실을 꾸몄습니다. 그의 노력으로 개종된 사람 중에는 워싱턴 주재 한국 공사관의 초대 서기관을 지낸 이상재 씨, 한국에서 저술된 것을 특별히 소개하였던 이원긍(李沅兢) 씨, 1895년에서 1896년까지 경무관을 지낸 바 있는 김정식(金貞植) 씨가 있습니다. 그 밖에도 많은 사람들이 있었고 모두 40여 명에 달하였습니다. 이들은 모두 이승만의 끈질긴 노력에 감명을 받은 사람들이었습니다. 그는 재판을 받고 장(杖) 100대에 종신 중노동형을 선고받고 복역 중에 있었으나 지난여름(1904년 8월 9일) 사면되어 석방되었습니다.

이 황색인(동양인)은 자기가 겪은 슬픔을 훌륭히 그리고 생생하게 증언할 수 있습니다. 자유의 땅 미국에서 백인 형제들 좋은 친구를 많이 사귀기를 기원하며 그가 그곳에서 공부하고 관람하며 글을 쓰는 데 3년이 걸린다고 합니다. 이 기간 동안 그의 용기를 북돋아 주고 도와주며 그가 한국에 돌아와 자기 나라 사람을 위해 큰일을 할 수 있기를 기원합니다. 그는 신사로 태어났고 학자이며 하나님이 역사하심으로써 나타난 기독교 신자이며 아주 훌륭한 친구라고 생각됩니다.[45]

이 추천서를 통하여 장로교 선교사 게일이 얼마나 우남을 잘 알고 있었고, 또한 그를 사랑하며 우남의 장래를 위해서 얼마나 기도했는가 하는 것을 알 수 있다. 게일이 "이 분은 독립을 믿습니다"라고 한 표현은 이승만의 옥중생활의 결정(結晶)이라고 할 수 있는데 게일은 바로 우남의 이러한 뛰어난 점들을 간과하지 않았던 것이다.

우남은 하버드 대학 재학 시부터 졸업 후 자신의 진로 문제에 대하여 서울에 있는 게일(James S. Gale)과 간간이 편지로 조언을 구했다. 게일은

---

45) 이 추천서의 번역문은 이광린, 『올리버 알 에비슨의 생애』, pp.131-133 참조. 이 추천서가 쓰인 배경에 관해서는 Richard Rutt, A *Biography of James Scarth Gale*, James Scarth and History of the Korean People (Seoul: Royal Asiatic Society Korea Branch, 1972), p.36 참조. 유영익 외 3인, 『이승만 영문 서한집 1904-1948』 제4권(서울, 연세대학교 국제대학원 현대한국학 연구소, 1996), pp.3-7.

한결같이 한국에는 할 일이 많다고 강조하면서 꼭 귀국하여 함께 일할 것을 권고하였다. 게일은 우남이 황성 기독교청년회, 즉 서울 YMCA에서 일하는 것이 좋겠다고 충고하였고[46] 결국 서울 YMCA로부터 최종 제의를 받은 우남은 프린스턴 대학에서 박사학위를 수여받은 다음날(7월 19일) 취임 수락의 편지를 썼다.[47] 우남은 유학을 마치고 귀국해서 YMCA의 한국인 총무[48]로 활동하는 동안(1910-1912)에도 선교사 게일과 자주 교제하였다.

> 1911년 4월 54일 오후 2시 교회당에서 이상재, 이승만, 서병호 등 저명한 교계 인사가 참석한 가운데 경신 남소학교와 정신 여소학교 졸업식이 합동으로 거행되었다. 식순과 졸업생 진급생 명단은 다음과 같다.[49]

게일이 담임목사로 있는 연동교회에서 게일이 교장으로 있던 정신 여소학교와 경신 남소학교 졸업식이 있을 때 이상재와 더불어 참석했다. 이상재는 기도 순서를, 우남은 성경봉독(聖經奉讀)을 담당하고 있는 것을 볼 수 있는데 이것은 우남이 귀국 후에도 계속해서 게일과 교제를 나누고 있었음을 보여주는 것이다.

---

46) 게일(James S. Gale)이 이승만 앞으로 쓴 1908년 3월 12일 및 7월 22일 편지(이화장 소장). 유영익의 글에서 재인용함. 『이승만의 삶과 꿈』, p.70.
47) 이승만이 매릴랜드 주 포코모크(Pocomoke) 시에서 1910년 7월 19일에 그레그(George A. Gregg) 앞으로 쓴 편지(이화장 소장) 참조. 유영익의 글에서 재인용함. 『이승만의 삶과 꿈』, p.76.
48) 유영익, 『이승만의 삶과 꿈-대통령이 되기까지』, p.80에 우남의 YMCA에서의 직함을 소개하고 있다.
49) 고창섭, 『연동교회 100년사』, p.171. 「예수교회보」(1911.4.25).

| 나가는 말 |

　우남이 한성감옥에 있을 때 그를 영적으로 돌보았던 게일은 그가 회심할 수 있도록 조력하였고, 미국에서 세례를 받고, 조지 워싱턴 대학에서 장학생으로 공부할 수 있도록 여건을 마련하였을 뿐만 아니라 우남이 공부를 마친 후에는 한국에 돌아와 자신이 세운 YMCA에서 일 할 수 있도록 배려한 우남의 또 다른 스승이요 멘토였다. 게일은 우남의 잠재력을 보았고, 그 잠재력을 개발해 나갈 수 있도록 도운 사람이었다. 게일이 가진 그리스도의 사랑과 관심이 우남을 영적으로, 인간적으로 성장하게 하였다. 그러한 게일의 수고는 초대 대통령이 된 신앙인 우남을 통하여 이 땅에 지금도 가시적인 열매들로 나타나고 있다.
　필자는 이 글을 통하여 게일과 우남의 멘토링 관계를 살펴보려고 노력하였다. 이 글에서 미진한 부분들은 앞으로 계속해서 연구해야 할 과제로 생각된다. 우리는 모두 또 다른 게일이 되어서 이 땅 위에 영적성장을 기다리며 목말라 하는 수많은 멘티들의 잠재력을 깨우고 그들의 성장을 돌보는 지도자들이 될 수 있게 되는 날이 속히 오기를 고대한다.

IV

헐버트의 가치관과
그가 보여준 한국사랑

| 들어가는 말 |

2010년 한글날 564돌 기념 학술대회(주제: 한국인보다 한글을 더 사랑한 미국인 헐버트)에서 서울대 이현복 명예교수는 이렇게 말했다.

> "맥아더 장군이 대한민국을 공산주의자들로부터 구했다면 헐버트는 19세기 말에 조선의 말글, 역사, 문화를 연구하여 전 세계에 소개함으로써 조선을 문명국의 반열에 올려놓았다."[1]

헐버트(Homer B. Hulbert)는 여러 방면에서 매우 특출한 능력을 지닌 인물이었다. 그는 교육자이며, 역사가이며, 언어학자이며, 언론인이며, 선교사이며, 또한 탐험가이자 운동을 좋아하였다. 그는 인격이나 성품, 아름다운 삶의 행적으로 볼 때 교육학에서 가장 바람직하게 여기는 인간상인 '전면적으로 고르게 발달된 인격체의 전형'이라고 해도 지나치지 않을 것이다.[2] 개인적인 재능이 넘쳐서 그 덕을 해치는 경우가 아니라, 오히려 그 반대가 되는 경우라 할 수 있다. 그의 고귀한 인격과 더불어 그의 뛰어난 재능은 조선시대 말기와 대한제국, 일제 강점기에 걸쳐 한국인들을 위해 고귀하게 사용되었기 때문이다.

---

1) 김동진, 「금관문화훈장에 빛나는 헐버트의 한글 사랑」, 배재학당 역사박물관 개관 6주년 기념 강연회 논문집, P.26.
2) 교육학자이며 역사가인 김기석 교수의 평가. 앞 김동진의 논문, P.29.

헐버트 선교사의 중년시절
(Homer Bezaleel Hulbert 1863-1937)

신앙과 교육 그리고 선교를 중시하는 명문 가문에서 태어난 헐버트는 훌륭한 가정교육과 학교교육의 영향으로 고귀한 성품과 다양한 지적 능력을 갖출 수 있었고 엄격한 칼뱅주의[3] 신앙을 몸에 익힐 수 있었다.[4] 헐버트의 모교인 다트머스 대학 도서관에는 헐버트가 1929년에 쓴 졸업 후 신상기록부에 다음과 같은 글이 아직도 남아 있다.

> 나는 천 팔백 만 한국인들의 권리와 자유를 위해 싸웠다. 한국인들에 대한 사랑은 내 인생의 가장 소중한 가치이다. 결과가 어떻게 되든 나의 그러한 행동은 값어치 있는 일이라 생각한다.[5]

헐버트는 86세에 이승만 대통령의 초청을 받고 국빈 자격으로 1949년 7월 29일 인천항에 도착하였다. 8월 15일에 열리는 한국의 두 번째 광복절, 건국일에 맞추어 한국의 독립을 위하여 헌신한 그의 노고에 감사하기 위해 초대된 영광스러운 자리였다. 그러나 헐버트는 워낙 고령이어

---

3) 칼뱅주의는 추종자들이 칼뱅의 교리 중 일부를 발전시킨 것을 가리키기도 하며, 칼뱅과 추종자들의 저서에서 유래하여 개혁교회와 장로교회의 뚜렷한 특징이 된 교리와 신앙생활을 가리키기도 한다. 칼뱅은 성서의 폭넓은 가르침을 일관성 있게 전개했지만, 절대적인 논리적 정확성을 가지고 체계화하거나 결론을 내리지 않았다.
4) 『한국사 시민강좌 34』(서울, 일조각, 2004)에서 김기석의 글 「대한제국의 마지막 밀사」, p.82에서 인용함
5) 김동진, 「금관문화훈장에 빛나는 헐버트의 한글 사랑」, 배재학당 역사박물관 개관 6주년 기념 강연회 논문집, p.53.

IV. 헐버트의 가치관과 그가 보여준 한국사랑 | 173

서 장기간의 배를 타고 오는 힘든 여정에서 오는 여독을 이기지 못하고, 내한 1주일 만인 8월 5일에 피어선 박사가 주치의로 있던 청량리 위생병원에서 타계하였다.

1949년 건국기념일에 이승만 대통령의 초청으로 인천항으로 입국하시는 고령의 헐버트 박사. 이후에 헐버트는 고령으로 인하여 여독을 이기지 못하고 쓰러져 한국에서 하나님의 부르심을 받았다.

헐버트의 오랜 동지였던 이승만 대통령을 비롯하여 그의 가족들과 그를 아는 모든 미국인 친구들과 한국인들에게 큰 슬픔의 날이었다. 대통령 이승만은 부민관에서 사회장으로 거행된 장례식장에서 다음과 같은 요지의 조사를 했다.

> 고 헐버트 박사는 말이 미국 사람이지 그 마음과 평생의 행동은 오직 우리 한국을 위하여 일편단심 분투하여 온 사람이다. 박사는 한국에서 추방당한 이후로 미국 각지를 돌아다니며, 혹은 말로 혹은 글로 한국의 억울한 사정을 널리 호소하여 한국의 독립을 위하여 평생을 바쳤던 것이다.

이제 독립된 한국을 방문하고자 한국에 돌아와서 발전하는 우리나라의 이모저모를 구경도 하지 못하고 친우들과 이야기도 하지 못한 채 세상을 떠나게 된 것은 유감이다. 우리는 고 헐버트 박사의 유지를 따라 민족국가를 위하여 앞으로 더욱 싸울 것이며 박사의 공을 영원히 빛나게 하여야 할 것이다.[6]

같은 해 8월 12일 동아일보는 헐버트의 서거를 슬퍼하는 사설을 다음과 같이 실었다.

> 우리는 은인(恩人)을 잃었다, 아니 애국자를 잃었다. 우리 한국을 사랑하기를 그의 조국을 사랑하는 것보다 못지않게 사랑하였고, 우리의 어느 애국자 보다 못지않게 한국을 사랑하던 헐버트 옹은 90평생 꿈에도 잊을 수 없던 이 조국 아닌 조국의 흙을 다시 밟은 지, 1주일 만에 황천의 객이 되고 말았으니 고인인들 어찌 눈을 무심히 감을 수 있으랴. 그렇듯이 고인을 박해하였고 이 고인이 그처럼 사랑하던 이 겨레를 못살게 굴던 일제가 물러가서 이 땅에 자유는 깃들었건만 그래도 우리 앞길에는 의연히 태산 같은 난적이 산적해 있는 이때에 은인을 잃고, 애국자를 잃은 우리의 슬픔은 비길 데 없이 큰 것이다.[7]

19세기 말에, 일제의 조선 침략 과정에서 기울어 가는 조선의 국운을 걱정하며 청년들을 가르친 교육자로서, 복음을 전하는 선교사로서, 조선의 교육을 위하여 자신의 온몸을 바치고, 독립운동가로서 또한 조선의 역사와 한글을 연구한 학자로서 열정적인 삶을 살았던 헐버트는 우리 민족의 은인이며 오늘날 우리 한국인들이 본 받아야 할 삶의 모델이라 아니 할 수 없다. 헐버트의 진지하고 열정적인 삶의 모습에서 우리는 미래 한국의 청년들을 어떻게 교육할 것인가? 또한 우리의 조국인

---

6) 동아일보 1949년 8월 13일자 보도.
7) 동아일보 1949년 8월 12일, 사설 첫머리에서.

Ⅳ. 헐버트의 가치관과 그가 보여준 한국사랑

대한민국과 그 속에서 함께 부대끼며 살아가는 한국인들의 나아갈 방향은 어떤 것인가? 하는 질문에 대한 답을 찾아볼 수 있다는 것이 필자의 견해이다.

헐버트의 가치관과 사상적 배경을 연구하기 위해 그의 생애를 주기로 구분하여 다음과 같이 4기로 나누어 봤다.

- 1기 - 미국에서 출생하여 부모와 함께 어린 시절을 보내고 다트머스 대학에서 받은 대학 교육과 유니온 신학대학(Union Theological Seminary)에서 2년간의 교육을 받고 조선 최초의 근대식 학교인 육영공원(Royal College)의 교사로서 조선에 올 때까지의 과정(1863년-1886년)
- 2기 - 육영공원 교사로 조선에 와서 산 5년 반의 삶(1886년-1891년)
- 3기 - 자신의 조국인 미국으로 되돌아갔다가 감리교회의 목사가 되어 선교사 자격으로 조선으로 재입국하여 삼문출판사의 책임자로, 배재학당의 교사로, 또한 여러 가지 교육 활동과 고종황제의 특사로서 독립운동에 참여하다가 일인(日人)들에게 추방당하기까지의 삶(1893년-1907년)
- 4기 - 추방을 당한 뒤 미국에 정착하여 살면서, 미국인들을 향하여 그리고 세계를 향하여 일본의 침략과 야욕의 부당성을 알리고 조선의 독립을 위하여 애쓰면서 활동하다가 돌아가실 때까지의 삶(1907년-1949년)[8]

헐버트의 출생과 교육 그리고 삶과 죽음 등 그의 일생의 총체적인 삶의 모습을 생각하며 필자는, 그의 한국 사랑의 근원인 그의 가치관의 형성 과정과 그가 선교지 조선에서 그리고 미국에서 수많은 고난과 역경을 경험하면서도 지쳐 넘어지지 않고 지속적으로 조선의 독립을 위해 투쟁한 저류에는 어떤 사상과 정신이 있었는가라는 관점에 초점을 맞추어 본 발표를 진행하고자 한다.

---

8) 헐버트의 삶의 주기는 필자가 임의로 나누었다.

| 제1장 |

헐버트의 성장 과정

헐버트의 한국 사랑에 대한 근본은 한마디로 말하면 기독교 정신이었다. 그는 자신이 어려서부터 회중교회 목사인 부모님을 통하여 배우고, 몸으로 익히고, 알고 있었던 그리스도의 사랑의 정신을 단순한 머릿속의 정신으로 갖고 있었던 것이 아니라 그 정신을 몸으로 살아내는 사람이었다. 이것은 마치 눈에 보이지 아니하는 하나님께서 눈에 보이는 인간의 모습으로 세상에 오신 것과 같은 이치라 할 수 있을 것이다. 신학적으로는 표현한다면 '화육의 신학(Incarnation Theology)'이라고 표현해도 무리는 아닐 것이다. 헐버트의 정신세계에 자리 잡은 기독교 정신은 그의 삶을 통하여 한국 사랑으로 표현된 것이기 때문이다.

필자는 이 글을 통하여 그의 가치관이 어린 시절에 어떻게 형성되었고 그의 가치관들이 한국에서 어떤 모습으로 실천 되었는지 살펴보기로 하였다. 그가 살아간 삶의 행적들 하나하나를 자세히 들여다보니 그의 삶에는 그리스도의 사랑과 복음을 전하고, 조선과 조선인을 사랑하는 기독교적 사랑이 명백하게 드러나 있었다.

Ⅳ. 헐버트의 가치관과 그가 보여준 한국사랑

1. 헐버트의 부모

헐버트는 남북전쟁이 발발한 직후인 1863년 1월 26일 미국의 동북부 지역인 버몬트(Vermont) 주 뉴헤븐(New Heaven) 시에서 아버지 칼빈 헐버트(Calvin B. Hulbert)와 어머니 매리(Mary E. Woodward) 사이에서 3남 1여 중 둘째 아들로 태어났다.

헐버트 가(家)는 17세기 초, 영국 국왕 찰스 1세가 통치하던 시기에 정부에 불만을 품고 미국으로 이주한 청교도의 일원이었다. 헐버트의 아버지는 항상 냉철한 사고 속에서 절제된 행동을 하는 당시 미국 사회의 주류를 이루었던 청교도[9]의 후예였다. 그는 다트머스 대학(Dartmouth College)을 나와 미들베리 대학(Middlebury College) 총장을 지냈으며 회중교회[10]의 목사였다. 그가 미들베리 대학의 총장이 된 것은 그의 정직성과 청렴성, 그리고 종교적 신념이 높이 평가되어 특별히 초빙된 것이라고 한다.

헐버트의 아버지는 자녀들에게 도덕성과 사랑, 겸손을 가르쳤고, 유머를 잃지 않을 것을 강조하였다. 그는 자녀들에게 감상적인 기독교관을 갖기보다는 진실한 믿음을 요구하였다. 헐버트는 일요일에는 보통 아이들처럼 떠들썩하게 놀 수 없었으며, 일요일은 주님의 날로 알고 이를

---

9) 청교도는 16세기 후반에 영국 국교회, 즉 성공회의 종교개혁을 실천하려 한 성공회 일파 및 그 흐름에 동조한 프로테스탄트 각 파를 통틀어 이르는 말로서 칼뱅주의를 바탕으로 모든 쾌락을 죄악시하고, 사치를 멀리하고, 성직자의 권위를 배격하면서 철저한 금욕주의를 주장하였다.

10) 영국의 청교도 교파 중의 하나로 장로교, 침례교와 함께 영국 개신교 3대 교파를 형성하였으며 미국에서 가장 오랜 역사를 가진 교파 중의 하나이다. 위로부터의 지배를 부정하여 각 교회의 독립을 주장하고 국가로부터 분리를 주장하기 때문에 독립파 혹은 분리파 교회라 불리기도 한다. 회중이란 군중을 의미하며 회중교회는 함께 모인 신자들 속에 그리스도가 함께 계신다고 믿는 사람들이다. 성서를 생활의 유일한 기준으로 삼으며 형식적인 영국 교회의 의례를 반대하여 자유로운 예배형식을 주장하였다. 선교 정신과 교육열이 강하여 세계 여러 나라에 많은 교육기관을 세웠다. 미국에 예일, 하버드 등 유수한 대학을 세웠다. 회중 정치로 교회를 운영하며 조합교회라고도 한다.

성실하게 지키면서 정신세계를 가다듬는 하루를 보냈다고 회고하였다.

아버지는 또한 자녀들에게 교육의 중요성을 강조하였다. 그는 자녀들이 신앙에 충실한 삶을 사는 것처럼, 학교 교육에도 충실할 것을 바랐다. 헐버트는 한국에서 사는 동안에 항상 "교육만이 인간을 깨우칠 수 있으며, 교육만이 나라를 문명화 할 수 있다"고 하면서 국민의 계몽 개화, 교육에 앞장을 섰는데 오늘날 한국 교육의 선진화는 이미 헐버트와 같은 선각자들을 통하여 이루어진 것이라 할 수 있다.

헐버트의 어머니는 헐버트가 나온 다트머스 대학 설립자의 증손녀이며, 헐버트의 외할아버지는 인도에서 복음을 전한 선교사였다. 부계와 모계 모두 청렴성과 정의, 사랑, 겸손과 같은 예수 그리스도 정신의 피가 흐르는 가문이었다. 어머니는 모성애가 극진한 사람이었다. 헐버트는 그 어느 누구도 자신의 어머니처럼 희생적일 수 없다고 회고하였다. 약 50여 년 동안을 어머니와 함께 살았지만 어머니의 격하거나 자애롭지 못한 모습을 한 번도 본 일이 없으며, 화를 내는 모습도 볼 수 없었다고 하였다.

헐버트의 성격은 항상 희생적인 어머니의 인자함과 아버지의 강직함을 바탕으로 형성되었다고 보인다. 헐버트 자신도 정의감, 일에 대한 열정, 신앙에 대한 투철한 자세는 집안의 내력과 연관이 있다고 하였다. 헐버트는 명문가의 가정에서 태어났지만 매우 겸손한 사람이기도 하였다.[11]

헐버트의 교육철학은 항상 교육에 철저하셨던 아버지로부터 그리고 명문 대학 창립자의 후손인 어머니의 영향을 받은 것으로 보인다. 헐버트는 칼뱅주의의 엄격한 도덕성, 어떠한 형편에 속한다 할지라도 지키고 있었던 인간중심 사상, 그리고 충실한 그리스도의 정신 아래에서 성장하였다. 그는 정의를 사랑하는 정신, 평화를 추구하는 정신, 따뜻한

---

11) 김동진,『파란눈의 한국혼 헐버트』, 참좋은친구, 2010, p.47.

인간애의 소유자였다. 그리고 이러한 그의 신앙과 성품은 일평생 함께 갔다. 그리고 이 성품은 그의 인격이 되었다. 이는 그의 삶의 행적과 모습을 통하여 우리들에게 고스란히 드러나고 있다.

2. 헐버트의 학창 생활

헐버트는 유·소년기에 유난히 모험심이 강한 어린이였다. 친구들과 더불어 미국 동북부의 산악지대에서 대자연을 벗 삼아 모험하는 것을 즐겼다. 어른들이 사용하는 곰의 덫을 사용하여 날짐승을 잡고 물살이 빠른 계곡에서 카누를 즐겼다고 한다. 헐버트가 7살이 되던 1870년에 아버지가 뉴저지 주의 뉴어크(Newark) 시의 한 교회에서 목회하게 되어 가족들이 모두 그 곳으로 이주하였다. 헐버트는 그곳에서 잠시 초등학교를 다녔다.

헐버트는 이미 어려서부터 아버지의 서재를 자신의 도서관으로 삼아 시간 가는 줄 모르게 독서하는 독서광이었다고 한다. 특히 아버지 어깨 너머로 라틴어를 공부하여 후일 학교에서 선생이 놀랄 정도로 라틴어를 구사한 헐버트는 어릴 적부터 어학에 뛰어난 소질을 보였다고 한다.[12] 1872년 아버지가 버몬트 주 베닝턴(Bennington) 시의 회중교회로 이동하자 헐버트도 그곳으로 전학하였다. 1875년에는 아버지가 미들베리 대학의 총장이 되면서 헐버트는 미들베리에 있는 중학교와 고등학교를 다녔다. 이어서 1879년 버몬트 주에 있는 세인트 존스베리아카데미를 1년 동안 다닌 뒤 미국 동북부 뉴햄프셔 주에 있는 다트머스 대학에 입학하였다.

헐버트의 대학 생활은 항상 향학열에 불타 있었다고 한다. 그는 시간

---

12) 이 언급은 헐버트박사 기념사업회 김동진 회장이 2015년 한국을 방문한 헐버트의 손자(Brue W. Hulbert)에게서 직접 들은 증언이다.

을 아껴가며 공부를 열심히 하였고, 스케이트 타기와 같은 운동을 좋아하였고, 미식 축구팀의 선수로 활약하며 대학에서 체육부장도 지낼 정도로 활동적이었다. 헐버트는 문학과 역사에도 관심이 깊어 그리스 신화, 셰익스피어의 문학작품 등을 섭렵하며 Tri-Kappa라는 동아리 활동을 하면서 봉사와 희생을 배웠다. 한편으로 헐버트는 아이들을 가르치는 일을 하고 목장에서 아르바이트를 하여 어린 나이에 사회생활을 경험하기도 하였다. 대학 졸업식에서는 졸업생 대표로 선발되어 졸업생 인사를 하기도 하였다. 대학은 그의 사상을 성장시키고 그를 전인적인 인간으로 성장시키는 산실이었던 것이다.13)

대학을 졸업한 헐버트는 뜻이 있어 1884년 여름에 매사추세츠 주 우스터(Worcester) 시에서 히브리어를 공부하는 여름학교에 다녔다. 1년이라는 짧은 시간이었지만 히브리어를 집중적으로 공부하였던 시간이었다. 유대인의 교육방식인 집중력을 기르는 훈련, 질문을 많이 하고, 다른 사람의 의견을 경청하는 훈련을 이 학교에서 배웠다. 헐버트가 가진 언어에 대한 관심은 이러한 훈련을 받으며 시작되었을 것이다.

이어서 헐버트는 뉴욕에 있는 유니온 신학대학에 입학하였다. 그는 이곳에서 2년을 공부하였으며 1886년 여름에 조선으로 오기 위하여 학업을 중단하였다. 유니온 신학대학(Union Theological Seminary)은 본래 1836년 설립되었으며 처음에는 장로교회를 통하여 시작하였으나 지금은 초교파적 신학대학이라 할 수 있다. 진보신학에 있어서 세계적 명문으로 알려진 유니온 신학대학은 본회퍼(Dietrich Bonhoeffer)와 같은 유명한 신학자를 배출한 신학대학으로도 유명하다. 헐버트가 청년 시기에 이 대학에서 공부하였다는 것은 헐버트의 사상이 상당히 진보적이고 포괄적이며 또한 실천적이었다는 것을 의미하는 것은 아닐까?

---

13) 김동진, 『파란눈의 한국혼 헐버트』(서울: 참 좋은 친구, 2010), p.50.

그가 조선에 온 이후로 여러 가지 다양한 주제의 수많은 연구논문들을 발표하고, 역사를 기록하며, 한글의 문법체계를 연구하였을 뿐만 아니라, 구전으로만 전해오던 아리랑을 채록하고, 한국의 민담을 기록하는 등 그의 다양한 학문 활동은 그의 어린 시절의 좋은 습관들과 대학시절의 학구열에서 나온 결과물들이라고 할 수 있을 것이다.

| 제2장 |

한국에서의 활동 요약

　육영공원(Royal College)은 1886년에 설립되어 8년을 지속하다가 1894년 폐교 당하였다. 이 학교의 학생들은 과거에 합격한 관리와 주로 고관양반들의 자제들이었는데 처음에는 열의를 보였으나 후일 정치적 이해관계로 그들은 배우려는 의지가 없어져 교육이 되지 않았고 국가의 재정도 부족하였다고 한다. 이 학교에 교사로 부임한 지 2년 만에 길모어(Gilmore)가 계약이 만료되어 사임하고 미국으로 떠났으며, 헐버트는 3년간 계약을 연장하여 부임한 지 5년 반 뒤인 1891년 12월에 사임하고 미국으로 돌아갔고 벙커(Bunker)만 학교가 폐교될 때까지 남아있었다.

　배재학당을 설립하여 성공적인 신교육과 선교를 성취하고 있던 아펜젤러(Henry G. Appenzeller) 선교사는 첫 안식년을 맞이하여 1892년에 미국의 고향으로 돌아갔다. 그는 1년 동안 조선 선교에 대한 보고와 계속적인 조선 선교를 위한 지원을 끌어내기 위해 미국 내의 여러 곳을 바쁘게 여행하였다. 그 때 헐버트는 오하이오 주에 있는 군사학교에서 강의를 하고 있었다. 아펜젤러는 조선에서 돌아온 그를 만나 다시 조선에 가서 사역하도록 간곡하게 권면하였다.[14] 아펜젤러는 미국 감리교회의 본부

---

14) 김동진, 『금관문화훈장에 빛나는 헐버트의 한글 사랑』, p.34.

에 헐버트를 추천하면서 "헐버트는 조선말이 유창하고 조선의 감리교회에 꼭 필요한 인물이다"라고 하였다. 이는 두 사람의 신뢰 관계를 보여주는 대목이라고 볼 수 있으며, 후에도 두 사람은 조선에서 친밀한 관계로 지냈다는 사실이 여러 자료를 통해 증명되고 있다.15)

헐버트는 아펜젤러의 권유를 받아들여 1893년에 미국의 감리교회에서 목사 안수를 받고 이번에는 먼저와는 다르게 미국 감리교회에서 인정을 받은 선교사로 파송을 받고 조선에 다시 왔다. 그리하여 그는 F. 올링거(F. Olinger)의 후임으로 문서선교의 책임을 맡아 아펜젤러와 함께 배재학당과 삼문출판사에서 그에게 맡겨진 사역을 감당하였다.16)

헐버트는 이후 일본에게 추방당하는 1907년까지 한국에 살면서 보통 사람으로서는 감당하기 어려운 여러 가지 일들에 헌신하고, 많은 업적을 남기는데 이 글에서는 헐버트의 출판 및 언론 활동, 교육 활동, 한글 자강운동, 역사 연구 및 저술 활동, 그리고 장대한 독립운동으로 구분하여 살펴보려 한다.

1. 출판 및 언론 활동

헐버트는 육영공원을 위하여 조선에 온 지 5년 반이 되는 1891년 12월에 조선을 떠난 뒤 본국에서 2년을 지내고 1893년에 감리교회에서 안수를 받고 감리교회 선교사의 자격으로 다시 조선에 입국하여 선교 활동을 시작하였다. 싱가포르로 자리를 옮긴 올링거(Frankin Ohlinger)가 운영하던 감리교회의 출판부인 삼문출판사에서 그의 후임 책임자로 일하면서 배재학당에서 학생들에게 지리와 역사를 가르치는 일을 하였다.

---

15) 선교사들이 함께 찍은 사진을 보면 헐버트와 아펜젤러는 항상 지근거리에 있다.
16) 조성환, 『헨리 G. 아펜젤러 이야기』, 그리심, 2011, p.138.

그는 조선에 오기 전에 미국의 한 출판사에서 출판에 대한 교육을 받고 왔으며, 신시내티에서 서울로 신식 인쇄기도 들여왔다. 또한 수시로 상하이에서 성능이 좋은 활자를 구매하여 사용하였다. 삼문출판사에서는 그가 온 지 일 년도 채 되지 않아 각종 신문 그리고 전도지, 종교서적 등 100만여 면을 인쇄하여 파격적인 성과를 내 출판사 경영을 자급자족할 수준에 이르게 하였다고 한다.17)

헐버트는 삼문출판사 운영을 통하여 조선의 출판계에 크게 공헌하였다. 2년 동안 휴간되었던『한국소식(Korea Repository)』이 삼문출판사를 통해 1895년부터 다시 발행되었고, 우리나라 최초로, 영문 소설인『천로역정』제1부의 번역본『텬로력뎡』이 1895년에 삼문출판사를 통해 출판되었다. 또한『독립신문』,『협성회보』등 우리나라 개화기에 지대한 영향을 끼친 각종 신문과 인쇄물들이 헐버트 당시에 인쇄되고 출판되었다.18) 삼문출판사는 기독교 선교 관련 문서 외에도 일반서적과 교과서, 그리고 조선의 근대화에 지대한 영향을 미친『매일신보』와『경성신문』등의 언론매체 인쇄에도 기여하였다. 1893년에서 1897년까지 삼문출판사를 운영하면서 헐버트는 인쇄, 출판에 관하여 많은 경험을 축적하였으며, 이때 그는 누구보다도 한글의 우수성 등 한민족의 기원 연구에 심혈을 기울였다.

헐버트가 쓴 회고에 의하면 언론과 국민계몽의 중요성을 잘 알고 있던 헐버트는 이 분야에서 도와 달라는 서재필의 요청을 받고 그 자리에서 그를 지원하기로 결정하였다고 한다. 서재필이 미국에서 귀국한지 얼마 안 되어『독립신문』이 발행될 수 있었던 것은 삼문출판사의 시설과 이를 운영하던 헐버트의 전폭적인 지원이 있었기 때문이었다. 이처럼 헐버트는 출판사 운영을 통하여 한국 근대 출판뿐만 아니라 국민의

---

17) 위키백과의 헐버트 면에서 인용.
18) 김동진,『파란눈의 한국혼 헐버트』, 참좋은친구, 2010, p.100.

계몽에도 앞장을 섰다.

1898년 말에 『한국소식』이 폐간되고 『독립신문』도 폐간되자 헐버트는 1901년부터 월간으로 『한국평론(The Korea Review)』이라는 잡지를 간행한다. 이러한 활동은 기독교를 효율적으로 선교하는 차원을 넘어서 국민들에게 근대적인 사상을 고취시켰으며, 우리의 사정을 대내외에 알리는 데 크게 공헌하는 결과를 가져왔다. 당시 삼문출판사는 근대 신문 출판의 산실이었다. 헐버트는 이런 출판사를 실질적으로 운영하며 조선 근대 언론의 환경을 조성하고, 언론을 더욱 활성화시키는 중심적인 역할을 감당하였다고 평가할 수 있다.

2. 근대 교육의 주춧돌을 놓음

한국에 사는 동안 헐버트의 주요 관심은 교육이었다. 선교사로서 동대문 교회를 목회한 일이 있기는 하나, 그의 전문 목회 사역은 지극히 짧은 기간에 불과하였다. 삼문출판사가 아펜젤러가 운영하는 배재학당에 속한 기관이었기에 학생들이 삼문출판사에서 일을 하자 헐버트는 그들과 가깝게 교류하였고 또한 틈틈이 배재학당에서 학생들을 가르친 것을 생각하면 헐버트는 거의 19년간을 한국에서 교육가로 활동하였다. 한국에서의 대부분의 시간을 교육 활동에 전념하였다고 하여도 틀린 말이 아닐 것이다.

그것은 한국의 발전과 기독교 선교를 위하여 무엇보다도 교육이 최우선적으로 이루어져야 한다는 인식에서 비롯된 것이었다. 교육만이 나라를 지킬 수 있고, 근대 문명사회를 이룰 수 있다는 그의 정신이 바탕에 있었기 때문이었다.

헐버트는 교육을 위해서는 모든 국민이 수월하게 또한 골고루 교육을 받는 것이 중요하다고 생각하였다. 그러한 이유로 헐버트는 한글로 책을 쓰고 가르쳤던 것이라고 할 수 있다. 조선에서의 교육 활동은 다음과 같이 나누어 볼 수 있다.

1886년 7월 5일	육영공원 교사로 내한
1893년 10월	감리교 선교사로 재내한 배재학당에서 가르침
1897년	한성 사범학교 책임자
1900년	관립중학교(현 경기고등학교) 교관[19]

1895년 이승만이 배재학당에 입학했을 당시 배재학당의 교사진은 아펜젤러를 비롯하여 벙커, 헐버트, 노블과 같은 사람들이었고, 헐버트가 역사와 지리를 가르친 것을 『배재 100년사』는 기록으로 남기고 있다.[20] 1904년 한국평론 10월~12월 호를 보면 「한국 교육을 위한 제언」이라는 글을 통하여 헐버트는 자신의 교육관을 다음과 같이 기록하고 있다.

> 상층 계급과 하층민 사이의 장벽을 허물 수 있는 유일하고 또 유일한 방법은 평민들에게 훌륭한 한글로 쓴 문학을 선사하여 한자 시대를 뒤집어 진정한 교육이란 소수가 아닌 다수에게 있다는 인식을 널리 퍼뜨리는 일이다. 만약 교육 운동이 아니라면 한국인들에게 지금 가장 필요한 것이 무엇인가? 나라 전체가 자랑스러워할 훌륭한 본보기가 될 수 있는 진정으로 완벽한 학교 말고 무엇이 있는가? 한국인 스스로 이런 학교를 만들 가능성이 없다면 누가 이 의무를 짊어져야 하는가? 학교가 정치적으로 치우치거나 파벌싸움에 이용될 수 있다는 의심을 받을 가능성이 추호도 없도록 운영할 수 있는 사람들이 짊어져야 한다.[21]

---

19) 헐버트박사 기념사업회, 헐버트 박사 66주기 추모식 팸플릿, 2015년 8월 15일.
20) 배재학당, 『배재 100년사』, p.160.
21) Homer B. Hulbert, *The Korea Review*, 1904,10,11,12.

헐버트는 한국에서 교육을 받을 수 있는 기회가 양반들만이 아니라 평민들까지도 주어져야 하며, 그 교육은 반드시 나라 전체가 자랑스러워 할 수 있는 학교가 세워져서 바르게 운영할 수 있는 사람들에 의하여 운영이 되어야 한다고 주장한 것이다.

3. 한글 범용의 지평을 열다

헐버트의 놀라운 업적 중 하나는 그가 한국에서 많은 저술 활동을 하였다는 점이다. 그는 한민족을 일깨운『사민필지』를 비롯하여『한국사(The History of Korea)』,『대한제국멸망사(The Passing of Korea)』,『안개 속의 얼굴(The Face in the Mist)』,『엄지 마법사(Omjee The Wizard)』등의 많은 책을 저술하였다. 뿐만 아니라『협성회보』,『독립신문』,『한국소식』,『한국평론』등 개화 초기의 한글과 영문으로 발행하던 신문 잡지에도 깊이 관여하며 끊임없이 자신의 연구물을 발표하였다.

『안개속의 얼굴』은 미 해군장교가 보물을 찾는 모험을 그린 소설로서 주인공이 제주도에서 목화라는 아가씨를 만나는 내용으로 구성되어 있다. 이 소설은 제주도의 지형을 비교적 정확하게 설명하고 있으며, 제주도에 직접 가서 보지 않고는 불가능할 정도로 제주도의 풍광이나 민속을 생생하고 현실감 있게 묘사하고 있다.

1927년에는 구전으로만 전해져 내려오던『엄지 마법사』라는 동화책을 미국에서 출간하였다. 민담들이 구전으로만 내려오는 것을 안타깝게 여겨 한국 이야기의 맛을 보존하기 위하여 이 책을 썼다고 헐버트는 서문에서 밝히고 있다. 이는 미국의 어린들에게 동방의 신비한 나라 한국의 민속을 소개하는 의미 있는 일이라고 할 수 있을 것이다.[22] 헐버트

---

22) 김동진,『파란눈의 한국혼 헐버트』, 참좋은친구, 2010), p.153 .

는 서울에 살 때도 아이들을 사랑하여 자기 집 마당에서 어린이들에게 동화를 들려주는 일이 많았다고 한다.

특히 헐버트의 저술에서 주목할 부분은 그의 한국의 말글과 문학, 예술에 대한 연구이다. 한글사의 금자탑이라 할 수 있는 『사민필지』와 한글에 대한 논문 그리고 민족의 혼 아리랑에 대한 그의 공헌을 살펴보자.

1) 사민필지

헐버트가 학생들을 가르치기 시작하면서 가장 크게 어려움을 느낀 것은 교과서 문제였다. 이미 미국에서 교과서를 준비하여 오기는 하였으나 절대적으로 미흡할 수밖에 없었다. 그는 미국에서 오면서 지리, 역사, 수학 등 고등교육의 기본적인 저작들을 교재로 사용할 목적으로 가져왔다.

헐버트는 당시 조선인에게 필요한 것이 세계지리이며 거기에는 일반적 지리학에서 알려주지 못하는 중요한 문제들에 대하여 자세한 내용이 포함되어야 한다고 생각하였다. 책을 통하여 세계지도의 조감도와 개별 국가들이 이룬 부와 문화, 그리고 국력의 정도를 한눈에 알 수 있게 하여야 한다고 생각하였다. 헐버트는 학교 수업이 끝난 시간을 이용하여 집필하기 시작하여 1890년에 『사민필지』라는 불후의 명작을 출간하였다. 실로 조선에 온 지 4년 만에 이루어진 놀라운 일이었다.

『사민필지』에서 다루어진 내용들은 영역(폭원, 수리적 위치, 경계), 지형(산, 강, 평원), 기후, 산물(초목, 가축, 곡식, 지하자원), 국세, 재정, 군사 교육제도, 종교, 대외정책, 도로의 사정, 및 교통 등 대단히 광범위한 것이었다. 당시로서는 정보가 매우 정확하고 서술 방식이 조직적이라는 점에서 잘 쓰인 지리서였다. 전반적인 내용이 국제적인 이해와 교육이라는 세계지리 교과서답게 각국의 차이점과 지역적 특색, 문제점 등을 중심으로 서술하였다는 특징이 있다.

IV. 헐버트의 가치관과 그가 보여준 한국사랑 ▌189

무엇보다 이 책에서 주목되는 점은, 세계정세 변화에 따른 국제 이해의 필요성 및 지리 수업에서 학생들이 보여준 세계지리에 대한 호기심과 관심에 대한 부응이라는 점이었다. 이는 당시 육영공원의 학생들이 근대 문물을 빠르게 받아들이고 세계가 어떻게 움직이는지 알고자하는 열망이 얼마나 컸는지를 상징적으로 보여주고 있다. 길모어(Gilmore) 교사의 회고를 보면, 육영공원 학생들이 가장 흥미를 가졌던 과목이 지리였고, 그들이 만국의 지리를 배우게 되자 세계적인 안목이 크게 열리게 되었다는 내용이 이를 뒷받침해 주고 있다. 사민필지의 서문에는 책 출판의 목적이 잘 나타나 있는데 여기서 다음과 같은 서문을 살펴보고자 한다. 이 서문은 오늘날의 우리가 쓰는 쉬운 글로 풀어 쓴 것이다.

> 천하형세가 옛날과 지금이 크게 같지 아니하여 전에는 각국이 각각 본 지방을 지키고 본국 풍속만 따르더니 지금은 그러하지 아니하여 천하만국이 언약을 서로 믿고 사람과 물건과 풍속이 서로 통하기를 마치 한 집안과 같으니 이는 지금 천하형세의 고치지 못할 일이라. 이 고치지 못할 일이 있는 즉 각국이 전과 같이 본국 글자와 사적만 공부함으로는 천하 각국 풍습을 어찌 알며 알지 못하면 서로 교류하는 사이에 마땅치 못하고 인정을 통함이 거리낌이 있을 것이오.
> 거리낌이 있으면 정의가 서로 두렵지 못할지니 그런즉 불가불 이전에 공부하던 학업 외에 각국 이름, 지방, 폭원, 산천, 산야, 국경, 국세, 재화, 군사, 풍속, 학업과 도학이 어떠한가를 알아야 할 것이다. 이런고로 대저 각국은 남녀를 막론하고 칠, 팔세가 되면 천하 각국 지도와 풍속을 가르친 후에 다른 공부를 시작하니 천하의 산천, 수륙과 각국풍속, 정치를 모르는 사람이 별로 없는지라. 조선도 불가불 이와 같게 한 후에야 외국 교류에 거리낌이 없을 것이오. 또 생각하건대 중국 글자로는 모든 사람이 빨리 알며 널리 볼 수가 없고, 조선 언문은 본국 글일뿐더러 선비와 백성과 남녀가 널리 보고 알기 쉬우니 슬프다, 조선 언문이 중국 글자에 비하여 크게 요긴하건마는 사람들이 요긴한 줄도 알지 아니하고 오히려 업신여기니 어찌 안타깝지 아니하리오.

이러므로 한 외국인이 조선말과 언문법에 익숙지 못한 것에 대한 부끄러움을 잊어버리고 특별히 언문으로서 천하 각국 지도와 목견한 풍기를 대강 기록한다. 땅덩이와 풍우 박뢰의 어떠함을 먼저 차례로 각국을 말씀하니 자세히 보시면 각국 일을 대충은 알 것이요. 또 외국 교류에 적이 긴요하게 될 듯하니 말씀의 잘못됨과 언문의 서투른 것은 용서하시고 이야기만 보시기를 그윽이 바라옵나이다.[23]

위와 같이 『사민필지』 서문에서는 이 책을 저술하게 된 목적이 분명하게 나타나 있다. 여기에서 눈에 띄는 것은 세계의 양상에 대한 이해와 세계교류에 대한 필요성 이외에도 한글의 의미를 지적한 부분이라고 할 수 있다.

그는 한글이 한자와 비교해 너무나 편리하고 탁월한 글자임에도 불구하고 오히려 조선인들 사이에서 그 평가를 제대로 받지 못하고 있다는 점을 지적하였다. 이것이 누구보다도 한글의 우수성을 깨닫게 된 헐버트가 순 한글로 된 근대식 교과서를 최초로 만들게 된 이유였다. 이러한 헐버트의 지혜와 용기는 조선인들에게 한글의 중요성을 깨닫게 하고 또한 모든 계층의 사람들에게 널리 보급하며, 조선인들에게 국제교류에 필요한 기본 지식을 제공하겠다는 조선에 대한 사랑과 그의 사명감에서 나오고 있음을 알 수 있다.

서구 중심의 시각과 내용 서술의 전개 방식에도 불구하고 이 책은 당시의 교육기관만 아니라 조선인 사회에 큰 영향을 미쳤다는 점을 간과해서는 안 된다. 지리에 관한 인식은 곧 세상에 대하여 어떻게 인식할 것인가 하는 것과 직접 연관되기 때문이다. 또한 그동안 오로지 청나라와 일본 정도만 알고 있었던 조선인들에게 국제사회를 본격적으로 인식

---

23) 사민필지 서문은 순 한글로 쓰였으나 1890년 출판 당시의 문법체계로 쓰여 있어 현대인들에게는 읽기 어려운 글자들이 있으나 풀어쓰니 그 의미가 분명하게 살아나고 있다.

하고, 이해하며 알게 하는 계기를 제공하고 있기 때문이다.

이 책은 1895년 갑오개혁 이후에 출판된 많은 종류의 지리서에 영향을 주었으며 1909년 세 번째 판이 나온 이후로 한국인들의 사상을 자극한다는 이유로 일제로부터 출판 및 판매가 금지되었다. 일제는 한국인들이 이 책을 통하여 세계의 제반 문제에 대하여 각성하며 세계적인 안목을 가지고 국제사회를 접하게 되는 것을 원하지 않았던 것이다.

헐버트는 학생들을 가르치는 경우 지속적으로 이 책을 사용하였고, 육영공원, 배재학당, 한성사범학교, 관립학교 및 상동청년학원에 재직할 때에도 지리를 가르치며 이 책을 교재로 사용하였다. 우물 안 개구리처럼 협소한 안목을 가지고 살아가던 조선의 청년들에게 넓은 세상, 국제사회를 인식할 수 있도록 기여했다는 점에서 그 의미가 크다고 할 수 있을 것이다.

당시 이 책으로 배재학당에서 공부하였던 윤성렬은 다음과 같은 기록을 남기고 있다. "배재학당은 1890년도에 들어 중등교육 과정의 교과목을 갖추어 수업을 하였지만 아직 각 과목의 교과목을 모두 갖추지는 못하였다. 이때 사용된 교과서로는 『사민필지』가 대표적인 것이었는데 그 내용은 지리와 비슷한 것으로 과번이 66번까지 나간 이 책은 한역으로 출판되었고, 그 당시로는 구하기도 힘든 지도가 8장이나 삽입이 되어 있었다. 우주, 성좌, 태양의 위치도까지 있었다."[24]

2) 한글 연구와 아리랑의 재발견

헐버트가 조선에 와서 처음으로 한 일은 조선의 글인 한글을 배우는 일이었으나 그는 한글을 배운 지 3년 만에 『사민필지』라는 지리 교과서를 집필하였다는 것은 이미 언급하였다. 그는 한글을 점차로 알게 되면

---

24) 윤성렬, 『도포입고 ABC 갓 쓰고 맨손체조』, 학민사, 2004, p.93.

서 한글 자체에 대한 연구를 계속했을 뿐만 아니라, 조선인들의 문화와 역사에 대해서도 수준 높게 연구하는 놀라운 자질과 능력을 보여주었다. 그리고 그의 연구의 결과물들이 지금까지 우리들에게 전해지고 있는 것이다.

헐버트는 『한국소식』, 『한국평론』, 그리고 미국에서 발행되는 여러 소식지들을 통하여 조선의 문화나 역사 그리고 한글에 관한 자신의 연구 논문들을 발표하였다.

그가 쓴 글들의 제목은 한민족의 기원, 로마가톨릭교 조선 선교 약사, 갑오개혁, 조선의 새해맞이, 조선의 미국인 교사들, 한국 교육을 위한 제언, 한국의 소리 음악, 한글 맞춤법 개정, 훈민정음, 이두, 한국어, 한국어 로마자 표기, 한글 등이 있다.[25]

헐버트는 한글을 배우면서 바로 한글이 대단히 과학적이고 배우기가 간편하며, 독창적으로 만들어진 음성언어라는 점을 알게 되었다. 한글은 영어와 달리 발음기호가 없고, 자음과 모음의 조합이 간편해서 쓰기와 말하기가 세계 어떤 언어도 따라 올수 없다고 보았다. 이러한 결론은 그의 진지한 학구적인 태도와 치밀한 분석력을 통하여 연구한 결과이며, 그는 안타까운 마음을 가지고 조선인들에게 이렇게 우수한 한글을 쓰자고 외쳤다. 그의 연구는 훈민정음이나 이두와 같이 조선인들조차도 연구하기 어려운 주제로 심화되었음도 알 수 있다.

> 만약 조선인들이 과도하게 지식의 부담을 주고, 시간을 낭비하게 하고, 반상제도를 고착시키고, 편견을 부추기고, 게으름을 조장하는 한자를 내던져 버리고 한글 창제 직후부터 자신들의 새로운 소리글자 체계인 한글을 받아들였다면 조선인들에게는 무한한 축복이었을 것이다. 하지만 이러한 허물을 고치는 데에는 너무 늦은 법은 없는 것이다. 한 민족은 이제부터라

---

25) 헐버트박사 기념사업회에서 이러한 글들의 번역, 출판을 준비하고 있다.

도 한글을 받아들여야 한다.26)

헐버트 연구가 김동진은 말하기를 헐버트는 학창 시절부터 음악에 재능이 있었다고 한다. 어떤 음악이든지 한 번 들으면 그 노래를 소화해 낼 수가 있었다. 그는 단아한 여선생이 가르치는 음악시간을 좋아하였고, 대학 시절에는 음악부장을 지내며 합창단에서 단원으로 활약하였으며, 교회에서는 성가대를 이끄는 음악 애호가였다고 한다. 헐버트는 당시 어떠한 조선인도 관심을 갖지 못하던 단순한 전통 민요와 조선인들에게 가장 많이 불리어지는 아리랑에 관심을 가졌다.

또한 헐버트의 음악에 대한 관심은 단순히 노래를 채록을 하는 데 그치지 않고 한국의 전래 음악인 민요를 연구하여 논문을 발표하는 수준에 도달하게 되었다. 경상북도 문경 지방에서 구전되는 아리랑을 채록한 것은 그의 큰 업적 가운데 하나일 것이다.

2015년 (사)서울아리랑페스티벌에서는 아리랑을 세계에 알린 호머 헐버트에게 제1회 '서울아리랑 상'을 수여하기도 하였다. 서울아리랑페스티벌 조직위원회에서는 아리랑의 가치 공유와 확산을 위하여 '서울아리랑 상'을 제정했다면서 첫 수상자로 헐버트를 선정했는데 그는 한국 최초로 아리랑을 서양식 음계로 채보하였을 뿐만 아니라 이를 연구한 논문을 발표한 공이 인정되었기 때문이라고 하였다. 그는 한국 음악사에 새로운 지평을 연 음악가였다.27)

헐버트는 1896년 영문 잡지인 『한국소식』 2월호에서 「한국의 소리음악(Korean Vocal Music)」이라는 논문을 기고하면서 한국의 고전음악과 소리 음악을 분석하고 서양식 음계로 채보한 아리랑을 비중 있게 다루어 전 세계에 알리는 창구의 역할을 하였다.

---

26) Homer B. Hulbert, "The Korean Alphabet", *The Korean Repository*, 1896년 6월호.
27) 인터넷 포털 사이트 다음(Daum)에서.

제일 먼저 살펴볼 노래는 현저히 빼어나며 대중적인 이해도가 높은 대략 782마디 정도 되는 아리랑은 한국인에게 쌀과 같은 존재이다. 다른 노래들은 말하자면 반찬과 같은 불과하다... 후렴구에 이어서 부르는 노랫말은 전설, 민속, 자장가, 연회, 일상생활, 여행, 사랑 등 다양한 주제를 표현한다. 한국인들에게 이들 노랫말은 서정시요, 교훈적 시구요, 서사시이며, 이들이 어우러져 멋들어진 아리랑이 된다. 아리랑을 노래하는 한국인들은 머더 구스와 바이런, 리머스이자 엉클 리머스가 된다.[28]

헐버트가 최초로 채보하여 소개한 것은 문경새재 아리랑으로 알려져 있다. 문경새재 아리랑은 대원군 집권 시절, 경복궁의 중건 시기(1865-1872년)에 부역꾼들이 많이 부르던 노래였다. 문경의 특산물인 박달나무가 경복궁 중건을 위하여 공출되자, 이에 따른 실망감과 저항의 정신을 공감하며 부른 노래인 것이다.

헐버트는 조선인조차도 관심을 갖지 못한 전통 민요와 아리랑을 통하여 조선인의 보편적 정서를 이해하려 했다. 이것은 그가 조선의 역사와 문화에 대하여 애정 어린 눈을 가지고 있었을 뿐만 아니라 실제로 상당히 수준 높은 이해를 하고 있음을 보여주는 것이다. 그는 한국의 역사와 문화를 주제로 한국과 관련한 많은 논문들을 발표하여 한국 문화의 독자성과 우수성을 알리는 일에 앞장섰던 것이다.

4. 한국 역사의 재발견

19세기 말에서 20세기 초 조선에 관하여 출판된 외국 저술을 살펴보면, 조선에 진출해 있던 선교사들이나 외국인들이 남긴 많은 기록들이 있다. 잠시 머물렀던 군인, 관리, 혹은 여행자들도 있다. 그들은 서로 다

---

28) Homer B. Hulbert, "The Korean Vocal Music", *The Korean Repository*, 2월호.

른 동기들에 의해서 왔기에 조선에 대한 인상은 거의 대부분이 부정적인 것이라고 할 수 있다. 서양인들 눈에 비친 조선은 너무나도 가난하고 형편없는 나라였다. 그들은 중국과 일본 위주의 조선관을 가지고 있었다. 조선이란 단지 일본이나 중국의 속국이거나 아니면 보잘 것 없는 변방에 불과했다. 그들이 전해 준 정보들이란 이처럼 부정적 인식이 가득 찬 정보들이었다.

윌리엄 그리피스(William E. Griffis)가 1880년을 전 후로 해서 쓴 『은둔의 나라 조선(Corea, the Hermit Nation)』과 퍼시벌 로웰(Percival Lowell)이 1886년에 쓴 『조용한 아침의 나라 조선(Chosen, The Land of Calm)』이 조선에 대한 대표적인 책이었다.

그리피스의 책 『은둔의 나라 조선(Corea, the Hermit Nation)』은 저자 자신이 조선에 직접 방문하지도 않고, 주변에서 구할 수 있는 자료와 관점으로 조선에 관하여 기술했는데 많은 내용이 부정적이고 일방적이고 부정확하였다. 조선에 관하여 부정적이거나 차별적인 인식을 가진 일본인들과 중국인들을 통해 얻어진 자료를 사용하였기에 조선을 무시하거나 멸시하는 태도가 그대로 담겨 있다. 로웰의 책도 거의 같은 수준이었다. 1883년 겨울 미국의 특별사절단으로 조선에 온 로웰은 자신이 목격한 서울은 더러운 오물로 악취가 진동하는 비문명적 세계라고 혹평했다. 헐버트는 이러한 책들이 서양인들의 조선에 대한 인식에 엄청나게 부정적 영향을 준다는 것을 파악하고 있었다.

헐버트는 '은둔의 나라' 혹은 '조용한 아침의 나라'라는 그리피스의 묘사는 잘못이라고 비판하였다. 조선인들은 그저 웅크리고 숨어 사는 사람들이 아니며, 그리피스가 조선에 와보지도 않고 쓴 이 글은 오류투성이이며 실제 조선의 모습과는 거리가 멀다는 것이었다. 로웰이 '조선'을 조용한 아침의 의미인 'Morning Calm'으로 번역한 것은 잘못되었다는 것이다. 한자에서 원래 '선(鮮)'이란 조용하다는 의미가 아니라 '곱다 혹은 아름답다'라는 뜻으로 조선이란 '빛나는 아름다움'이라는 의미로 번역을 해야 바른 번역이 된다는 것이 헐버트의 주장이었다.

헐버트가 조선을 바라보는 눈은 항상 애정이 넘치며 긍정적이었다. 그가 조선을 바라보는 눈, 즉 그의 조선관(朝鮮觀)은 동시대에 장로교 선교사로 활동했던 제임스 게일(James Gale)과는 완전히 달랐다. 게일은 '조선에 미친 중국의 영향'이란 글에서 조선 사회는 중국의 영향을 받지 않은 것이 없다고 주장하였다. 그래서 조선의 전통, 문화, 언어, 역사 등을 모두 중국 문화의 영역으로 간주하고 조선의 고대사 부분을 중국의 전설적 시대로 평가하였다.

그러나 헐버트는 조선의 역사는 "중국과 분명하게 구별이 되는 주체적인 역사와 전통을 발전시켜 왔다"라고 주장하였던 것이다. 중국이나 일본과는 다른 역사와 전통을 지속해 왔고 독자성을 간직해 왔음을 주장하였던 것이다. 오랫동안 중국의 영향을 받은 것이 사실이지만 그것을 강조해서는 안 되며, 조선은 중국과는 종족, 언어 구조에서부터 전혀 다르다는 것이 헐버트의 생각이었다. 헐버트는 조선의 역사와 문화는 중국의 영향을 받았다기보다는 조선 나름의 독창성을 인정하면서 중국 문화와의 차별성을 강조하였다. 한민족은 개성이 뚜렷한 민족이며, 언어의 독창성으로 보아 주변 국가의 어느 나라보다도 구별되는 완전한 민족이며 독자적 민족이라는 것이다.

헐버트는 조선에 대한 편견을 정면으로 반박하면서 한국의 역사와 문화의 독자성과 차별성을 구체적으로 제시하고자 하였다. 이를 통하여 국제무대에서 한국을 제대로 소화하고 그 실상 및 역사, 문화의 정체성을 제대로 알 수 있도록 활발한 저술 활동에 참여한 것이다.

헐버트는 조선에 온 초기부터 조선의 역사와 문화에 대한 탐구를 꾸준히 그리고 심도 있게 진행하였다. 한문으로 된 역사책을 공부하면서 꾸준한 노력을 하여 15년간의 집념 어린 연구가 『한국사(The History of

Korea)』와 『대한제국 멸망사(The Passing of Korea)』로 나타났다. 필자는 이글을 쓰는 동안 『한국사』의 번역본 『한국사, 드라마가 되다』라는 책을 구입해 볼 수 있었다. 우선 그 양의 방대함에 놀라지 않을 수 없었다. 헐버트는 1,000쪽이 넘는 방대한 양의 역사를 영문으로 작성하였는데 고조선에서부터 격동의 근대 조선에 이르는 5천 년의 한국 역사를 자신이 직접 연구하여 이 방대한 통사(通史)를 완성하였던 것이다.

『한국사, 드라마가 되다』로 번역된 『한국사』는 모두 두 권으로 구성이 되어있는데 1권에는 단군조선에서부터 조선 선조 때 일어난 임진왜란 초기까지의 역사가, 2권에서는 임진왜란 중기부터 청나라와의 두 차례 전쟁(정묘호란과 병자호란), 영, 정조의 정치적, 문화적 개혁기 그리고 1904년의 러일전쟁 역사가 왕조 순, 사건 순으로 상세하게 서술되어 있다. 이 책은 서구 이방인의 관점에서 기록되어 있기는 하나 우리 눈에 보이지 않았던 역사적 사건들의 이면과 새로운 시각 그리고 통찰력을 보여 주기에 충분한 것이라고 할 수 있다.[29]

헐버트는 한국 역사를 기술해 나가는 내내 어느 한 순간도 한국에 대한 사랑을 숨기지 않고 있다는 점에서 필자는 놀라울 뿐이고 또한 한국인의 한사람으로서 헐버트에게 고맙고 감사할 따름이다. 이제야 왜 헐버트가 '한국인보다 더 한국을 사랑한 사람'인가를 알 것 같다는 생각이 든다.

5. 독립운동가이자 황제의 밀사

1882년 조선과 미국 간에 맺어진 조미수호통상조약에 의하면 다음과 같은 거중조정(居中調整)의 내용이 포함되어 있다. "만약 타국이 불공경모

---

29) 헐버트(마도경, 문희경 옮김), 『한국사, 드라마가 되다』, 리베르, 2009, pp.9-10.

(不公輕侮)의 일이 있게 되면 반드시 서로 돕고 조정함으로써 그 우위의 두터움을 표시한다." 이러한 조항에 의거하여 고종은 절박한 심정으로 비밀 특사를 통하여 미국 대통령에게 직접 도움을 요청하기로 하였다. 당시 일본의 감시 하에서 공개적으로 도움을 요청하는 것은 불가능한 일이었다. 유일한 방법은 개인적 사신을 통하여 미국 대통령에게 직접 전달하는 것이었다.

그런데 당시 국내에 친서를 전달할 만한 마땅한 특사를 찾기가 어려웠다. 그리하여 외국인인 헐버트가 고종의 특사로 선발되는데 이는 고종과의 친밀한 관계가 크게 작용한 것으로 보인다. 헐버트는 육영공원 시절부터 고종과 친분이 있었고, 춘생문 사건을 통하여 끝까지 고종을 지킴으로써 고종의 신임을 얻고 있었다.

헐버트는 1907년 헤이그 만국평화회의를 위한 특사들이 파견될 당시에 중심인물이었다. 고종은 네덜란드 헤이그에서 만국평화회의가 열린다는 소식을 듣고 프랑스, 독일, 미국 등 9개 국가를 방문하여 친서를 전달하는 일을 헐버트에게 맡겼다. 당시 일본은 조선에서 사람을 보낸다면 그는 헐버트일 것이라 판단하고 헐버트를 밀착하여 감시하였다.

일본에서 나온 기밀문서에는 다음과 같은 문장이 있다. "미국인 헐버트는 시종 우리의 대한정책을 방해하는 자이다. 그는 헤이그 만국평화회의에서 무엇인가를 할 것이다." 헐버트는 이상설, 이준, 이위종과 더불어 헤이그 평화클럽에서 일본을 비난하며 한국의 독립을 호소하였으나 한국의 외교권이 상실되었다는 이유로 평화회의에는 참여하지도 못하고 말았다.30)

헤이그 특사 파견 사건은 헐버트에게 조선을 떠나게 하는 원인이 되었다. 일제의 박해로 더 이상 조선에 살기가 어려워진 헐버트는 미국

---

30) 다음카페, 헐버트 면에서.

매사추세츠 주의 스프링필드(Springfield)로 거처를 옮겼다. 미국의 친구들은 헐버트에게 이제 한국은 희망이 없다면서 한국과 관련한 일들을 그만두고 새로운 일을 찾아야 한다고 충고하였다. 그러나 헐버트는 자신의 사명은 이제부터 시작이라고 하면서 한민족과 고종 황제의 자신에 대한 믿음을 저버릴 수 없다고 하였다. 그는 미국에서도 특사 정신을 잃지 않고 조선의 주권 회복을 위한 투쟁의 횃불을 계속 태우리라 다짐하였다.

그는 우선적으로 언론을 접촉하면서 일본의 부당성을 성토하기 시작하였다. 1907년 7월 19일 미국에 도착하자마자 뉴욕타임스, 뉴욕헤럴드 등 국제적 신문들과 잇달아 회견을 가지면서 일본이 한국에 대하여 자행하고 있는 만행들에 대하여 고발하였다.

> 한국인들은 끝까지 투쟁할 것이며 일본은 한국인들을 말살시켜야만 한반도에서 평화를 얻을 것이다. 한국인들은 침묵을 지키다가도 계기만 마련되면 분연히 일어서서 1592년 임진왜란 때처럼 그들에게 고통을 준 자들에게 게릴라전도 불사할 것이다.[31]

헐버트는 강연을 통하여 일본의 부당성을 알리기 시작하였다. 1907년 가을, 미국의 서부 지역을 돌면서 한국의 입장을 호소하였다. 그는 강연을 통하여 일제가 한국의 주권을 빼앗은 것뿐만 아니라 한국인들의 재산을 불법으로 빼앗고 있으며, 한국인들은 일본인들의 횡포에 말할 수 없이 시달리고 있다고 전하였다. 그러면서 그는 동시에 미국인들을 향하여 미국은 이를 바로잡는 노력을 해야 할 의무가 있다고 호소하였다.[32]

---

31) 뉴욕타임스, 1907년 7월 22일자.
32) 김동진, 『파란눈의 한국혼 헐버트』, 참좋은친구, 2010, p.297.

그는 한국인들을 상대할 때 한국은 틀림없이 나라를 되찾을 것이므로 절대로 독립을 포기하지 말라고 희망을 주고 격려하는 것을 잊지 않았다. 『대한제국 멸망사』에 나오듯 "잠이란 죽음의 가상이나 결코 죽음 자체는 아니다"라는 문구처럼 한국인들에게 다시 일어나 나라를 되찾아야 할 것을 주문하였다.

1907년 11월 샌프란시스코 한인청년회가 주최한 강연에서는 "일본이 강하다 하나 일본 문명은 뿌리가 없어 오래지 않아 한국에서 일본 세력이 패망할 것이다." 또한 신문사와의 인터뷰에서는 "정의는 반드시 승리할 것이다. 그리고 한국은 틀림없이 나라를 되찾을 것이다"라면서 한국에 대한 희망의 끈을 놓지 않았다. 많은 사람들이 일제가 한국을 병합하면 이제 조선을 끝장이라고 하였지만 헐버트는 한민족이 가진 생존 능력을 굳게 믿고 있었던 것이다.[33]

포틀랜드(Portland) 지 기사에 의하면 헐버트는 자신의 형의 교회에서 강의를 하면서 "나는 언제나 한국 국민을 지지할 것이다"라고 하였다. 1919년 3·1 만세운동 직후 서재필의 주도로 필라델피아에 한우친우동맹(The League of The Friends of Korea)을 결성하고 이어서 1919년 8월 이승만의 주도로 구미위원부(The Korean Commission to America and Europe)가 설립되었다. 이 단체들은 강연, 집회 등을 통하여 한국의 현실을 미국인들에게 알리고 자유를 위해 싸우는 한국인들을 격려하며, 일본에게는 한국에서 자행되고 있는 만행을 중지할 것을 요구하였다. 헐버트는 이 두 단체에서 중심적인 연사로 참여하였다. 헐버트가 행한 연설 횟수는 수천 번이 넘으며 청중의 수는 1919년 한해만 하여도 10만 명을 넘었다.[34]

---

33) 김동진, 위의 책, p.298.
34) 김동진, 위의 책, p.314.

| 나가는 말 |

헐버트의 한국사랑은 매우 특별한 것

헐버트의 업적을 세세하게 살펴본 사람들은 그를 '한국인보다 한국을 더 사랑한 사람'이라고 부르는 것에 주저하지 않을 것이 틀림없다. 1886년, 23살의 청년으로서 조선에 첫발을 디딘 후로 1949년 7월 86세를 일기로 세상을 떠나기까지 조선의 청년들을 가르친 교육자, 예수 그리스도의 복음을 조선에 전한 선교사, 한글을 연구한 언어학자, 한국 역사를 연구한 역사학자, 그리고 침략주의자들인 일본인들에 대항하여 한국의 독립을 위해 싸운 독립운동가로서 그 어떤 인물보다도 한국 사랑을 온몸으로 실천한 사람이기 때문이다.

헐버트는 조선을 제대로 알기 위하여 내한 초기부터 열심히 공부하여 조선인들처럼 한국어를 구사하고 한글을 깨닫게 되었다. 그는 한글의 우수성과 독창성을 깨닫고 한글에 매료되어 스스로 한글학자가 되었다. 그리고 한글에 대해 연구한 많은 논문들을 국내외에 발표하였다. 그의 한글 연구는 자연스럽게 한국 역사에 대한 관심으로 이어졌다. 많은 책들과 한국인 친구들을 통하여 그는 한국의 역사를 하나하나 배워 나갔다. 그리고 그는 한국 역사의 진수를 알게 되면서 한민족은 분명 그 당시 미국인들이 생각하는 것처럼 미개한 민족이 아니며 미래를 창조할

수 있는 뛰어난 민족임을 알게 되었던 것이다.35)

그는 한국, 중국, 일본의 세 나라 국민 가운데 가장 창의적이고 타국에 호의적인 한국인들이 앵글로색슨 족의 특징에 가장 가깝다고 평가하였다. 그러면서도 당시 지배층이 자신의 안위만을 추구하는 당파성에는 일침을 가하기도 하였다. 이와 더불어 한국인들은 바람직한 목표만 정해지면 뛰어난 결과를 만들어 낼 것이라는 애정 어린 예언도 빠뜨리지 않았다. 한국에 대한 한없는 사랑이 그에게 한글을 연구하고 역사를 연구하고 결국은 조선의 독립운동가로 변화시켰던 것이다. 이제 그의 예언은 현실화되었다고 해도 틀린 말은 아닐 것이다.

안중근 의사는 1909년 조선의 통감인 이토 히로부미를 처단하고 뤼순 감옥에서 일본 경찰들에게 헐버트에 대하여 공술(供述)하기를 "헐버트는 한민족이라면 하루도 잊을 수 없는 인물"이라고 하였다.36) 이 연구를 마감하며 필자는 헐버트를 통하여 다음과 같은 결론을 얻을 수 있었다.

첫째, 그는 전인적으로 온전하게 성장한 인격적인 인간이었다. 그는 신앙인이요 교육가인 명문 가정의 부모 밑에서 양질의 교육을 받고 성장하였다. 그의 부모는 "원칙이 승리보다 중요하다(Character is more fundamental than victory)"라는 가훈 아래서 어린 헐버트를 교육하였다. 골고루 균형 있게 성장한 인격의 소유자보다 더한 아름다움이 있을까? 겸손과 용기, 긍휼히 여기는 마음, 그리고 사랑과 인내 등 헐버트는 인간이 가질 수 있는 아름다운 인격적 소양을 모두 갖춘 사람이었다. 또한 학문과 예능 분야에서도 다른 사람이 근접하지 못할 정도의 뛰어난 재능을 골고루 소유한 인물이었다.

둘째로 헐버트는 철저한 기독교 신앙을 가졌으며 그의 신앙은 머릿속의 신앙이 아니라 실천적 신앙이었다. 많은 사람들이 기독교 신앙을

---

35) 헐버트(마도경, 문희경 역), 『한국사 드라마가 되다』, 리베르, 2009, p.5.
36) 김동진, 「금관문화훈장에 빛나는 헐버트의 한국사랑」, p.28.

가지고 살고 있다. 그러나 많은 사람들에게 자신의 신앙을 자신의 삶의 모습으로 옮기는 일은 쉬운 일이 아니다. 그러나 헐버트는 말씀이 육신이 되었다는 화육(Incarnation)의 교리처럼 자신의 신앙을 실천하며 살았던 사람이라고 할 수 있다. 조선에 와서 그가 이룬 업적들은 대개 초인적인 사람이 아니고는 할 수 없는 것들이었다. 미국인으로서 이방 나라인 조선에 온지 4년이 채 안 되어 순 한글로 된 『사민필지』라는 교과서를 집필한 일이나 한국 사람이라 할지라도 읽기조차 힘든 방대한 양의 한국 역사를 기록한 일 등은 모두가 그의 신앙의 표현이며 삶이었던 것이다. 고종의 명을 받들어 한국의 독립을 위한 특사로서 목숨을 걸고 활동하는 모습은 모두 그의 신앙의 표현이며, 신앙의 실천적 면모임을 알 수 있다.

  셋째로 헐버트의 한국 사랑은 아주 특별한 것이었다. 그는 육영공원에서 5년 반 동안 학생들을 가르치다가 미국으로 돌아갔을 때 조국에서의 평안한 생활을 버리고 2년 만에 다시 조선으로 돌아왔다. 그는 고종의 특사로서 일제의 감시를 피해가면서 위험을 무릅쓰고 활동하며, 1907년 일인들에게 쫓겨 갔을 때에도 은밀하게 한국을 방문하기도 했다. 또 미국에 사는 동안에도 그는 계속해서 강연, 신문 기고 등을 통하여 한국의 독립을 호소하는 운동을 벌였다. 그리고 눈을 감는 마지막 순간에도 자신은 "영국의 웨스트민스터 사원에 묻히기보다 한국 땅에 묻히기를 원한다"라는 유언을 남겼다.

  그는 조선을 무한한 가능성의 나라로 보았으며, 조선인보다도 더 크고 깊은 조선을 사랑하는 마음을 갖고 있었다. 한 인간이 다른 한 인간을 사랑하는 것은 지극히 자연스러운 일이다. 하나님은 한 남성은 한 여성을 사랑하면서 살도록 창조하였다. 그러나 한 인간이 자신의 조국도 아닌 이방인을 사랑하며 자신의 일생을 헌신한다는 것은 결코 쉬운 일이 아니다.

한 사람의 서양인으로서 이방 나라에 불과한 동방의 작은 나라 조선을 사랑한다는 것은 하나님이 그에게 주신 은사이며, 이는 아주 특별한 일에 속한다. 헐버트는 그 어려운 사랑을 한두 해 하고 그친 것이 아니라 일생을 두고 지속적으로 실천했다. 아마도 한글에 대한 그의 관심이 자연스럽게 한국의 역사로 이어졌고, 조선의 역사와 문화를 알면 알수록 조선의 잠재력과 가능성을 발견한 것 아닐까라는 생각을 하게 된다.

넷째로 그는 세계 평화주의자였다. 헐버트는 한국친우동맹에서 연설하면서 "미국의 진실한 번영은 모든 국가의 번영에 달려있다"면서, "모든 나라가 평화롭지 못하면 어느 나라도 영원히 평화로울 수 없다(No land can be permanently free unless all lands are free)"고 하였다.

그는 어려서 훌륭한 부모 밑에서 성장하였다. 청교도의 후예들로서 아버지, 어머니 모두 철저한 그리스도를 따르는 신앙인들이며 또한 당시로서는 보기 드문 명문 교육가의 집안이었다. 그의 모험심과 개척 정신은 조선과 동양에서도 거침없이 발휘되었다. 그의 평화주의 정신은 두려움을 모른 채 한국의 독립을 위해 평생을 몸 바쳐 일하는 모습으로 나타났다.

위기의 시대에 헐버트와 같은 인물을 조선에 보내 주셔서 조선의 젊은이들을 일깨우고, 조선의 국왕을 보필하며, 세계에 조선의 형편과 사정을 알리고 조선의 독립을 위해 목숨을 바친 헐버트야말로 그리스도인의 사표가 되는 인물이자, 우리 민족의 은인이며, 안중근 의사의 말처럼 단 하루도 잊어서는 안 될 조선의 위인이다.

한국의 독립을 열망하며 자신의 목숨을 불태운 미국인이지만 '한국인보다 더욱 한국을 사랑하며 열정적인 삶을 살았던 파란 눈의 한국 혼, 호머 B. 헐버트'의 아름다운 삶의 모습이 오늘을 사는 한국인들에게 큰 울림으로 다가오는 이유는 무엇일까? 헐버트가 다트머스 대학 졸업 후 자신의 신상기록부에 남긴 글을 다시 한 번 소개하면서 이글을 마치려 한다.

나는 천 팔백만 한국인들의 권리와 자유를 위해 싸웠으며, 한국인들에 대한 사랑은 내 인생의 가장 소중한 가치이다. - 호머 B. 헐버트

부 록

〈부록 1〉

신학월보 기고문

가. 옥중전도(獄中傳道)

신학월보 1903.5.

허구한 옥중 생활에 거연(모르는 사이에 슬그머니)히 6년이 되오니 자연히 인간 고초도 많이 겪었삽거니와, 고초 중에서 자연히 경력이 많이 생겨 항상 세상을 대하여 말씀하고 싶은 것이 또한 무궁무진하오나 그렇지 못한 사정이 여러 가지인 고로, 귀 월보를 볼 때마다 홀로 침음 울울할 뿐이옵드니, 다행히 오늘 기회가 있기에 옥중 경력의 두 가지 긴중한 것을 말씀코저 하오니 이 두 가지인즉, 첫째 깨달음이요 둘째 감사할 일이라.

세상 사람이 항상 남의 허물은 보기 쉽되 자기 허물은 보기 어렵고 자기 허물은 용서하기 쉬우나 남의 허물은 용서하기 어려운 고로, 사람이 한번 국법을 어기고 옥중에 들어가 몸이 징역에 처한 자를 보면 곧 세상에 용납지 못할 인생으로 알아 함께 접화하기 싫어하며, 심지어 죄지은 자는 다 죽여 없애야 절도 강도 등의 이삼차, 삼사차 다시 들어오는 폐단이 없으리라 하며, 나도 또한 밖에 있을 때에는 이 뜻을 합당히 여겨 악한 자를 화하여 착한 자가 되게 하는 도가 있는 줄을 깊이 믿지 못하였삽드니, 옥중에 들어와 본즉 위생 간수 등속의 가련 측은한 사정은 이루 말할 수도 없고 다만 글 보는 것을 금하는 전례가 심히 엄하여,

혹 언문고담 책을 사사로이 보다가 발각되면 곧 빼앗으며 혹 오랜 죄수가 공부를 하여 보겠노라 하면 관원들의 대답이 이곳은 학당이 아니라 하매, 혹 유지한 자가 있어도 공부하기를 생의치 못하는데 어디서 착한 말을 얻어 들으며 착한 말을 듣지 못한 후에야 어디서 회개하는 마음이 생기리오. 이러므로 신문에 이르기를 감옥서는 회개시키는 복당이 아니요 곧 도적 기르는 굴혈이라 하였나니, 이로 볼진대 오륙 년 전 옥정의 어떠함을 가히 알리로다.

그 중에 내가 홀로 특별한 인기를 얻어 내외 국문의 여러 가지 서책을 얻어, 주야잠심하며 같이 있는 친구들을 간절히 권면(타일러서 힘쓰게 함)하여 가르치니 몸 이르는 곳에 스스로 문풍이 생기더라.

다행히 본 서장 김영선 씨와 간수장 이중진 씨가 도임한 이 후로 옥정도 차차 변하여 진보한 것이 많거니와, 총명한 아이들을 교육할 일로 종종 의론하다가 작년 음력 구월에 비로소 각간에 있는 아이 수십 명을 불러다가 한 칸을 치우고 '가갸거겨'를 써서 읽히니, 혹 웃기도 하고 혹 흉도 보고 혹 책망하는 자도 있는지라.

좋은 일이 의례히 이러한 줄로 아는 고로 여일 일심하여 지금 반년이 못되었는데 국문을 다 잘 보고 쓰며, 동국역사와 명심보감을 배워 글자 쓰기와 뜻 알기가 어려서부터 배운 아이들만 못하지 아니하며 영어와 일어를 각기 자원대로 가르쳐서 성취함이 가장 속히 되었으매, 외국 교사가 시험하여 보고 대단히 칭찬하였으며 산술의 가감승제를 매우 잘 하며 지도와 각국의 유명한 일과 착한 생활을 듣고 감회한 흔적은 여러 가지인데 다 말할 수 없으며, 신약을 여일히 공부하여 조서 기도를 저의 입으로 하며 찬미가 너더댓 가지는 매우 들을 만하게 하며 언어행동이 통히 변하여, 참 사람 된 자 여럿이며, 어린 마음이 장래에 어떻게 변할는지는 알 수 없으나 지금 믿을만한 사람은 이 중 몇 아이만한 사람이 많지 못한지라.

배우기를 원하는 어른이 여럿인 고로 한 칸을 또 치우고 좌우로 나누어 영어와 지리와 문법을 공부하여 성취함이 대단함에 속하니 이는 다 전에 한문과 외국 언어를 연습한 선비들이라, 그 공효에 속함을 이상히 여긴 바 아니라 이 어른의 방은 신흥우 씨가 거하여 가르치며, 양의종 씨가 거하여 가르치는데 공부 여가에는 성경말씀과 옳은 도리로 주야 근면하여 나는 매일 한시를 분하여 두 군데를 가르치매 관계되는 일이 불소하여 자연히 분주하나 성취되어 가는 것이 재미있어 괴로운 줄을 깨닫지 못할지라.

매 토요일은 본서장이 대처에서 직접 도강을 받은 후에 우열을 보아 종이로 상급을 주며 불하는 자는 절로 벌을 행하여 매 주일은 정학하는데 뱅커 목사가 와서 공부한 것을 문답도 하며 성경말씀도 가르치매 그 효험이 더욱 대단한지라.

그 동안 내외 친구들이 연조한 것도 많은 중 제물포 사시는 어떤 친구는 제국신문사로 성명 없이 편지를 하고 지폐 이원을 보내서 감옥서 학비를 보태어 아이들의 의복을 고쳐 입히니 참 감사할 만한 일이라. 대강 경장(묵은 제도를 고쳐 새롭게 함)이 이러하매 전일에 가르치는 것을 불가하게 여기던 이들이 보고 탄복하여 극력 찬조하나니, 예수 말씀에 '병인 있어야 의언이 쓸 데 있느니라' 하신 뜻을 깨달을지라.

아무리 악한 죄인이라도 밉게 여겨 물리칠 것이 아니라, 사랑하여 가르치면 스스로 감회되어 의원이 병인 고친 것 같이 효험이 드러날지니 이것이 나의 깨달은 바이오.

혈육의 연한 몸이 오륙년 육고에 큰 질병 없이 무고히 지내며 내외국 사랑하는 교중 형제자매들의 도우심으로 하도 보호를 많이 받았거니와, 성신이 나와 함께 계신 줄을 믿고 마음을 점점 굳게 하며 영혼의 길을 확실히 찾았으며, 작년 가을에 호열자가 옥중에 먼저 들어와 사 오일 동안에 육십여 명을 목전에서 끌어 내릴 새, 심한 때는 하루 열일곱 목숨이 앞에서 쓰러질 때는 죽는 자와 호흡을 상통하며 그 수족과 몸을 만져 시신과 함께 섞여 지냈으나 홀로 무사히 넘기고 이런 기회를 당하여 복된 말씀을 가르치매 기쁨을 이기지 못함이라.

작년 예수 탄신일에 우리도 다행히 구속하심을 얻은 사람이 되어 기쁜 정성도 측량없거니와 만국 만민의 영광스런 명일을 옥중에서도 처음 경축하는 것이 또한 용이치 않은 기회인 고로, 관원과 죄수들이 우연히 수합한 돈이 뜻밖에 수백 량이 된지라. 다과를 예비하고 관민 사십여 명이 모여 즐거이 경축할 때 그 지낸 예식은 다 말할 수도 없으며, 이날 오전에 뱅커 목사께서 예물을 후히 가져오고 위로 차 오셨다가 모인 아이들을 보고 대단히 기뻐하며, 매 주일날에 와서 가르치기를 작정하며 관원들이 다 감사히 치사하였으며 서적실을 실시하여 죄수들로 하여금 임의로 책을 얻어 보게 하려 하매, 성서공회에서 기꺼이 찬조하여 오십 원을 위한(기한이나 한도를 정함)하고 보조하기를 허락하여 사백 량 돈을 들여 책장을 만들고 각처에 청구하여 서책을 수합하여 심지어 일본과 상해의 외국 교사들이 듣고 서책을 연조한 자 무수한지라.

영서 국문 한문의 모든 서책이 지금 있는 것이 이백오십여 권인데 처음 십오일 동안에 책 본 사람이 이백육십팔 인이요, 지난달은 일삭 동안에 통히 이백사십구 인이라.

천문 신학 경제 등 모든 정치상 관계되는 책이 더 있으면 보는 사람이 더욱 많을 터인데 방금 구하여 오는 책이 불소하다 하는지라 국민이 이만치 유조(도움이 있음) 할일이 없을 듯하도다.

이 험한 중에서 이 험한 괴질을 겪으며 무사히 부지하여 있는 것이 하느님의 사랑하시는 자녀들로 하여금 나를 감화시키는 힘을 주시지 아니하였으면 이 일에 도움이 되지 못하였을 것이요, 하느님의 거룩하신 뜻으로 세상 죄인들을 감화시키는 교가 아니면 불소한 재정으로 서적실을 졸지에 설치하였을 수 없을지라. 이것이 나의 일인바 하느님의 은혜를 감사함이니 이 깨달음과 감사함으로 여일히 힘쓰면 오늘 심는 겨자씨에서 가지가 생겨 공중에 새가 깃들이게 될 줄을 믿겠나이다.

나. 예수교가 대한 장래의 기초(基礎)

신학월보 1903.8.

사람마다 제 몸이 멸망을 면하며 제 집안이 환란을 면하며 제 나라가 위태함을 면하는 도리가 있는 줄을 알진대, 행하고자 아니하는 자가 어디 있으리오마는 저마다 이 도리를 몰라 못하기도 하며 혹 알고도 확실히 믿지 못하기도 하여, 알지 못하며 믿지 못하는 중에서 날로 멸망함을 당하면서도 응당 면할 수 없는 줄로 알아 영원히 없어지기를 앉아 기다리나니, 일을 당한 사람이 멸망을 기다려 면할 도리를 차리지 않은 후에야 어찌 그 일이 저절로 면하게 되리오. 지금 우리나라 사람들이 각기 그 몸이나 집안이나 나라 다 일체로 위태한 지경에 든지라, 구원할 참 이치가 있으니 바삐 알아보고 믿어 행할지어다.

대한에 자초로 유교가 있어 정치와 합하여 행하여 세상을 다스리기에 극히 선미한 지경에 이르러 보았은즉, 사람마다 이 교만 실상으로 행하면 다 이전같이 다시 되어 볼 줄로만 생각하여 다른 도리는 구하지 않고 다만 이 도를 사람마다 행치 않는 것만 걱정하니, 비컨대 어려서 입어 빛나던 옷을 장성한 후에 다시 입으려 한즉 해져 무색할 뿐만 아니라 몸에 맞지 않는 줄은 생각지 못하고 종시 입기만 하면 전같이 찬란할 줄로 여김과 같은지라.

옛적은 인심이 돈후(인정이 두터움)하여 악함이 적을 때라 각기 제 몸 하나 다스리는 도리로만 인도하면 위에 한 두 현인군자만 있어도 풀 위에 바람 같아 준행하기 용이하였거니와, 세대는 점점 변할수록 인심이 점점 영악 잔흥하여 윗사람의 덕화로 영솔할 수 없는 지경에 이른 것을 여일히 옛 대종만 생각하니, 잠시 한가지로 볼지라도 상고 적에는 죽을 죄수들을 내어놓으면 그 기한에 다 일제히 돌아온지라, 설령 그때 법관이 행하면 이 백성들의 다 돌아오겠는가.

지금 영국, 미국의 교화 높은 백성이라도 돌아오지 않을지니 이는 인심의 고금이 같지 않은 증거이거늘, 종시 옛법을 행하기 어려움만 한탄함이 어찌 어려서 좋던 옷을 다시 입고자 함과 다르리오. 옛적에는 사람의 도로 다스리던 것을 지금은 하느님의 도로 감화시켜야 될지라.

사람의 도는 악한 일을 아니하게 하는 것이요, 하느님의 도는 악한 일을 못하게 하는 것이니, 사람으로 하여금 착한 도와 옳은 교를 배워 제 몸만 착하고 악이 없으면 사람의 도에 극진히 됨이니, 사람의 도는 불과 제 몸만 착하게 하는 것이요, 하느님 도는 천벌을 들어 벌하여 악을 감히 못하게 하며 한편으로 천복을 구하고자 하여 남을 또 착하게 만들 것이 그 중에 포함하였은즉, 이는 천하에 모든 사람들과 함께 착하려 함이라. 온 세상을 다 착하게 하려 한즉 악한 것이 물러나가고 착한 것이 성하는 까닭이라. 착한 것이 성하고 사람이 흥치 아니하는 이치가 어디 있으리오.

지금 예수교 받드는 나라들이 문명부강 태평안락하다는 것은 그 나라 안에 있는 악한 사람이 다른 나라보다 적어 그런 것이 아니오. 그 나라 안에 악한 것을 몰아내는 일국이 다른 나라보다 많은 까닭이라. 선한 일이 악한 일을 이기는 나라는 선한 자의 천국이오, 악한 자의 지옥이라 하겠고, 악한 일이 선한 일을 이기는 나라는 악한 자의 천당이오. 선한 자의 지옥이라.

부럽도다. 저 개명한 나라들에서는 사람의 몸과 집안과 나라를 통해 하느님의 도로써 구원을 얻었고, 저 열리지 못한 나라에서는 사람의 몸이나 집안이나 나라가 다 사람의 도로 인연하여 고초 환란 멸망을 면하지 못하여도 종시 깨닫지 못하고 악한 일과 악한 사람이 홀로 득세하여 세상에 횡행하며 착한 일과 착한 삶은 용납할 곳이 없으니, 성경에 이른 바 여우는 굴이 있고 새는 공중을 날겠으되 사람의 아들은 머리 둘 곳이 없다 하심과 같은지라. 장차 길게 이러하고야 어찌 서로 보전하기를 바라리오. 하느님의 도로써 서로 구원 얻을 도리를 대강 말할지라.

첫째는 이 세대에 처하여 풍속과 인정이 일제히 변하여 새것을 숭상하여야 할 터인데, 새것을 행하는 법은 교화로써 근본을 아니 삼고는 그 실상 대익을 얻기 어려운데, 예수교는 본래 교회 속에 경장하는 주의를 포함한 고로 예수교 가는 곳마다 변혁하는 힘이 생기지 않는데 없고, 예수교로 변혁하는 힘인즉 피를 많이 흘리지 아니하고 순평히 되며 한번 된 후에는 장진이 무궁하여 상등 문명에 나아가나니, 이는 사람마다 마음으로 화하여 실상에서 나오는 까닭이라. 오늘날 사람들이 마땅히 이 관계를 깨달아 서로 가르치며 권하여 실상 마음으로 새것을 행하는 힘이 생겨야 영원한 기초가 잡혀 오늘은 비록 구원하지 못하는 경우를 당할지라도 장래에 소생하여 다시 일어서 볼 여망이 있을 것이오.

둘째는 사람마다 내 몸 하나만 있는 줄로 생각지 말고, 남도 또한 나와 같은 몸이 있어 기쁘고 슬프며 가볍고 아픈 줄을 모르지 아니하니, 그 몸에 손해를 끼쳐 내 몸에 이로움을 경영하면 그 사람이 또한 내 몸을 손해하여 제 몸에 이로움을 경영할지니, 서로 무소(없는 일을 거짓으로 꾸며 소송을 제기함)하고 고발하며 토색(돈이나 물품을 억지로 달라고 함)하고 늑탈(남의 것을 강제로 빼앗음)하여 작은 고기, 중고기, 큰 고기가 서로 잡아먹기로 재주와 능사로 생애를 삼을진대, 이를 어찌 사람 사는 인간이라 하며 이중에 사는 자 뉘 능히 보전하기를 바라리오. 불과 서로 멸망하다가 함께 자진(저절로 다하거나 잦아듦)하는데 이르고 말지라.

지금 우리가 이 처지에 처하여 관민상하 부자형제가 서로 잔해(사람과 물건을 해침)하며 인망하매 영웅호걸이 있어 부국강병 할 방책을 품고라도 이 천지에서는 의론할 사람이 없은즉, 제갈량의 재주와 라팔균의 도량인들 사람 없는 빈들에 홀로 서서 무슨 계책과 세력을 행하여 보리오. 천만 가지로 생각하여도 아무 수 없이 가만히 앉아 스스로 없어지기만 기다릴 뿐이니, 슬프다 이 가련한 신세들을 어찌하며 이 가련한 나라를 어찌하며 이 가련한 후생들을 장차 어찌하리오. 세상사를 다 우리가 잘못하여 우리는 오늘날 이 화근을 당하는 것이 불쌍할 것도 없고 또한 의례히 당할 일이라 하려니와, 일후 남에게 무궁한 원망을 어찌 생각지 않으리오, 마땅히 후생의 움 돋아날 씨는 뿌려 주어야 할지라.

예수교 외에는 더 좋은 씨도 없고 더 좋은 밭도 없으니 남을 내 몸같이 사랑하는 교회에 남의 죄를 대신하여 목숨을 버리는 은혜로써 씨를 뿌려 먼저 내 마음에 뿌리를 박고 염후에 남에게 미치게 할진대, 남의 살을 베어다가 내 살에 부치며 남의 목숨을 끊어다가 내 목숨을 이으려 하던 자 한 둘씩 화하여 남을 대신하여 고난을 받으려 하는 자 될지니, 사탄을 치는 강한 군사가 점점 많아지고 어린양의 무리를 인도하는 목자가 차차 많이 생겨 서로 사랑으로 보호하는 중에서 세상에 즐거움도 있으려니와 합하는 힘이 부지 중 자라리니, 그런 후에야 능히 몸을 구원하며 집안을 보전하며 나라를 회복하여 오늘날에 살 수 없는 인간이 차차 천국 같이 되어 가지고 영원한 영혼의 구원을 함께 얻을지라. 너무 지리하여 다 못하니 우선 이 두 가지 조목으로만 가지고서라도 사람마다 장원한 계책을 삼아 진심으로 일한진대 그 뒤 일은 하느님이 도와 주시리로다.

다. 두 가지 편벽(偏僻)됨

신학월보 1903.9.

 나는 하느님의 모든 은혜를 감사히 여기는 중에 한가지 가장 간절히 감사하게 여기는 바는, 다만 하느님의 교가 이 세상에 제일 가난하고 하찮고 괴롭고 악하고 우환고초 있는 곳마다 특별한 효험이 되는 일이라. 나는 이것을 가장 감사히 여기며 성경에 모든 말씀을 알아듣는 것이다. 지극히 옳고 지극히 간절한 줄로 믿되 그중에 더욱 간절히 감동되는 것은 "세상에 병인이 있는 고로 의원이 쓸데 있나니라"하심이라. 이것은 다 사람의 사사로운 뜻으로는 나올 수 없는 말씀으로 믿을지라.
 대개 세상 사람의 마음은 항상 부유하고 존귀한 자를 먼저 돌아보는 고로 부자나 세객은 보러 다니는 자 많되 걸인이나 종을 따라 다니는 자 많지 아니하며 세상 사람의 눈은 지혜도 있고 옳은 일도 한다는 사람은 남이 도와주려고 하며 가르치기도 하건마는 악하고 가난한 사람은 함께 말도 하기를 싫어하나니, 이는 사람의 같은 성품이거늘 천도는 홀로 그렇지 아니하며 사람이 가난한 것을 취하며 사람이 천히 여기는 것을 높이며 가장 악한 자를 먼저 가르치나니 이러하므로 천하고 간곤한 사람이 속히 감화되며 어지럽고 위태한 나라일수록 교회가 흥왕 하는 이치라.
 이러므로 사람의 극히 어려운 지경은 곧 하느님이 감화시킬 기회라 하나니 비교하건대 논고에 물이 마르고 뜨거워 고기가 살 수 없게 되니 후에야 스스로 새 물길을 얻어 강과 바다를 찾아갈지라. 만일 그 물이 적이 견딜 만하면 잠시 편한 것을 취하여 새로 괴로움을 싫어하여 종시 그곳을 면치 못하다가 대한을 만나면 마침내 마른 고기로 저자(시장에 물건을 파는 가게)에 드러냄을 면치 못할지라.
 이 세상은 우리의 잠시 사는 논고물이라. 다소 태평안락한데 사는 사람들도 바다같이 영원히 마르지 않을 생방을 찾기에 게으르지 않컨데 하물며 이 물이 마르고 흙탕 되는 도탄 중에 들어 어찌 새 물줄기를 찾지 아니하리오.

대한사람들의 새 물줄기는 예수교회라. 이 교회가 날로 흥황함은 더 말할 것 없으려니와 아직까지도 저 불쌍한 사람들을 다 기회를 주어 우리와 같이 생활 샘으로 나오지 못하게 함은 실로 다 우리 신이 보족함이오, 사랑이 부족함이라. 마땅히 이 뜻을 더욱 널리 알도록 전파하여야 될 터인데 이 뜻을 전파하기에 두 가지 방해가 있으니 하나는 정치상에 조급히 생각함이오, 하나는 교회에 편벽되지 않도록 주의함이라.

정치상에 조급한 생각으로 말할진대 우리가 항상 일컫기를 대한의 장래는 예수교에 달렸다 한즉 듣는 사람들이 혹 헤아리되 그 교회에 들어가면 곧 정사가 바로 잡히고 나라가 문명되는 도리가 있는 줄로 알고 들어갔다가 사면을 돌아본즉, 모두가 복음을 어찌 전파하며 사람을 어찌 교육시킬 일로 의론하는 모양이요, 정사가 어떠하며 법률이 어떠함을 논란하는 자는 별로 만나기 어려운지라. 이에 자기가 나서서 팔을 뽐내고 고담준론(고상하고 준엄한 말)을 빼어낸즉 모두 대답하는데 "부질없는 말을 말라. 우리는 듣기를 원치 않노라" 하는지라. 그 이유를 캐어보지 아니하고 곧 돌아서 물러나며 말하되 "그중에도 아무 뜻 없고 다만 교에만 혹할 뿐이니 대한 장래가 달렸다함이 불과 사람을 속임이로다" 하나니 이는 교회의 효력과 국민의 정형은 생각지 못하고 일조일석에 사단이 생기기를 경영하는 자이니 이것이 한 가지 흠이로다.

교회에 편벽되기를 주의하는 자로 말할진대 우리가 항상 말하기를 나라를 진실로 위하여 일하고자 할진대 교회의 일로 힘쓰는 이보다 한 일이 없느니라 한즉, 듣는 자 혹 생각하기를 이 중에서 일하면 곧 무슨 효력이 있을 줄 알고 이것저것 부질없이 애써보다가 하나도 자기의 뜻과 같지 않은즉 필경 또 낙심하여 헤아리되 이 나라에서는 아무 것도 할 수가 없은즉, 다 생각지 말고 내 일신이라 돌아보아 교회 중에 육신의 평생을 부탁하여 가지고 세상 시비에 상관하지 말며 믿음으로써 일후에 영원한 복이나 구하리라 하여 전국 동포가 다 죽을 고초를 당하였다 하여도 조금도 동심치 아니하며 일국강토가 어찌 될지 알 수 없다 하여도 들은 체 아니 하며, 다만 기도하는 말은 "나의 몸을 구제하소서. 나의 집안과 부모처자와 친척 친구를 복 많이 주소서" 할 뿐이라. 이 어찌 예수의 본이며 하느님이 기쁘게 들으시는 바라 하리오. 이는 이른바 교에 편벽되기를 주의함이라.

이상 두 가지는 다 널리 생각하지 못하는 데서 생김이라. 그 두 가지 통하지 못하는 뜻을 대강 설명할진대 대개 예수교는 이 세상을 화하여 천국같이 기쁘고 사랑하고 자유하는 한 복지를 만들어 그 안에 사람이 하나도 구원 얻지 못하는 자 없으며 하나도 복 얻지 못하는 자 없도록 하는 것이 바로 원하는 결과라.

그러므로 이 효력이 미치는 대로 완악한 자 유순해지며 패악한 자 인자하여지며 어두운 곳이 밝아지며 근심하는 곳이 즐거워지나니 온 천하가 필경 다 변하고 화하는데, 하물며 나라의 부패함과 인심의 패리(이치에 어긋남)함을 어찌 고치기 염려 하리오마는 이것이 교회의 힘으로 자연히 화하여야 하려니와 만일 다른 힘을 빌려 속히 자라기를 도모하면 그 화하는 것이 장구치도 못하려니와 항상 폐단이 따라다니나니 자고로 천주교의 무수한 폐가 생김이 다 이로 인연함이라.

이러므로 예수교에서는 정치와 교회를 특별히 구별하여 함께 혼잡되는 폐단이 없도록 만들었으매, 외양은 서로 도움이 없는 듯하나 실상은 피차에 다 편리하고 유조함을 즐겨하나니 이는 교회에서 마땅히 정치상 관계를 가까이 아니할 근본이라.

그러나 정치는 항상 교회 본의로 딸려 나오는 고로 교회에서 감화한 사람이 많이 생길수록 정치의 근본이 스스로 바로 잡히나니 이러므로 교화로써 나라를 변혁하는 것이 제일 순편(일이 순조롭고 편함)하고 순리된 바로다. 이것을 생각지 않고 다만 정치만 고치고자 하면 정치를 바로 잡을 만한 사람도 없으려니와 설령 우연히 바로 잡는다 할지라도 썩은 백성위에 만든 정부가 어찌 일을 할 수 있으리오. 반드시 백성을 감화시켜 새사람이 되게 한 후에야 정부가 스스로 맑아질지니 이 어찌 교회가 정부의 근원이 아니리오.

하물며 대한은 지금 인민의 마음이 모두 썩고 상하여 어찌 할 수 없는 중에 더욱 사사로운 마음이 가득하여 서로 해하고 서로 먹기로 곧 떳떳한 도리를 삼으며, 남을 속여 몰아내기로 곧 재주를 삼으니 이 중에서 무슨 일을 경영하며 설령 몇몇 합의하는 자 있기로 무슨 일이 성취되기를 바라리오. 헛된 고담준론으로 세상을 경거망동하여 실상 일에 방해뿐이니 헛것을 다 버리고 한 둘씩이라도 사람을 화하여 변하게 만드는 것이 곧 그 나라를 위하여 크게 도울 사람 하나를 만듦이라.

이것이 참 나라를 위함이니 마땅히 이 뜻으로 서로 찬조하여 열심으로 일하되 결단코 남을 위태롭게 하며 내 몸이 위태할 일을 일호도 실효는 없고 사회상에 도리어 해 될 일은 결단코 행치 말 것이요, 저 편벽되게 교회로 일신의 이익을 만들려는 자인즉 또한 사사로운 뜻에 병이 든지라.

어찌 나의 구원 얻는 것만 풍족히 여겨 남의 화복안위를 돌아보지 아니 하리오. 하물며 우리 몸이 육신으로 태어났은즉 우리들이 살아있는 동안은 이 세상을 위하여 일을 아니하지 못할지라.

예수는 우리를 대신하여 돌아가시니 이는 세상을 구원하심이라. 우리가 남의 환란질고와 멸망함을 돌아보지 아니할진대 우리의 신은 어디 있으며 우리의 일은 어디 있으리오. 마땅히 세상을 생각하며 나라를 생각하며 이웃을 생각할지라. 적으나 크나 남을 위하여 일하는 것을 보아야 그 사람의 신을 알지니 열매가 없으며 어찌 그 나무가 쓸 데 있다 하리요. 일심으로 일어나 부지런한 일꾼들의 되어야 할지니 지금 우리의 할 일은 씨 뿌리는데 있는지라. 복음의 좋은 씨를 바삐바삐 사람의 마음에 심어 줄지어다.

라. 교회(敎會) 경략(經略)

신학월보 1903.11.

　세계의 정치를 의론하는 자 - 항상 지나간 역사를 미루어 앞에 올 일을 미리 측량하나니 대한의 예수교회 역사를 상고할진대 불과 수십 년 세월에 지나지 못하는지라. 통히 한 세대가 못되어 이렇듯 속히 흥왕함을 볼진대 세계의 속성한 교회 중에 제일이 될지라. 청국에 교회 설립한 지 거의 이십 년이 되기까지 하나도 입교하던 자 없었다 하더니 지금은 대단히 흥왕하나 우리 대한에 비하면 실로 대단히 지체되었고 그 동안 고난과 위험함도 무수히 겪은지라. 우리는 별로 힘들인 것 없고 어려운 것 없어 스스로 성취되어 이에 이른 것이 참 우리의 큰 다행이라. 더욱 하느님께 감사할 바이어니와 세상만사 흥하고 쇠하는 것이 다 사람의 일에 달려 하느님이 시키시는 바라.

　어찌 하느님의 뜻에만 미루고 심상히 의론하리오. 그런즉 이 교회가 이만치 된 것이 그동안 교회 정치를 잘 행한 공로라 이르지 아니 못할지라. 만일 기왕에 행한 힘과 정략을 변치 아니할진대 오는 이십 년 동안에 또한 몇 갑절 흥왕할 것을 미리 짐작할지니 장래 일은 우리가 어찌 예산이 없이 지내리오. 교회에 제일 요긴한 정략 중에 네 가지를 들어 말할지니, 첫째는 제 힘으로 자라게 함이오. 둘째는 제 힘으로 유지함이오. 셋째는 제 권리로 다스림이오. 넷째는 만국을 통일할 주의라.

　첫째 제 힘으로 자람인즉 사람마다 이 교회의 흥하고 쇠함이 국가존

망과 인민화복에 근본이 되는 줄 깨달을진대, 각기 남의 힘과 남의 일로 되기를 바라지 말고 내가 일하며 내가 전도하여 자라난 힘이 내게서 생겨나게 할지니 이렇듯 각 사람과 각 동네와 각 도성이 다 제 힘으로 화하여 들어오게 만들어 필경은 나라가 남의 힘을 더 얻지 아니하고 스스로 되어야 할지라. 우리도 다 같은 하느님의 자녀들이라.

서양 친구들이 우리보다 복음의 빛을 먼저 얻은 고로 우리에게 와서 알려준 것은 자기네가 하느님께 대한 직분으로 행함이라. 특별히 서양 교사들만 전도할 직책이 있고 우리는 그 직책에서 벗어난 사람이 아닌 즉, 우리가 그 복음을 받아 깨닫는 날에는 우리도 곧 평등한 직책이 있는지라.

종시 서양 교사들이 와서 항상 대신 일하여 줄 줄로 기다리고 있으면 이는 사람이 장성한 후에도 남들더러 밥 먹여 달라 함과 같으니 남이 어찌 항상 먹여주고 싶으며 설령 먹여주기로 자기 배부르기 전에 내 배를 불려줄 이치가 어디 있으리오. 굶기고 먹이는 권리를 남에게 맡겨놓아 한번 아니 먹여주면 나는 밥을 가지고도 앉아 굶을 터이니 나는 곧 죽는 사람이오, 그 사람이 대신 사는 세상이라. 이 좋은 강산과 이 좋은 인민에게 우리가 우리의 힘으로 일들 하여 이 좋은 복음을 전파하였으면 이것이 참 우리의 기쁜 세상이 될지라. 외국 교사를 의뢰하지 말고 우리가 우리끼리 성신의 권을 얻어 전도하기를 힘쓸 일이오.

둘째는 제 힘으로 유지함이니 사람마다 하느님을 받드는 것이 각기 제 도리요, 각기 제 복을 구하는 것이라. 내 나라 전도하는 사람이나 외국서 나와 전도하는 교사들의 하느님이 아니신즉, 내가 조금도 그 사람을 위하여 하느님을 믿으며 교회당에 다니는 것이 아니라 그런즉 교를 믿고 받듦으로 인연하여 일호라도 남에게 의뢰할 것은 없는지라.

저 외국 형제자매들이 우리의 사정을 돌아보아 힘껏 도와주는 것은 각기 자비하는 마음으로 우리를 사랑하여 행함이어니와 우리가 그것을 으레 받들 것으로 알고 항상 교사와 의사를 보내 전도하고 병 고치는 월급을 지출하며 회당과 병원과 학당을 지어 경비를 담당하여 갈 줄로 바래서는 사람의 도리가 아니요, 하느님의 동등자녀라 일컬을 수 없을 지라. 마땅히 내 것을 먹고 입으며 하느님을 섬겨야 옳고 내 것을 바치며 주어서 하느님을 섬기게 하여야 착하다고 하겠고 내 힘과 내 재물을 내어 내 동네와 내 고을과 내 나라 교회를 지탱하여야 참 부끄러울 것이 없을지라.

이렇게 하여야 내 나라 교회를 우리가 주장하는 권리가 생길지나 차차 힘자라는 대로 교회와 학교를 설립도 하려니와 기왕 설립한 교회와 학당도 다 우리가 연조를 합하여 유지하기를 힘쓰며, 혹 연조를 합하여 교사의 경비와 월급도 보조하며 자질들을 교육시켜 일변 학문과 지각이 그 교사네를 대신할 만치 되게 만들지니 남에게 의뢰할 마음을 차차 없이할 것이오.

셋째 다 제 힘으로 삭임이니 이는 지금 세상 사람의 제일 귀중히 여기는 바라. 하느님이 세상 사람을 똑같이 내시고 그 중에 똑같은 권리를 주셨으니 이 권리를 찾아 능히 제 몸을 다스리는 자는 남의 다스림을 받지 아니하고 능히 다스리지 못하는 자는 남의 압제를 면치 못하는 법이라. 우리나라 사람이 많이 이것을 알지 못하여 피차 남의 압제를 무수히 당하며 필경 나라가 자주독립하는 권리를 보전하기 어렵게 되지라. 예수교로써 변화시키지 않으면 독립할 생각이 들 수 없는 고로 유지각한 이들은 다 대한 장래의 여망을 예수교에 바라는 바라.

만일 우리가 또한 이 본의를 모르고 교회에서 또한 남의 수하에 머리를 숙일진대 나의 어리석은 소견으로는 영영 다른 여망이 없을 줄로 믿는 바니, 감히 소리를 높여서 세상에 고하고자 하는 바는 우리 대한 이천만 인구가 다 하느님이 일체로 주신 자주 권리를 잃지 않도록 힘쓰게 하고자 함이라.

저 서양 친구들도 당초에 하느님이 자기들에게만 특별히 주신 복음이 아니거늘 먼저 얻어서 그 나라를 거의 천국같이 만들어놓고 남의 나라에 다니며 또한 전도하여 천국의 영광을 드러낸즉 나중에 천국에서 받을 상급도 우리보다 특별히 크려니와 우선 이 세상에서 누리는 권리가 또한 우리보다 많은지라. 이로 미루어 볼진대 우리도 오늘부터 깨달아 우리 손으로 힘들여 나라를 영국, 미국같이 만들어 놓고, 세계 각국에 대한 선교사를 파송하여 야만과 미개한 인종들에게 전도할진대 우리의 나중 복도 크겠고 우리의 권리도 커지겠고 우리나라의 영광도 영국, 미국같이 드러날지라.

우리가 세상의 참 복을 누리자면 남만큼 착한 일을 행해야 되겠고 남같이 착한 일을 행하려면 하느님이 주신 권리를 먼저 찾아야 할지라. 이 권리를 찾자면 내 몸을 내가 보호하며 나의 학문이 남만큼 된 후에야 될 것이니 우선 총명한 자질들을 교육시켜야 할지라. 목전에 당한 일만 생각하다가는 후일에 당할 일을 측량치 못할 것이오.

넷째는 만국을 통일할 주의니 우리가 정치로 만국을 통합하자 함이 아니요, 영혼 상으로 통일이 되자 함이라. 지금 우리나라 사람들이 혹 이단잡술에 혹하며 혹 세상 욕심에 빠져서 서로 마음이 떠나고 합심이 되지 못하매, 서로 해하고 원망하며 세상 사람들과 반대가 되어 곧 빙탄같이 여기는 지라.

마땅히 만국의 왕이시고 만국 왕의 왕이신 예수그리스도로 우리의 왕을 삼아 피와 정욕의 모든 상전을 다 버리고 함께 돌아와 만세에 빛난 용상 앞에 머리를 숙이고, 모두 천국을 위하여 싸우는 강병이 되어 사탄과 세상을 쳐서 이기고 만국을 합하여 한 천국을 만들자 함이니 예수를 위하며 의리를 위하며 세상 사람을 위하여 고난과 압제를 당하거든 이전 원수라도 다 잊어버리고 일심으로 나가 보호하며 대신하기를 원할진대 우선 옳은 일에 합심하며 의리상에 같이 죽을 친구가 많을 터이니 스스로 합심이 될 것이오.

또한 외국인이라고 무단히 구별하는 폐도 없겠고 또한 외국인이라고 과도히 높은 대접도 아니 할지라. 다 친형제자매같이 사랑하여 영원한 천국 복을 함께 누리기 간절히 원함이로다.

마. 대한 교우(敎友)들이 힘쓸 일

신학월보 1904.8.

대한 예수교 교우들께 감히 한마디 질문하고자 하노니, 지금 우리 대한이 무슨 처지에 있느뇨?, 전쟁마당에 있지 아니하뇨? 타국 군사들이 내 나라 지경에서 대전을 시작하여 승부를 결단하니 우리는 당장 무사한 것만 편히 여겨 영원히 태평할 줄로 여기느뇨. 우리는 가만히 앉았으면 저 타국이 다 우리를 좋게만 도와줄 줄로 믿고 앉았을까.

다른 나라 사람들은 자기 나라를 위하여 군사가 되어 몇 만 리 들어가서 몇 천 명, 몇 만 명씩 혈서를 써 죽기를 자원하고 지뢰포 묻은 곳을 물밀듯 나아가며, 다투어 죽어서 나라 영광을 드러내며, 국 중에 앉은 백성들은 돈을 내며 물건을 내어 전쟁 뒤를 받치기에 상하가 일심하며 한편으로 각처에서 회의하며, 대한의 토지를 임의로 매매한다, 내 땅에 들어와 자유로 섞여 산다, 농사법을 주장한다, 장사 권리를 확장한다, 광산철로를 개설한다, 고기 잡기와 나무 베어낸 이익을 만든다, 혹 정부를 어찌한다, 백성을 어찌한다, 각종의 것을 의론하여 한편으로 착취하며 한편으로 준비하나니, 이는 우리 대한사람들이 아무도 모른다 할지라도 우리 예수교인들은 모를 수도 없고 또한 모른다 할 수도 없는지라.

이것을 뻔히 보고 앉아 태평무사한 때와 같이 무심히 지내고자 할진대 이는 신민의 도리도 아니요, 하느님이 똑같이 주신 재산과 권리를 보전하는 본의도 아니요, 나라를 천국같이 만들어 나중에 평강 안락한 복을 영원히 누려볼 게재도 없을 것이요, 당장에 전국 어리석은 백성이 난시를 타서 움직이자 하는 바니, 만일 국 중에 소요하고 보면 우리 전국 동포들의 다 평안히 지내겠는가, 내외국의 교회를 믿고 일하는 형제자매들은 다 무사히 전도하겠는가.

착한 것은 악한 것의 원수요 밝은 것은 어두운 것의 원수인 고로, 연전에 청국의 화단(화를 불러일으키는 실마리) 난리로만 보아도 어두운 백성이 움직이는 중에서 제일 화를 많이 받는 자는 모두 교회 믿는 내외국 사람이라.

지금 우리나라 각 지방에서 동학이다 백백교라 하는 각색 무리들이 도처에 당을 지어 향곡에 출몰함에 소문이 낭자하며 보고가 분운한지라. 어떤 학자 명색들은 글을 지어 전파하여 종교를 세운다하고 삼십삼자를 사람마다 외우며 각처에 강당을 설치하고 매주일에 기를 달고 모여 경문을 외우면, 미워하는 자가 스스로 물러가며 좋은 자는 스스로 오리라 하여 그 글을 경향에 전파함에 어리석게 믿는 자 또한 적지 않은 모양이라.

만일 이 무식한 무리들이 한편에서 일어나면 남의 나라가 어떻게 간섭하며 우리 국권이라 하는 명색이 또한 어찌 되겠으며, 가장 우리 교회와 교중 동포들은 다 어찌 되겠느뇨. 타국이 와서 보호하여 줄 터이니, 걱정 없다 하겠는가. 이는 종사도 남의 종질하는 생각을 면치 못함이라. 남이 우리를 보호하여준 후에는 우리를 동등으로 대접하고자 하겠는가.

하느님께서 타국 사람에게는 모든 권리를 주시고 우리에게는 사지백체와 이목구비를 아니 주셨는가. 당초 미국이 독립하여 저렇듯 영원무궁한 복락의 기초를 잡은 것이 다 하느님의 이치를 밝혀 모든 사람이 다 하느님께 평등으로 타고났다는 말을 깨달아 된 것인 고로, 그 독립

선고문을 전국 신민이 지금껏 외워오며 감동하는 바라. 만일 이 뜻을 행치 못하여 당시에 전국 사람이 헤아리되 타국이 와서 수시로 구원하여 줄지니, 우리는 압제와 멸망을 가만히 받자고 하였을진대, 오늘날 저 부강문명의 기초를 어느 타국이 대신 나서서 잡아 주었겠느뇨. 이는 타국을 믿고 있다는 것이 멸망을 앉아 기다릴 뿐이라. 그렇지 아니하면 하느님이 다 좋게 하여 주실 것이니, 우리는 염려할 것 없다하고 무심히 앉았겠는가. 이는 또한 그렇지 않은지라.

우리가 구하지 않은 것을 하느님이 주고자 아니 하실지라. 남의 나라 사람들은 몇 십만, 몇 백만씩 의로운 피를 뿌려 보호하는 국권을 우리는 가만히 앉아 힘도 아니 쓰고 일도 아니하며 스스로 얻게 하실 이유가 없을지라.

지금 영국, 미국이 세계에서 제일 예수교를 많이 받드는 나라이다. 그 나라에 믿지 않는 사람이나 혹 믿음이 독실하지 못한 사람은 다 물론하고 그 중에 제일 교회 일에 열심인 교사라도 만일 그 나라 권리나 백성의 이익상에 손해되는 일이 있으면, 다 우리는 나라 일에 상관이 없으니 교중 일만 주장하고 나라는 어찌되든지 모른다고 하겠는가. 하느님께서 잘 도와주실 거니 우리는 애쓸 것 없다 하겠는가.

결단코 그렇지 아니하여 저마다 주야로 기도를 그치지 아니하며 일심으로 나서서 죽기까지 나아가는 일꾼들이 될지라. 만일 그렇지 아니하여 충군애국이 무엇인지 세상을 건지는 것이 무엇인지도 모르고 다만 제 몸 하나와 제 영혼 하나의 구원 얻는 것만 제일이라 할진대, 이는 결단코 하느님의 참 이치와 예수의 근본을 알지 못한다 이를지라.

모세 성인은 이집트 국에서 홀로 은혜 되어 기름을 받았으되 자기의 같은 족속의 고초를 잊지 아니하고 구제하기를 힘쓴 고로 마침내 하느님의 도우심을 얻어 이집트에서 나왔으며, 예수께서는 모든 세상을 구제하기 위하여 내려오셨으며, 지금은 서양 교사들이 다 이 세상을 천국

같이 되게 하기 위하여 대한과 모든 나라에 흩어져서 재물도 허비하고 목숨도 바쳐가며 일들 하는 바라. 나의 이웃 친구와 나라 동포와 이 세상 사람들을 구제하자 함이 예수교의 제일 주장되는 대지이거늘, 이것을 모르고 다만 나 하나만 알진대 어찌 교의 본의를 아는 사람이라 하며 더 모르는 사람들이 말하기를 서양교를 믿으면 아비도 모르고 임금도 없다 하는 무식한 의론을 어찌 괴이하다 하지 않으리오.

대저 예수께서 세상에 내려오셔서 천백대의 무궁히 끼치신 모든 은혜 중에 우리가 가장 감격하게 여기는 바는 모든 세상 사람의 결박을 다 풀어 놓으신 것이라. 첫째 율법의 결박을 풀어 주심이니, 모세 이후로 모든 선지들이 지키던 법률에 폐단이 무궁하여 사람이 생각을 자유롭게 못하는 것을 낱낱이 벽파하여 주셨으니, 이는 세계 사람들로 하여금 옛 법의 심히 압제하는 굴레를 벗게 하심인 고로 예수교가 가는 곳마다 변혁주의가 자라는 법이라. 교회로 말할진대 마틴루터 씨가 교를 고칠 때에 이 뜻을 드러내었고 정치상으로 말할진대 워싱턴 씨가 미국을 독립할 때에 이 뜻을 드러내었다.

둘째는 모든 예식의 결박을 풀어 놓으심이니, 바리새 사람들이 허다한 예절을 지켜 안식일에 병인을 고치지 못하게 하고, 손을 씻지 않고 먹지 못하게 하는 등의 이런 모든 폐단이 사람의 생각에 고질이 되어 능히 벗어나지 못하는 것을 일절 타파하사 진실한 근본을 숭상하게 하셨으니, 이는 우리들로 하여금 각각 헛되고 어리석은 풍속의 결박을 받지 말게 하심이오.

셋째는 모든 죄악에서 사람을 풀어 놓으심이니, 온 세상 사람이 다 나 하나 있는 줄만 알고 남 있는 줄은 알지 못하며 오늘 있는 줄만 알고 내일 있는 줄은 모르며, 이 세상 있는 줄만 알고 이후 영원한 세상이 있는 줄은 알지 못하는 중에서 각각 저 혼자만 살고 오늘 하루만 살려 하는 고로 서로 잔멸하여 일체로 목숨을 버리며 영원한 복을 위하여 목전에 좋은 것을 물리치게 하셨으니, 이는 우리들로 하여금 넓고 긴 것을 생각하게 하심이라.

우리가 이 보배로운 이치를 알아 이전 생각의 모든 결박을 벗어나서 높고 낮은 자도 없고 강하고 약한 자도 없고 일체로 다 같은 하느님의 자녀들이 되어 평등복락을 누리고자 함이 참 예수교인의 지극한 원이라. 어느 나라 사람이든지 이것을 벗어나지 못하여 고초와 곤군(어렵고 군색함)을 무수히 받는 자는 우리가 죽기로써 힘을 써서 구제하여 내도록 일하여야 옳을 것이거늘, 하물며 같은 나라 동포와 나의 자손들이 도무지 이것을 벗어나지 못하여 남의 노예 대접 받기를 면치 못하게 될 것을 친히 보고 앉아 벗겨주기를 힘쓰지 않을진대, 더욱 어찌 예수의 빛을 받은 동포라 하리오.

지금 우리나라에 이런 이치를 아는 자도 우리 예수교인뿐이요, 이런 사정을 근심할 자도 예수교인뿐이라. 이 몇 만 명 교인들이 발 벗고 나서서 주야로 일하여도 이천만 잠자는 동포들을 일조일석에 깨우칠 수 없을 것이거늘, 형편은 날로 어려워 더 바랄 것이 없어 오는 중에서 더 어두운 사람들은 어서 바삐 엎지르려고 백가지로 애쓰거늘 우리는 종사도 남의 일로 보고 앉아 돈연(頓然:소식이 감감하다) 무심하겠는가.

슬프다 우리나라의 실낱같은 혈맥은 다만 예수교회에 달렸거늘, 우리 교우들은 이것을 아는지 모르는지 혹 알고도 아직 힘이 자라지 못하여 그러한지, 일본에서는 벌써 목사들을 파송하여 대한에 와서 교회를 설치하고 전도하기를 시작하여 교회 중 권리를 마저 착수하는데, 우리는 지금껏 무엇을 하였는지 내 나라 안에서 전도하기도 힘이 넉넉히 못한지라. 교를 또한 활동하지 못하여 남에게 머리를 들지 못할진대 마침내 노예의 생각만 길러서 남의 충실한 종이나 될 뿐이니, 남의 종질도 충실치 못한 이보다는 낫다 하려니와 하느님이 동등으로 주신 권리를 회복하는 본의는 어디 있으며, 예수께서 결박을 풀어주신 은혜는 무엇이며 나라의 장래 바람은 어디 있느뇨.

　바라건대 우리 교우들은 지뢰포를 밟고 적진에 들어가는 저 군사들을 본받아 일심으로 나아가 적군을 하나씩이라도 항복 받기로 힘쓸지라. 우리의 적군은 다른 사람이 아니라 다만 진리를 알지 못하고 방해하려 하는 자며, 우리 군기는 다른 것이 아니라 성경 한 가지뿐이니, 성경의 이치를 전국에 전파하여 사람마다 지금 무슨 처지에 있으며 어찌하면 우리가 동포와 나라를 일체로 구제할 것이며, 동포와 나라를 구제하려 하면 정치 법률에 있지 아니하고 교화로써 사람의 마음을 풀어놓음에 있는 줄로 깨닫게 하여, 하나라도 돌아와 우리와 함께 일꾼이 될진대 얼마 만에 전국이 모두 충군애국하며 자주독립하는 동포가 될지니, 무슨 걱정이 있으며 무엇이 부족 하리오. 어서 바삐 일들 하여 전국 사람이 하나도 모르는 자 없도록 힘쓰고 나갑시다.

〈부록 2〉

기독교 교육(教育)에 일생을 바치기로 결심

청년 이승만 자서전 중

내가 서울에 있을 때, 즉 1911년의 일이다. 하루는 그가 나를 찾아와서 이런 말을 했다. 데이비드 스타 조단(David Star Jordan)이라고 하는 유명한 평화주의자이자 일본인의 친구가 한국을 방문했을 때 프랭크는 편지를 써서 그와 면접을 청했다고 한다. 죠단 박사는 조선호텔에 머물고 있었는데, 그의 일본인 안내역더러 이 젊은이를 만나겠다고 해서 프랭크는 귀국 후에 처음 미국 사람과 이야기를 할 수 있는 기회를 가지게 되었던 것이다. 프랭크의 말에 의하면 자기가 방에 들어갔더니 조단 박사 옆에는 일본 사람이 앉아서 그의 모든 행동을 감시하고 그는 모든 말을 듣고 있더라는 것이다. 그는 사사롭게 이야기하고 싶다고 했더니 그 일본인이 말하기를 "아니오, 나는 내 앞에서 하는 당신의 말을 일체 비밀로 하겠오" 하더라는 것이다.

프랭크는 정말 그를 때려눕혀서 창문 밖으로 내던지고 싶었지만 자기 자신을 진정시키느라고 혼이 났다는 것이다. 그래서 내가 "프랭크, 자네는 자네 아버지가 약속했던 대로 청원서를 국무성에 보내라고 부탁하던 때를 기억하나? 자네 어머니는 나에게 강력하게 반대했는데, 내가 자네에게 자네 부친이 자네를 노예로 만들고 있다는 것을 언젠가 알게 될 것이라고 하지 않았던가?" 라고 하자 그의 대답은 "이 선생님, 저는 그때 너무 어려서 아무 것도 몰랐어요. 제가 그때 알았다면 아버님이 나라를 배반하지 못하도록 하였을 것입니다" 라는 것이었다. 그의 답은 나의 원한을 풀어주는 것이었다.

(역주 — 우남이 이처럼 포츠머스 강화회의와 연관하여 김윤정에 대해 긴 기술을 하였으나 그 후 김 씨의 거동에 대해 소개를 하는 것이 뜻있는 일이라고 생각된다. 앞서 지적한 대로 김윤정은 광무9년(1906)에 교섭상 소홀이라는 명목으로 견책을 받았으나 다음해(1906) 8월에 태인 군수(주임사등)로 임명되었다가 동년 11월에 주임이등으로 승급되어 인천 부윤 발령을 받았고 그 다음해에 고종이 양위하고 정미칠조약(한일신조약)이 7월에 체결되어 일본이 명실 공히 한국에서의 실권을 잡자 동년 9월에 훈사등으로 승격하여 태극장을 받았고 11월에는 일본국훈사등서보장을 받았으며 수일 후에는 또 정삼품으로 승위 되었다 (전게 '대한제국관원이력서' 155면). 그 후에도 그의 관운은 융융하여 전라북도 참여관(고동관삼등) 도지사를 거쳐 종삼위훈이등 조선총독부 중추원참의로서 일본인에 의하면 "조선 통치를 위해 공헌하는 바가 심대하였다"(전게 '조선공로자명감' 350면). 윤병규, 이승만 양인이 청원서를 강화회의에 제출하였다 해도 일본 측은 그것을 묵살했을 것이고 한국의 독립이 보장되었을 리가 없다. 그러나 그들의 제출은 상징적으로 좀 더 큰 결과를 나타낼 수 있었을 것이다.)

후에 민공은 윤 목사와 나의 노고를 치하하고 감사하는 글을 보내왔다. 황제가 비밀경로를 통해 우리의 독립운동을 위한 기부금을 보낼 것을 약속했다고 했는데 나는 그가 그렇게 할 수 없다는 것을 알고 있었다.

나는 그때 난생 처음으로 정말 설기되었었다. 나는 한국 사람들의 윤리상태가 얼마나 땅에 떨어진 것인가를 느낄 수 있었다. 물론 김윤정은 한국 사람 중의 좋은 예가 아니었다. 그러나 내가 생각하기에는 어떻게 한국 사람이 저렇게 자기 나라를 배반하고 자기 친구들을 배반할 수 있단 말인가 하는 것이었다. 나는 한국 사람들이 그처럼 짐승같은 저역

상태에 빠져있는 한 한국에는 구원이 있을 수 없다고 결론을 내렸다. 그래서 나는 한국 사람들에게 기독교 교육을 베풀기 위해 일생을 바치기로 작정하였다.

〈부록 3〉

1948년 5월 31일, 대한민국 제헌국회 개회 기도문

주(註): 이 기도문은 1948년 5월 31일 제헌국회 제1차 본회의록에 속기된 것으로서 임시의장을 맡으신 이승만 박사는 단장 의장석에 등단하여 전 국회의원들에게 먼저 하나님께 기도하자고 제안하여 이윤영 목사의 기도로 시작된 제헌 국회 기도문이다.

대한민국 제헌국회 제1차 회의록 기록 :
임시의장 이승만 박사가 의장석 등단하여 전 국회의원들에게 먼저 하나님께 기도하자고 제의하고, 이윤영 의원(목사)이 기도했다.

임시의장 (이승만) :
대한민국 독립민주국 제1차 회의를 여기서 열게 된 것을 우리가 하나님에게 감사해야 할 것입니다. 종교, 사상 무엇을 가지고 있든지, 누구나 오늘을 당해 가지고 사람의 힘으로만 된 것이라고 우리가 자랑할 수 없을 것입니다. 그러므로 하나님에게 감사를 드리지 않을 수 없습니다. 나는 먼저 우리가 다 성심으로 일어서서 하나님에게 우리가 감사를 드릴 터인데 이윤영 의원 나오셔서 간단한 말씀으로 하나님에게 기도를 올려주시기를 바랍니다.

이윤영 의원 기도 : (일동 기립)

　이 우주와 만물을 창조하시고 인간의 역사를 섭리하시는 하나님이시여, 이 민족을 돌아보시고 이 땅에 축복하셔서 감사에 넘치는 오늘이 있게 하심을 주님께 저희들은 성심으로 감사하나이다. 오랜 시일 동안 이 민족의 고통과 호소를 들으시사 정의의 칼을 빼서 일제의 폭력을 굽히시사 하나님은 이제 세계만방의 양심을 움직이시고 또한 우리 민족의 염원을 들으심으로 이 기쁜 역사적 환희의 날을 이 시간에 우리에게 오게 하심은 하나님의 섭리가 세계만방에 현시하신 것으로 믿나이다. 하나님이시여, 이로부터 남북이 둘로 갈리어진 이 민족의 어려운 고통과 수치를 신원하여 주시고 우리 민족 우리 동포가 손을 같이 잡고 웃으며 노래 부르는 날이 우리 앞에 속히 오기를 기도하나이다.

　하나님이시여, 원치 아니한 민생의 도탄은 길면 길수록 이 땅에 악마의 권세가 확대되나 하나님의 거룩하신 영광은 이 땅에 오지 않을 수 없을 줄 저희들은 생각하나이다. 원컨대, 우리 조선 독립과 함께 남북통일을 주시옵고 또한 민생의 복락과 아울러 세계평화를 허락하여 주시옵소서. 거룩하신 하나님의 뜻에 의지하여 저희들은 성스럽게 택함을 입어 가지고 글자 그대로 민족의 대표가 되었습니다. 그러하오나 우리들의 책임이 중차대한 것을 저희들은 느끼고 우리 자신이 진실로 무력한 것을 생각할 때 지(智)와 인(仁)과 용(勇)과 모든 덕(德)의 근원되시는 하나님께 이러한 요소를 저희들이 간구하나이다. 이제 이로부터 국회가 성립되어서 우리 민족의 염원이 되는 모든 세계만방이 주시하고 기다리는 우리의 모든 문제가 원만히 해결되며 또한 이로부터서 우리의 완전 자주독립이 이 땅에 오며 자손만대에 빛나고 푸르른 역사를 저희들이 정하는 이 사업을 완수하게 하여 주시옵소서.

　하나님, 이 회의를 사회하시는 의장으로부터 모든 우리 의원 일동에게 건강을 주시옵고, 또한 여기서 양심의 정의와 위신을 가지고 이 업무를 완수하게 도와주시옵기를 기도하나이다. 역사의 첫걸음을 걷는 오늘의 우리의 환희와 우리의 감격에 넘치는 이 민족적 기쁨을 다 하나님에게 영광과 감사를 올리나이다. 이 모든 말씀을 주 예수 그리스도 이름 받들어 기도하나이다. 아멘.

〈부록 4〉

우남이 조지 워싱턴 대학 재학 시절
이승만의 기독교 전도 연설

* 역주 - 우남의 글에서 여러 번 지적된 대로 그는 미국의 각처에서 한국에 관한 연설을 자주했는데, 그 일은 그의 독립운동의 하나의 측면인 동시에 그의 학업과 생계를 유지하는 고학의 방도이기도 했다. 그 연설의 내용이 서울에서 선교사들이 발행하던 Korean Mission Field지(誌), 1908년 6월 15일 호(p.96)에 펜실바니아주 피츠버그에서 열린 어떤 기독교대회(Convention) 에서 한 연설물이 실려 있으므로 여기에 소개한다. 이 연설문이 흥미를 끄는 것은 이승만의 영문 성명이(Mr. E Sung Man)으로 되어 있는 것이다. 우남이 'Mr. E'라고 한 것이 본인의 선택으로 한 것인지 또는 편집인이 임의로 기재한 것인지는 확인할 수는 없다.

조선(Morning Calm)이란 저희들의 조상들이 약 5천 년 전에 한국(Korea)에 지어준 아름다운 이름입니다. 미국(Uncle Sam)은 오늘 위대하기도 하지만 물론 그때는 아직 태어나지도 않았을 때이지요. 그 나라는 참으로 아름답습니다(여기에서 '그 나라'는 영어로 She, 즉 그녀라는 대명사를 쓰고 있어서 영어의 어감은 다르다. 이하 동). 사실 '그 여인'은 너무 아름답습니다. 그래서 그녀의 인접 국가들은(동네 사람들은) 항상 '그 여인' 때문에 싸워왔습니다. 그래서 '그 여인'은 최근에는 아주 관대히 '주는 사람'이 되었습니다. '그 여인'의 마음이 얼마나 관대했던지 자기가 가지고 있던 모든 것을 남에게 주어버렸고 '그녀'의 친구들과 그녀를 사모하는 자들로 하여금 와서 마음대로 하도록 하였습니다. 그래서 한국 사람들은 오늘 자기의 생명을 바치거나 삶을 영위할 나라가 없게 되어버렸고, 평화로운 생활을 즐길 수 있는 집이 없게 되었습니다. 그들은 완전히 상심하게 되었습니다.

친구들이여, 나는 불쾌한 감정으로 이런 말을 하는 것이 아닙니다. 그와 정반대로 나는 기쁩니다. 나는 하나님께 감사하는데, 왜냐하면 지금 한국은 기회를 가졌기 때문입니다. 이것은 하나님의 기회입니다. 형제자매들이여, 이것은 여러분의 기회입니다. 자기들의 나라가 비하 할대로 비하해진(떨어질 대로 떨어진) 어둠 속에서 한국 사람들은 자기들을 들어 올려 줄 어떠한 위대한 능력을 필요로 한다는 것을 갑자기 느끼게 되었습니다. 그들은 이 세상에서는 무슨 힘도 그들을 들어 올려 줄 수가 없다는 것을 잘 알고 있습니다. 그들의 썩어빠진 정부는 정화되어야 하고, 그들의 마음과 힘은 갱생되어야 합니다. 그러나 공자나 부처님은 그렇게 하지를 못했습니다. 만일 한국이 구원을 얻을 수 있다면 이 세상의 구세주인신 예수 그리스도만이 그렇게 할 수 있을 것입니다. 그리고 그분만이 참다운 구원을 주실 수 있고 또 주실 것입니다.

친구들이여, 나는 당신들에게 감사합니다. 우리들 한국 크리스천들은 당신들 형제자매들이 복된 소식을 우리에게 보내준 것에 대하여 감사합니다. 당신들은 그들이 꼭 필요한 것을 주었습니다. 당신들의 선교사들은 그들에게 참으로 훌륭한 봉사를 하여 주었습니다. 그리고 한국 사람들은 그렇게도 고결하고 용감하게 감응하였기 때문에 1885년에 기독교가 그들에게 소개된 후로 놀라운 발전을 하였습니다.

그러나 우리는 하나님께 감사를 드립니다. 나는 그보다도 더 많이 주었습니다. 그는 우리에게 이 큰 기회를 주셔서 한국 사람들이 민족적 오만과 조상의 숭배와 전래의 미신을 버리고 빈 마음과 겸손한 정신으로 예수그리스도를 맞이할 수 있도록 하였습니다.

그것이 지금 한국이 하고 있는 것입니다. 한국은 자랑할 만한 모든 것을 포기했습니다. '그녀'는 환상(Vision)을 보았습니다. '그녀'는 하늘을 우러러보고 소리를 질렀습니다. "주여 나의 상한 마을을 고치시고 나를 끌어올려 당신의 품에 품으시옵소서."

최근의 소동이 있을 후 훌륭한 힘 - 엄청난 부흥의 영혼이 나라를 휩쓸었습니다. 임금의 가족들, 정부의 고관들, 보수적인 유교 선비들, 진실한 불교신자들, 양반집과 상민집의 부녀들, 농촌의 가난한 농부들 - 전국 방방곡곡의 온갖 사람들이 그들이 찾아갈 수 있는 대로 하나님의 전당에 모여들고 있습니다. 그들은 교회를 짓고 예배당을 세우고 있습니다. 그들은 자기들끼리 (하나님의 말씀을) 가르치고 전도하고 있습니다. 지금 10만이 넘는 한국 크리스천들이 진지하게 그리고 끊임없이 그들의 아름답고 자그마한 나라가 20년 내에 완전한 기독교의 나라가 될 수 있도록 기도하고 있습니다. 이러한 사정에 있는 나라가 무엇을 필요로 할 것인가 생각해 보시고 무엇을 하실 수 있는지 보살펴 주십시오.

〈부록 5〉

국립묘지에 있는 우남 무덤의 비문(碑文)

　　대한민국 건국대통령 雩南 李承晚 博士는 본관이 전주이며 조선조 태종왕자 양녕대군의 15대손인 경선공과 어머니 김해심씨의 외아드님으로 1875년 3월 26일 황해도 평산군 마산면 대경리 능내동에서 탄생하시었다.
　　1919년 3·1 독립운동 후 대한민국 임시정부의 초대 대통령에 추대되어 조국의 독립운동에 헌신하셨고 1945년 민족해방 후에는 미소 양군의 분할 점령과 강력한 국제 간섭 속에서 민족을 영도 국토 분단과 신탁통치를 반대하며 민족 자격의 자율적 정부수립 운동과 탁월한 외교 끝에 1948년 제헌국회의장으로 민주헌법을 제정하고 초대 대통령에 당선 정부를 수립하여 대한민국의 건국을 세계에 선포하시었다. 1950년 북한 공산집단의 남침을 격퇴하며 1960년까지의 대통령 재임 중 나라의 안보를 공고히 하고 국가 발전의 大本을 확립하여 민족사상 처음으로 자유민주 국가 창업을 이룩하시고 1965년 7월 19일 미주 호놀룰루 시 마우날라니 병원에서 향년 91세로 천수를 다하시니 전 국민의 애도 속에 7월 27일 국립 현충원에 안장되시다.
　　영부인 프란체스카 도너 여사는 오스트리아의 수도 빈 시에서 1900년 6월 15일 루돌프 도너 公과 프란체스카 게르바르트 여사의 셋째 따님으로 태어나시어 李承晚 博士와 1934년 10월 8일 뉴욕 시에서 혼례를 올리셨으며 독립운동가와 대통령의 아내로서 극진한 근검절약의 귀감이시더니 1992년 3월 19일 이화장에서 향년 93세로 서거 3월 23일 夫君곁에 안장되시다.

유족으로 사자(嗣子) 인수 자부 조혜자 손자 병구 병조가 있다.

1998년 광복절에 정부와 국민의 정성을 모아 세우다.

〈부록 6〉

가〉 미국에 가는 우남을 위하여 게일이 써 준 추천서 Ⅰ

워싱턴 및 미국 각지의 기독교인 형제들에게

　1875년 서울에서 출생한 조선인 이승만(李承晩)을 소개합니다. 그는 구식 한학 교육을 훌륭히 받았으나, 일찍이 현 시대의 세계에서 이것으로 부족함을 깨닫고 새로운 학문을 통해 접할 수 있는 영어와 여러 분야를 공부하는 데 정력을 기울였습니다.

　그는 조국의 독립을 염원했으며, 조선이 독립되어야 할 뿐 아니라 조선인들은 지둔(遲鈍)함에서 깨어나 올바르게 사고하며 생존해야 한다고 믿고 있습니다. 그는 일찍이 일간지 매일신문(每日新聞)을 처음으로 시작했으며, 후에는 제국신문(帝國新聞)을 창간하여 영어 번역물을 싣는 한편 자유에 대한 자신의 생각을 피력했습니다. 이것은 보수적인 조정의 생각에 상반되는 것으로서, 이씨는 1897년 9월 체포되어 7년간 옥고를 치렀습니다.

　7개월 동안 그는 무게가 20 파운드가 넘는 나무 칼(cangue)을 썼는데 여기에 고통이 더하도록 두 발에는 족쇄(Stocks)까지 채워졌습니다. 그 동안 동료들이 끌려 나가 구타당하고 고문을 받아 혼절하거나 참수되는 것을 보았습니다. 그는 처형장의 둔탁한 칼 소리에 따르는 모든 감정을 알고 있었으며 이 운명을 자신의 운명으로 생각했습니다.

　여러 번 조간신문에 '이승만(李承晩)이 감옥에서 참수되었다'는 기사가 보도되기도 했습니다. 그는 어깨에 두꺼운 쇠사슬을 묶고 뒤에다 맹꽁이 자물쇠가 채워진 채 죄수부대에서 일하기도 했습니다. 이 모든 것이 그와 그의 동료들이 만나 토론하고 담화하고 상호 발전을 기할 수 있는 민중 집회의 권리를 주장했기 때문이었습니다. 그는 투옥되기 직전에 복음을 들었습니다만 고통 속에서도 오직 믿음을 쌓아갔습니다. 즉 자신을 버리고 자기 마음을 하나님에게 바치고 복음 전도에 나서자, 동료 죄수들이 구원되는 것을 보았습니다. 상해에서 그에게 보내온 중국 서적으로 감옥에 도서실을 만들기도 하였습니다.

이 씨의 노력으로 개종한 사람 중에는 워싱턴 주재 초대 공사관 서기관 이상재 씨가 있습니다. 그 분은 조선에서 가장 유명한 학자 중의 한 사람이며 지난번 세계 문학 작품집에 이름이 특기되어있는 이원종이라는 사람과 1895-1896년 조선경찰 총수였던 김충직 씨도 있습니다. 그 외에도 많은 사람들이 있어 그 수는 모두 40여 명이나 됩니다. 이들은 모두 이승만의 끈질긴 노력에 감화된 사람들입니다.

그는 재판을 받고 장(杖) 일백 대에 종신중노동형(終身重勞動刑)을 선고 받았다가 지난여름(1904년 8월 9일)에 사면 석방되었습니다. 이 한 사람의 황인은 그가 겪은 시련을 생생하게 그리고 훌륭하게 이야기 할 수 있습니다. 그가 자유로운 미국 땅에서 백인 형제들 중에 좋은 친구를 많이 사귀게 되기를 바라며, 그가 그곳에서 공부하고, 관찰하고, 저술도 하려는 3년 동안 용기를 북돋워주어 귀국 후 그의 동포들을 위해 큰일을 할 수 있도록 도와주시기를 간곡히 부탁드립니다. 그는 신사로 태어났고 학자이며 하나님의 종 기독교인이기에 아주 훌륭한 친구입니다.[1]

---

1) 유영익 외 3인, 『이승만 영문 서한집 1904-1948』 제4권(서울: 연세대학교 국제대학원 현대한국학 연구소, 1996), pp.3-7.

제임스 게일 (Jas S. Gale)
장로교 조선 선교사
선구자의 저자
1904년 11월 2일 서울에서
(소책자 1부 동봉함)

나〉 미국에 가는 우남을 위하여 게일이 써 준 추천서 II

게일이 햄린에게
서울, 대한민국, 11월 3일 1904년

루이스 햄린 목사 (The Rev. Lewis S. Hamlin, D.D)
워싱톤 계약교회 (Church of the Covemant Washington, D.C.)

　나의 친애하는 햄린 박사님
　저는 서울의 이승만 씨를 소개하게 된 것을 매우 기쁘게 생각합니다. 그는 모국에서 여러 가지 경험을 쌓았고 가지각색의 물불의 시련을 극복하면서 그가 정직하고 충실한 기독교인이라는 것을 증명했습니다. 그가 정치범으로서 감금되어 있는 동안 그는 많은 죄수들에게 진리를 알게 하였는데 지금 저의 교회의 으뜸가는 교인들 중에는 그가 인도한 사람들이 여럿 있고, 또 그가 인도한 사람들은 장로교회 중에도 있습니다.

　이 씨는 몇 달 동안이나 족쇄를 차고 앉아 있었고, 또 쇠사슬에 묶인 징역수들의 중노동작업에도 참여한 바 있습니다. 그러나 그는 이 반도의 정직하고 총명한 청년들 중의 가장 앞자리에 서 있는 사람이며 국회나 백성들의 모임을 싫어하는 보수적인 정부 사람들 몇몇을 제외하고는 모든 사람의 존경을 받고 있는 사람입니다. 이 씨는 주께서 더 높은 사업을 위해 부르셨을 때까지는 정치개혁 운동가였습니다. 그가 석방된 후로 저는 각종 모임에서 그가 말하는 것을 들었습니다만 그는 그의 주인이 되시는 하나님에 대해 지극히 진실한 간구를 하는 사람입니다.

  그는 아직 세례를 받지 않았습니다. 그 이유는 서울 시내에 여러 교회가 그의 사랑을 받을 권리를 가지고 있고, 이들이 그를 교인으로 받아들이려고 하고 있기 때문입니다. 그러나 그는 저에게 왔습니다. 저는 그에게 대한 권리가 가장 적은데 말입니다. 그래서 저는 금방 미국으로 떠나게 되어있는 그에게 미국에 도착할 때까지 기다려서 자기가 원하는 곳에서 세례를 받게 되기 원하며 목사님께서 그에게 사랑을 베풀어 주시기를 바랍니다.
  제가 그에게 세례를 베풀지 않는 이유는 그렇게 함으로서 (이승만 씨를) 자기 교회에 받아들일 권리를 더 가지고 있다고 생각하는 절친한 친구들의 마음을 상하게 할 우려가 있기 때문이었습니다. 그는 2, 3년간 일을 하면서 공부한 후 돌아올 계획입니다. 저는 그가 당신으로부터 듣게 될 친절한 말씀과 당신의 도움들과 충고들에 대하여 그가 대단히 감사할 것이라는 것을 이미 알고 있습니다.[2]

나의 최고의 존경하는 마음과 더불어 햄린씨 께

제임스 S. 게일

---

  2) 유영익 외 3인, 『이승만 영문 서한집 1904-1948』 제4권(서울: 연세대학교 국제대학원 현대한국학 연구소, 1996), pp.10-14.

<부록 7>

가> 우남이 한성감옥에서 스승인 아펜젤러에게 보낸 편지 Ⅰ

존경하는 선생님께,

서양력에 대해서는 까마득히 잊고 있었기 때문에 이 무렵인 것은 확실하지만 어느 날이 성탄절인지 기억할 수가 없습니다. 이 편지를 귀한 선물 대신 새해 인사까지 겸한 성탄절 선물로 여기고 받아 주시기를 부탁드립니다. 행복, 강녕, 축복이 함께하시기를 빕니다. 저희 가난한 가족들을 위해 값비싼 담요와 쌀, 그리고 땔감 등을 보내 주신 데 대하여 어떤 감사의 말씀을 드려야 할지 모르겠습니다. 동시에 저와 같이 비참하고 죄 많은 몸을 감옥에 갇혀 있는 가망 없는 상태에서 구원해 주시고, 더욱이 의지할 데 없는 제 가족들에게 먹고 살아 갈 양식을 주신 하나님께 진심으로 감사를 드립니다.

내게 주시는 하나님의 축복이 얼마나 놀라운지요! 제 부친께서 편지로 선생님의 크신 도움에 감사하다고 하셨습니다. 그때는 저희 집이 아주 곤경에 처한 시기였습니다. 황량한 겨울이기 때문에 이곳 어둡고 축축한 감방은 요즘 너무나 춥습니다. 대부분의 수용자들은 의복과 음식, 그 외에 모든 것이 부족하여 어려움을 겪고 있습니다.

그러나 하나님의 은혜와 선생님의 자비로 저는 지금 옷이 충분하며 그래서 추위가 더 이상 저를 괴롭히지 못합니다. 다시 한 번 선생님께 감사를 드립니다. 차후에 다시 글을 올릴 것을 기대하면서 오늘은 이만 그치겠습니다.

1899년 12월 28일 이승만

나> 우남이 한성감옥에서 스승인 아펜젤러에게 보내는 편지 Ⅱ

존경하는 선생님께,

이제 신정과 구정은 다 지나고 봄이 시작되었습니다. 번창과 축복과 행복이 특별히 선생님과 모든 크리스쳔 가족에게 일 년 내내 함께 하시기를 하나님께 기도드립니다. 사모님에게 새해 인사를 전해 주시길 바랍니다. 부친의 편지로 선생님의 소식과 선생님께서 저의 석방을 위해 백방으로 노력하신다는 것을 자주 듣고 있습니다. 진심으로 감사를 드립니다. 당연히 선생님께 고마움을 전하는 편지를 보내려고 하였습니다만, 그저 감사 감사하다는 말만 한다는 것은 소용이 없다는 생각을 하였습니다.

비록 세상의 권세 있는 모든 자들이 나를 대항한다고 해도 하나님의 뜻은 이루어질 것임을 확실히 믿습니다. 이 믿음이 저를 편안하게 해주며, 이 비참한 곳에서 행복하게 만들어 줍니다. 그리하여 저는 책을 읽고, 간간이 시를 지으면서 시간을 보내고 있습니다. 그러나 제가 잊을 수 없는 오직 한 가지는 연로하신 아버지와 모든 가족들이 겪는 말할 수 없는 고통입니다.

1900년 2월 6일 이승만

우남 이승만 연보(年譜)

1875. 3. 26
황해도 평산군 마산면 능내동에서 출생. 호는 우남(雩南). 아버지 이경선(李敬善, 1839-1912), 어머니 김해 김씨(1833-1896) 사이에 3남 2녀 중 막내로 출생하였으나, 손위의 두 형이 그의 출생 전에 사망했기 때문에 6대 독자가 됨. 양녕대군(태종의 장남)의 16대손이지만 대군이 세자 자리를 동생 충령대군(세종)에게 넘겨주었기 때문에 양녕대군파는 조선시대에 별로 빛을 볼 수 없었다. 게다가 이승만 자신은 가난하게 자랐기 때문에 조선왕조 자체에 대해 극히 비판적이었다.

1877 (2세)
서울로 이사하여 남대문밖 염동, 낙동을 거처 도동의 우수현(雩守峴)에서 자람. 그 때문에 그는 지역적으로 서북파보다는 기호파로 분류되는 것이 보통이다.

1879 (4세)
퇴직 대신 이건하가 운영하는 낙동서당에 입학.

1885-1894 (10세-19세)
사간원 대사간직을 지낸 이근수(양녕대군 봉사손)의 도동서당에서 수학.

1895. 4. 2 (20세)
신긍우(신흥우의 형)의 권유로 아펜젤러의 배재학당(培材學堂) 입학.

11. 29 명성황후의 원수를 갚는다는 계획(춘생문 사건)이 탄로나 황해도 평산의 누이 집에 3개월간 피신.

1896. 5 (21세)
배재학당에서 서재필을 만나 서양 학문을 배움.
11. 30 배재학당에서 양홍묵 등과 함께 '협성회'를 결성하고 미국식 토론회를 통해 개화-구국운동의 방향을 찾음. 이승만은 서기, 회장을 맡음.

1897. 7. 8 (22세)
배재학당「졸업식(방학예식)에서 졸업생을 대표해 '한국의 독립'이란 제목으로 유창한 영어 연설을 함으로써 참석한 정부 고관들과 주한 외국 사절들로부터 극도의 칭찬을 받음.

1898. 1. 1 (23세)
양홍묵과 함께 한글판 주간신문『협성회회보』를 발간하고 주필을 맡음. 한국 최초의 현대시 '고목가(枯木歌)'를 실어 열강의 침략에 대한 국민의 경각심을 일깨우려 함.
3. 10 러시아의 이권 침탈을 규탄하기 위해 독립협회(獨立協會)가 종로에서 제1차 만민공동회를 개최하자 가두연설로 인기를 얻음. 외부대신에게 항의하는 총대(總代)위원으로 뽑힘.
4. 9 『협성회회보』를 한국 최초의 일간지인『매일신문』으로 발전시킴(사장 및 저술인의 직책을 맡음).
8. 10 이종일과 함께 한글 신문인『제국신문』을 창간(편집과 논설 담당).
11. 5 군주제를 폐지하고 공화정을 도입하려한다는 혐의를 받아 독립협회의 이상재, 남궁억 등 17인이 체포되자(익명서 사건), 이승만은 배재학당 학생 등 대중을 이끌고 경무청과 평리원(고등법원) 앞에서 철야 농성을 벌여 석방시키는 데 성공.
11. 21 만민공동회에서 연설하던 중 수구파들이 보낸 보부상 2천여 명의 습격을 받아 유혈충돌이 일어남.
11. 26 고종 황제가 독립협회를 달래기 위해 헌의 6조의 실시를 약속하고, 이승만, 남궁억 등 50여 명을 중추원 의관(종9품)으로 임명함.

12. 23 고종이 만민공동회 해체로 방향을 바꾸자, 미국인 의사 해리 셔먼의 집으로 피신.

1899. 1. 9 (24세)
박영효 일파의 고종 폐위 음모에 가담했다는 혐의로 체포됨(독립협회 사건). 5년 7개월간의 감옥 생활이 시작됨.
1. 17 이승만의 석방을 미국공사 알렌이 외부대신 박제순에게 요구했다가 거부당함.
1. 30 독립협회 동지 주시경(한글학자)이 몰래 건네 준 육혈포를 쏘며 동지 2인과 함께 감옥을 탈출했으나 곧 체포됨. 서상대만 중국으로 탈출 성공.
7. 11 평리원(고등법원) 재판장 홍종우에게 곤장 100대와 종신형을 선고받고 한성감옥서에 수감됨. 탈옥 동지 최정식은 처형됨.

1900. 8 (25세)
한성감옥서에서 청일전쟁의 교훈을 다룬 중국책 『중동전기본말』을 한글로 번역(1917년에 하와이에서 『청일전기』라는 이름으로 출판됨).

1901. 2 - 1904. 7 (26-28세)
옥중 생활 속에서도 가명으로 『제국신문』과 『신학월보』에 수시로 논설을 실음. 어린이 죄수들을 교육하고, 옥중 도서실을 운영. 국민계몽서인 『독립정신』의 원고를 완성(그것은 서양의 선진문명을 배워 부국강병을 이룩할 것을 백성에게 호소한 책으로서, 원고가 미국으로 몰래 반출되어 1910년 3월에 로스앤젤레스에서 출판됨).

1904. 8. 9 (29세)
러일전쟁이 일어나면서 특사로 감옥에서 석방(민영환, 한규설이 그의 사면을 위해 노력).
10. 15 남대문의 상동교회 상동청년학원 교장 직에 취임했으나 미국으로 가기 위해 곧 사임.
11. 4 제물포항에서 미국으로 출국(독립 보전에 대한 미국의 지원을 호소하기 위한 고종의 밀사 자격). 일본 고베를 거쳐 호놀룰루에 도착하여 윤

병구 목사와 합류.
12. 31 샌프란시스코, 로스엔젤레스, 시카고를 거쳐 워싱턴 디씨에 도착.

1905. 1. 15 (30세)
『워싱턴포스트』지에 일본의 한국 침략을 폭로하는 인터뷰.
2.   워싱턴 디씨의 조지 워싱턴 대학에 2학년 장학생으로 입학.
2. 20 한국에 선교사로 왔던 상원의원 휴 딘스모어의 주선으로 존 헤이 국무장관과 30분간 면담. 1882년의 '한미수호조약'의 거중 조정 조문에 따라 협조하겠다는 약속을 받아냈으나, 헤이 장관의 죽음으로 허사가 됨.
4. 23 워싱턴 디씨의 커베넌트 장로교회의 류이스 햄린 목사로부터 세례를 받음.
8. 5 뉴욕 시 동쪽 오이스터베이의 사가모어힐 (여름 백악관)에서 윤병구 목사와 함께 시오도어 루즈벨트 대통령을 잠시 면담하고 한국의 독립 보전에 대한 지원을 요청.
9. 10 시종무관장 민영환으로부터 격려 편지와 함께 300달러의 경비를 지원 받음. 두 달 후에 민영환은 을사조약 체결에 분개하여 자결함.

1907. 6. 5 (32세)
조지 워싱턴 대학 콜럼비아 학부를 졸업.
6. 23 『워싱턴포스트』에 이승만이 YMCA에서 했던 연설 기사가 실림.
7. 25 『에드베리 파크』『뉴욕모닝포스트』에도 인터뷰 기사가 실림.
8. 1 헤이그 만국평화회의에 참석했다가 연해주로 돌아가는 이상설을 뉴욕에서 만남.
9.   하버드 대학 석사과정 입학. 1908년에 수료했으나 안중근의 이등박문 암살 사건과 전명운의 스티븐스 암살 사건으로 친일적인 미국인 교수들로부터 냉대를 받게 됨. 학업을 계속하기 어려워 석사학위는 1910년 2월에 가서야 받게 됨.

1908. 7. 10-15 (33세)
콜로라도 주 덴버에서 열린 애국동지대표자대회(The Korean Patriots' Delegation Convention)에서 의장으로 선출됨. 스탠포드 대학 총장 데이비드 스타 조단의 개회사. 『덴버 리퍼블리칸』지가 이 대회를 자세히 보도.
9. 프린스턴 대학 박사과정에 입학하여 정치학과 국제법을 공부. 지도교수인 우드로 윌슨 총장(나중의 대통령) 가족과 친밀한 관계 유지.

1910. 7. 18 (35세)
프린스턴 대학에서 박사학위를 받음. 그의 학위논문 「미국의 영향을 받은 영세 중립론」은 1912년에 프린스턴 대학출판부에서 출간됨.
9. 3 국권을 빼앗긴 조국으로 돌아오기 위해 뉴욕 항을 출발.
10. 10 귀국 (리버풀, 런던, 파리, 베를린, 모스크바, 만주를 거쳐 서울역에 도착, 5년 11개월 6일 만의 귀국).

1910. 10 - 1912. 3. 26 (35-37세)
서울 기독청년회(YMCA)의 한국인 총무와 청년학교 학감에 취임하여 교육, 전도 활동. 존 모트의 『신입학생 인도』를 번역해 출판. 37일 동안(1911. 5. 16 - 6. 21)의 전국 순회 전도여행 중에 개성에서 윤치호가 세운 한영서원(송도고등학교)에 들러 제2회 전국기독학생 하령회(夏令會)에 참석.

1912. 3. 26 (37세)
다시 미국으로 망명(1년 5개월의 한국 생활을 마감). '105인 사건'에 뒤이은 체포 위협이 있자, 미니아폴리스에서 열릴 '국제기독교 감리회 4년 총회'의 한국 평신도 대표로 참석하도록 선교사들이 주선함으로써 체포를 면함.
5. 1 일본, 캐나다, 미국의 시애틀을 거쳐 미니아폴리스의 감리교 총회에 참석.
6. 19 은사인 우드로 윌슨(당시 민주당 대통령 후보)을 뉴저지의 시거트 별장에서 만나 한국의 독립 지원을 호소(그 후 두 차례 더 만남). 윌슨의 추천서를 가지고 워싱턴 등지를 다니면 한국의 독립을 호소.
8. 14 네브라스카의 헤스팅스에서 '소년병학교'를 운영하는 박용만을 만나 앞으로의 진로를 협의. 한국인이 많은 하와이를 독립운동 기지로 삼기로 합의.
11. 18 『워싱턴포스트』지에 인터뷰 기사 실림.

1913. 2. 3 (38세)
하와이에 정착. 105인 사건을 폭로하는 『한국교회 핍박』을 출간.
8.　하와이 미 감리교회가 운영하는 '한인기숙학교'의 교장직을 맡음. 한국어와 한문을 새로 가르치고 학교 이름도 '한인중앙학원'(韓人中央學院)으로 바꿈.
9. 20　월간 『태평양잡지』 창간(나중에 '태평양 주보'로 제호를 바꿈).

1914. 7. 29 (39세)
'한인여자(성경)학원'을 설립.

1915.5 (40세)
하와이 대한인국민회의 재정 문제를 둘러싸고 박용만과 충돌. 박용만은 몇 년 뒤에 중국으로 활동무대를 옮겼다가 그의 행동을 오해한 한인에 의해 피살됨.
6.　'한인중앙학원'을 미국 감리교 선교부로부터 독립시킴.

1917 (42세)
호놀룰루에서 『독립정신』(제2판)과 『청일전기』를 출판.
10. 29　뉴욕에서 개최된 25개 약소 민족대표회의에 한국 대표로 참석.

1918. 7. 29 (43세)
호놀룰루에 '신립교회' 창설.
9.　'한인여자(성경)학원'을 남녀공학의 한인기독학원(The Korean Christian Institute) 으로 바꿈.
12. 1　정한경, 민찬호와 함께 '대한인국민회'의 파리 평화회의 한인대표로 선출됨.
12. 23　'신립교회'의 이름을 한인 기독교회(The Korean Christian Church)로 바꿈.

1919. 1. 6 (44세)
파리 평화회의에 참석하기 위해 미주 본토를 향해 호놀룰루 출발. 로스앤젤레스에서는 안창호를, 필라델피아에서는 서재필, 장택상, 민규식 등을 만나 독립 추진 방략을 논의.
3. 3 파리 평화회의에 기대할 것이 없어 보이자, 정한경의 제의에 따라 장차 완전 독립을 전제로 한국을 국제연맹의 위임통치 하에 둘 것을 윌슨 대통령에게 청원.
그러나 이것은 급진파 독립 운동가들로부터 맹렬히 비난을 받게 됨.
3. 5 파리 행 여권 발급이 불가능하다는 통보를 미 국무부로부터 받음.
3. 10 서재필로부터 국내에서 3·1운동이 일어났다는 소식을 들음.
3. 21 노령(러시아령) 임시정부에서 국무경(국무 및 외무총장)으로 추대됨(대통령 손병희, 부통령 박영효). 이승만은 그 사실을 4월 5일에 알게 됨.
4. 7 국무경 자격으로 UP통신과 회견.
4. 11 상해임시의정원이 이승만을 국무총리에 추대(이승만은 4월 15일에 알게 됨).
4. 12 하와이에서 독립선언식 거행.
4. 14-16 서재필, 정한경과 함께 필라델피아 시내 '소극장'에서 한인대표자대회(The First Korean Congress)개최를 개최하고 인디펜든스 홀까지 행진. 대회에는 필라델피아 시장을 비롯한 저명인사들이 참석.
4. 23 서울에서 13도 대표들이 국민대회를 열고 한성임시정부(漢城臨時政府) 수립을 선포하고 이승만을 집정관 총재로 추대(이승만은 이 사실을 5월말에 알게 됨).
4. 23 워싱턴 디씨에 대한공화국(The Republic of Korea) 활동본부 설치.
6. 14-27 '대한공화국' 대통령 이름으로 미국, 영국, 프랑스, 이탈리아, 일본의 국가원수들과 파리 평화회의 의장 조르쥬 클레망소에게 한국의 독립선포를 알리는 공문 발송.
6. 27 파리에서 외교활동 중인 김규식 대표에게 정부 훈령을 보냄.
7. 4 국·내외 동포에게 독립을 위한 헌신을 촉구하는 '대통령 선언서' 발표
7. 17 워싱턴 디씨에 '대한공화국' 임시공사관 설치.
8. 15 호놀룰루에서 『대한독립혈전긔(大韓獨立血戰記)』 발간.
8. 16 대한인국민회가 이승만의 집정관 총재 추대 축하식 거행.
8. 25 워싱턴 디씨에 '구미위원부'를 열고 김규식을 위원장으로 임명함. 9월에 '임시정부 구미위원회'로 이름을 바꿈.

9. 1   재정 확보를 위해 김규식과 공동명의로 임시정부 공채(公債) 발행.
9. 6   상해 임시정부 의정원에서 '임시 대통령'으로 선출.
9. 19   필라델피아에서 서재필과 함께 1주일 동안 전체 한인회의를 개최. 필라델피아시장 토마스 스미스, 상원의원 S. D 스펜서 등의 저명인사들이 참석. 그들의 연설문은 「미국의회의사록」에 수록됨.
9. 19   이승만의 고문 변호사 프레드돌프의 한국 독립 지지 논설이 「미국의회의사록」에 게재됨.
1919. 10 - 1920. 6   미국 각지를 순회하며 '대한공화국' 지지 호소 강연.

1920. 3 (45세)
서재필과 함께 찰스 토마스, 존 쉬로스 미 상원의원으로 하여금 한국독립 승인 안을 미 의회에 상정케 함. 상원 본회의에서 아일랜드 독립지지안과 함께 상정되었으나 34:46으로 부결됨.
11. 15   상해 임시정부 임시 대통령직에 부임하기 위해 호놀룰루 항에서 비서 임병직과 함께 몰래 화물선에 오름. 일본이 30만 달러의 체포 현상금을 걸었기 때문에 중국인 시체를 넣은 관 속에 숨어 있었음.
12. 5   상해에 도착하여 미국인 안식교 선교사 크로푸트 목사 집에서 기거.
12. 28   상해 임시정부 청사에서 초대 대통령 취임식. 5개월간 집무했으나 독립운동가들의 노선 갈등으로 크게 시달림.

1921. 5. 29 (46세)
워싱턴 군축회의 개최 예정 소식이 들리자, '외교상 긴급과 재정상 절박' 때문에 불가피하게 떠난다는 '고별교서'를 발표하고 상해를 출발.
6. 29   호놀룰루 도착. 민찬호 등과 함께 자신을 지지할 대한인동지회(大韓人同志會) 조직.
8. 27   워싱턴 군비축소회의(태평양회의)에 참석하기 위해 상해 임정의 전권대사 자격으로 워싱턴 디씨에 도착(부대사 서재필, 서기 정한경, 고문 프레데릭 돌프).
10. 10-12. 1   워싱턴 군축회의 미국 대표단에게 '한국독립청원서' 제출. 대한민국의 승인을 요청하는 법률고문 프레데릭 돌프의 글이 「미국의회사록」에 수록됨.

1922. 1. 25 (47세)
'군축회의에 드리는 한국의 호소' 속편 발표.
3. 22 이승만 지지자들이 '대한인국민회 하와이 지방총회'를 '하와이 대한인교민단'으로 이름을 바꿈.

1923. 6 (48세)
학생 고국방문단(남학생 12명 여학생 8명)을 2개월간 한국에 파송, 전국 각지를 돌며 야구 시합과 공연을 갖고 3,600달러를 모금해 하와이로 돌아옴.

1924. 1. 23-10. 25 (49세)
미국 본토 방문. 임영신으로부터 관동대진재(關東大震災) 때 일본인의 만행 자료를 얻음. 로스앤젤레스에서 파나마운하를 거쳐 워싱턴에 도착.
11. 23 '대한인동지회'의 종신 총재로 추대됨.

1925. 3. 11- 4. 10 (50세)
상해 임시정부가 오랫동안 자리를 비웠다는 이유로 이승만을 임시 대통령에서 면직하고 구미위원부 폐지령을 발표. 그러나 이에 불복해 이승만은 구미위원부를 계속 운영.

1928. 4. 10 (53세)
구미위원부에서 「재만동포 옹호」 팜플렛 발표

1929. 10. 5- 1930. 1. 8 (54세)
미국 본토 전역을 방문. 호놀룰루로 돌아온 후 『태평양잡지』를 『태평양주보』로 이름을 바꾸어 다시 발간하기 시작.

1932. 11. 10 (57세)
대한민국 임시정부에 의해 국제연맹에 한국 독립을 탄원할 전권대사로 임명됨.
1932. 12. 23-1933. 1. 4 국제연맹 본부가 있는 제네바에 도착(리버풀, 런던, 파리 경유).

1933. 1. 26 (58세)
프랑스어 일간신문 『주르날 드 제네바』에 인터뷰 기사 실림.
2 · 8 독립을 요구하는 공한(公翰)을 국제연맹 회원국 대표들과 기자들에게 배포.
2. 16 '국제연맹' 방송 시설을 통해 극동 분쟁과 한국에 관해 연설.
2. 21 제네바의 호텔 드루시 식당에서 아내가 될 프란체스카 도너(Francesca Donner) 양을 만남.
2. 22 제네바의 프랑스어 신문 『라 트리뷴 도리앙』지에 독립운동 기사가 실림.
2. 23 베른의 독일어 신문 『데르 · 분트』도 활동 상황을 실음.
7. 9-20 소련에게 독립 지원을 호소해 보고자 모스크바 기차역에 도착하였으나(비엔나 경유) 즉시 퇴거당함.
8. 10-16 프랑스 니스를 출발하여 뉴욕에 도착. 10월에 호놀룰루로 돌아옴.

1934. 1. 12 (59세)
워싱턴의 『데일리뉴스』지가 이승만의 활동을 보도.
7. 22 미 국무부의 정치고문 스탠리 혼벡 박사 면담하고 독립 호소.
9. 16 장기영과 함께 몬태나의 뷰트 방문. 『몬타나 스탠다드』지가 기사 게재.
9. 20 『로스앤젤레스 타임』지가 이승만의 독립운동 활동상을 보도.
10. 8 뉴욕 랙싱턴 가(街)의 호텔 몽클레어에서 프란체스카 도너와 결혼.

1935. 1. 24 (60세)
부인과 함께 호놀룰루에 도착. 『스타불리틴』지에 만주 한국인도 독일의 자르 지방인들처럼 민족자결의 원리에 따라 지위가 결정되어야 한다는 호소문을 실음.

1938. 4. 24 (63세)
호놀룰루 시 릴리하 가(街)에 '한인 기독교회' 건물 낙성.

1939. 3. 30 (64세)
제2차 세계대전의 발발 가능성이 보이자 워싱턴 디씨에서 구미위원회 활동을 다시 시작하기 위해 호놀룰루 출발.
8. 30　한국인과 중국인이 국제정세에 대해 몽매한 것을 한탄하며 한국의 독립에는 미국의 지원이 절대적으로 필요한 것임을 강조하는 편지를 김구에게 보냄.
12. 10　『워싱턴포스트』지와 인터뷰에서 이청천 장군의 독립운동을 알림.

1941. 4. 20 (66세)
호놀룰루에서 9개 단체가 모인 '재미 한족연합위원회'에서 외교위원장으로 임명됨.
6. 4　대한민국 임시정부로부터 '주미 외교위원부' 위원장으로 임명됨.
6.　뉴욕에서 일본의 미국 침공을 경고하는 『일본 내막기(Japan Inside Out)』를 출간, 12월에 진주만 기습공격이 일어나자 그 책은 베스트셀러가 됨.
12. 9　미국과 일본이 전쟁을 시작하자 미 국무부 정치고문 스탠리 혼벡 박사, 대통령 루즈벨트, 국무장관 코델 헐에게 대한민국 임시정부의 선전포고문과 임시정부 승인 요구 공한(公翰)을 전달함.

1942. 1. 2 (67세)
미 국무부의 실세인 알저 히스와 면담. 소련의 한반도 점령 의도를 설명하고 미국의 대응책을 제안했다가 나중에 소련 간첩으로 판명된 알저 히스로부터 호되게 모욕을 당함.
1. 16　미국인들로 한미협회(The Korean-American Council)을 창설. 미국의회 상원 원목인 프레데릭 해리스(이사장), 전 캐나다 대사 제임스 크롬웰(회장), 언론인 제이 제롬 윌리엄스, 변호사 존 스태거즈가 중심인물. 임시정부 승인과 무기 지원을 목표로 활동.
2. 27　미 국무장관 코델 헐에게 자신의 신임장과 임시정부의 공한을 제출.
2. 27- 3. 1　워싱턴 디씨의 라파예트 호텔에서 한인자유대회(The Korean Liberty Conference) 개최. 이승만이 이끄는 한미협의회와 재미 한족연합위원회가 공동 주최함.
3. 23　미 국무장관 코델 헐에게 임정 승인을 요청.

5. 5 이승만 후원 조직인 '한미협의회' 회장 제임스 크롬웰이 국무장관 코델 헐에게 임정 승인을 촉구.
6-7. 미국의 소리(VOA) 초단파 방송망을 통해 고국 동포들의 투쟁을 격려.
9. 30 미 육군전략사무처(OSS)의 로센봄 중위, 국무부 차관보실의 로스토우를 만나 중국 내 한인 게릴라 부대 조직 문제를 협의.
10. 10 미 육군전략사무처(OSS) 프레스톤 굿펠로우 대령에게 항일 게릴라 조직 제의.
10. 한국인 선발요원 50명의 명단을 OSS에 통보.
12. 4. 12명이 선발되어 군사훈련을 받기 시작.
12. 7 루즈벨트 대통령에게 한국인 군사훈련에 대한 지원을 요청하는 서한을 보냄.
12. 31- 1943. 2. 16 미 국무장관 코델 헐이 만나 주지 않자, 만약 미국 정부가 임정을 승인하지 않으면 전후 한반도에 친소 공산정권이 수립될 것임을 편지로 경고.

1943. 2. 17 (68세)
미 육군장관 헨리 스팀슨에게 편지로 항일 게릴라 조직계획서를 제시.
3. 30 육군장관에게 하와이 한인동포들을 일본인과 같은 적성국민으로 대하지 말 것을 요구하는 서한을 보냄. 육군장관으로부터 다르게 취급하겠다는 회신을 받음.
5. 15 미 대통령 루즈벨트에게 극동에 대한 소련의 야욕을 상기시키고 임정 즉각 승인과 무기 지원을 요청하는 서신 발송.
8. 23 제1차 퀘벡 회의에 참석한 루즈벨트 대통령과 처칠 영국 수상에게 전보로 임정 승인과 군사 지원을 요청.
8. 한미협회와는 별도로 기독교인친안회(The Christian Friends of Korea)를 조직. 한국 의료선교사 에비슨, 아메리칸 대학 총장 폴 더글라스 등이 중심인물. 임시정부 승인과 무기 지원을 목표로 활동.
12. 이승만을 지지하는 대한인동지회가 재미 한족연합위원회에서 탈퇴.
12. 19-22 가이질레트 상원의원으로부터 임정 승인이 불가능하다는 서한을 받자, 몇몇 동지들과 함께 항의 방문.

1944. 8. 21 (67세)
루즈벨트 대통령에게 편지로 임정 승인 촉구.
9. 11 제2차 퀘벡 회의에 참석한 루즈벨트와 처칠에게 카이로 선언문의 문제점을 지적하고 일본 패망 후 한국의 즉각 독립을 요구하는 전보를 보냄.
10. 25 루즈벨트 대통령에게 편지로 임정 승인을 촉구.
11. 미 체신부가 태극기 마크가 그려진 미국 우표 발행.

1945. 2. 5 (70세)
미 국무차관 조셉 그루에게 한반도에 공산정권을 수립하려는 소련의 야욕을 막는 방법으로 임정의 즉각 승인을 촉구하는 전보를 보냄.
3. 8 미 국무장관 에드워드 스테티니우스에게 4월에 열릴 샌프란시스코 유엔 창립총회에 임정 대표를 초청하도록 요구.
3. 9 루즈벨트 대통령 부인 엘리노어 여사를 부인 프란체스카 여사와 함께 면담.
5. 유엔 창립총회에 참석하려는 한국인들에게 중국의 외교부장 송자문(쑹쯔원)이 좌우합작을 주장한 데 대해 맹렬히 반대.
5. 14 얄타회담에서 미국과 영국이 한국을 소련의 지배로 넘겨주기로 비밀협약이 이루어졌다는 주장을 발표함으로써(얄타 밀약설) 미 국무부와 충돌.
8. 15 해방. 즉각 귀국하려 하였으나 반공주의자 이승만을 기피인물로 여기는 미 국무부의 방해로 2개월간 지연됨.
10. 16. 33년만의 귀국(김포 비행장 도착). 조선호텔에 투숙. 다음날 귀국 담화 방송.
10. 21 허헌, 이강국 등 좌익들이 이승만을 방문하고 인민공화국 주석 취임을 요청.
10. 24 숙소를 돈암장(敦岩莊)으로 옮김.
10. 25 조선독립촉성중앙협의회 총재직을 맡음.
10. 31 돈암장에서 박헌영과 회담
11. 3 이승만의 통일안에 대해 공산당이 반대 성명.
11. 21 공산당에 대한 입장을 밝히는 방송.
12. 16 공산주의자들의 파괴 행동에 경계가 필요하다는 방송.

1946. 1. 14 (71세)
신탁통치를 찬성하는 공산주의자들을 매국노로 규정하고 결별 선언.
2. 8 조선독립촉성중앙협의회와 신탁통치반대국민총동원위원회를 통합한 대한독립촉성국민회(大韓獨立促成國民會) 총재가 됨.
2. 25 미 군정청 자문기구인 남조선대한민국대표 민주의원(民主議院) 의장으로 선출됨.
3. 25 프란체스카 여사 서울 도착.
5. 11 지방 인사들이 자율정부 수립을 갈망한다고 언명.
6. 하지 장군의 좌우합작위원회 참가 권유를 거부.
6. 3 전북 정읍에서 남한 임시정부 수립의 필요성을 역설.
6. 29 독립정부 수립의 권리를 쟁취하기 위한 민족통일총본부(民族統一總本部) 결성.
8. 14 미 트루먼 대통령에게 카이로 선언의 이행을 촉구하는 전문 발송.
9. 10 독립정부 수립 문제를 미소공동위원회로부터 유엔에 넘길 것을 요구하기 위해 임영신을 미국에 파송.
9. 12 돈화문 앞에서 공산주의자의 권총 저격을 받음.
10. 28 카이로 선언과 포츠담 선언에 위배되는 모스크바 3상회의 결정을 취소하라고 성명.
12. 2 독립정부 수립을 UN에 직접 호소하기 위해 동경을 거쳐 미국으로 출발.
12. 12 소련이 한국의 통일정부 수립을 허용하지 않을 것이 확실하므로 남한에서 만이라도 과도정부 수립이 필요하다고 주장.

1947. 3. 10 (72세)
미 정부 관계자로서는 유일하게 힐드링 국무차관보가 이승만의 독립정부 수립 안을 지지하는 발언.
4. 1 귀국하기 위해 워싱턴 디씨 출발. 출발 전에 미 국무부로부터 귀국 방해를 당함.
4. 13 동경을 거쳐 상해에 들러 장개석(蔣介石) 총통과 회견.
4. 21 이승만의 귀국을 환영하는 성대한 국민대회 개최.
5. 24 우익 59개 단체가 이승만의 신탁통치 반대 입장을 지지.
7. 3 좌우합작을 주장하는 하지 중장과의 협조 포기 선언. 가택연금을 당함.

9. 16   독립정부 수립을 위한 수단으로 남한 총선거를 주장. 소련의 진의를 파악하게 된 미국 정부가 이승만의 주장에 동조하기 시작.
9. 21   이청천(李靑天)이 단장으로 있는 대동청년단의 총재로 취임.
10. 18   독지가들의 모금으로 마련된 이화동의 이화장(梨花莊) 사저에 입주.
11. 14   유엔총회에서 유엔감시하의 한반도 자유선거 실시를 가결.
1948. 1. 8 (73세)   유엔한국 임시위원단 한국 도착. 이승만은 환영 군중대회에서 연설. 위원단 단장 메논(인도)이 북한과의 좌우합작을 요구하는 발언을 시작하자 즉각 대회장을 박차고 퇴장함.
1. 23   유엔한국임시위원단의 북한 입국을 유엔 소련대표 그로미코가 거부.
3. 30   선거 연기설을 비난.
4. 1   김구와 김규식의 남북협상은 소련의 목적에 동조하는 것이라고 담화.
5. 10   최초의 자유총선거(5·10선거)에서 지역구인 동대문구에서 당선.
5. 31   제헌의회 의장으로 선출됨.
6. 16   헌법기초위원회에 참석하여 대통령책임제 의사를 강력히 전달.
7. 20   국회에서 대통령으로 당선됨(186명 출석 가운데 180표 획득).
8. 11   파리 유엔총회에서 대한민국 승인운동을 펼칠 한국대표단 파견(장면, 장기영, 김활란)
7. 24   대통령 및 부통령 취임식.
8. 15   대한민국 정부수립 선포식. 파리에서 열릴 유엔총회에서 승인을 받기 위한 총력 외교에 돌입. 그러나 승인 가능성은 매우 불투명.
8. 26   한미상호방위원조 협정 체결.
9. 30   대통령 시정방침 연설.
10. 8   미군철수 연기 요구.
10. 13   40여 명의 친북 소장파 국회의원들이 외국군(미군) 철수 긴급 동의안 제출.
10. 19   맥아더 주일 연합군 최고사령관의 초청으로 일본 방문.
11. 6   여수순천반란 사건에 따른 국가위기를 맞아 수습책을 국회에서 발표.
11. 26   미군 계속 주둔 요청.
12. 12   파리 유엔총회 마지막 날 마지막 시간에 간신히 대한민국 승인안이 통과됨. 대한민국의 와해 모면.
12. 18   국회 폐회식에서 이북 도지사 임명 언명.

1949. 1. 6 (74세)
민족청년단(단장 이범석)을 해산하여 대한청년단에 통합하도록 지시.
1. 7 일본에 대한 배상금을 요구할 것이라고 언급.
1. 8 대마도 반환 요구 기자회견
1. 9 반민특위의 친일파 처벌에 신중해야 한다고 담화.
2. 18 유엔기구가 북한과 협상하는 데 대해 반대.
3. 23 필리핀 퀴리노 대통령이 제안한 반공적인 태평양 동맹안 지지.
5. 20 대일 배상요구 관철 주장.
6. 9 일본의 어업구역 확대에 반대 성명.
7. 1 한국에 대한 미국의 추가 원조 요청.
7. 20 반공적인 태평양동맹의 체결 협의를 위해 퀴리노 필리핀 대통령, 장개석 총통을 초청.
8. 8 이승만-장개석 진해 회담.
10. 18 대통령관저에 폭발물 장치 사건 발생.
10. 28 일본과의 강화조약 체결까지 임시통상협정을 체결할 용의가 있다고 언명.
11. 26 남북통일 방안으로 북한 괴뢰정부 해체 후의 총선거를 주장.
11. 29 귀속재산인 일본인 주택 방매 담화.
12. 16 군사원조에 비행기 포함을 미국에 요청.

1950. 1. 10 (75세)
일본과의 어업협정 체결의 시급함을 국회에 요청.
1. 22 미국에 극동의 반공 보루인 한국에 대한 원조의 필요성을 강조.
1. 24 국회의 내각책임제 개헌안에 반대.
2. 14 맥아더 초청으로 일본 방문, 재일동포 중소기업가에 대한 200만 달러 융자 약속.
3. 4 내각책임제 개헌 여부는 국민투표로 결정되어야 한다고 주장.
3. 10 농지개혁법 개정법 공포. 봉건적인 지주-소작인 관계의 사회를 자작농-자유인의 사회로 바꾸는 혁명적인 계기가 됨.
4. 5 농지 분배 예정통지서 발송 시작. 6·25전쟁이 일어나기 직전까지 농지 분배가 상당히 이루어지게 됨으로써 북한 공산군의 선동에 농민들이

현혹되지 않고 대한민국을 지지하게 됨.
4. 7   제2대 국회의원 선거는 5월을 넘기지 않아야 된다고 언명.
5. 11   미국 원조만이 북한의 남침을 막을 수 있다고 언명.
5. 16   조만식을 김삼용, 이주하와 교환하자는 북한의 제의에 동의.
6. 17-23   한국을 방문한 덜레스 미 국무부 고문에게 미 극동방위계획에 한국도 포함시킬 것을 요청.
6. 25   새벽4시 북한의 기습 남침으로 6·25전쟁 발발. 오전 10시 30분 신성모 국방장관으로부터 남침 사실을 보고받음. 그러나 국방장관의 낙관적인 보고, 그리고 전면전 성격의 불확실성 등으로 사태를 관망하는 자세를 보임.
6. 26   새벽 3시 사태의 심각성을 확신하자 개인적 친분이 두터운 동경의 맥아더 장군과 전화 통화. 그동안 한국의 무기 지원 요청을 거부해 온 미국의 태도를 맹렬히 비난하고 즉각 지원을 요청. 동시에 워싱턴의 장면 주미대사를 전화로 불러 트루먼 대통령에게 즉각 지원을 하도록 지시.
6. 27   새벽 3시 30분, 적에게 대통령이 포로가 되어서는 안 된다는 측근들의 강권으로 기차를 타고 서울역을 출발해 오전 11시 40분에 대구 도착. 그러나 너무 서둘렀다는 판단이 들어 도착 1시간도 안 되는 12시 30분에 기차를 대전으로 돌리게 함.
6. 28   아침에 대전에서 임시 각료회의 개최. 서울은 이미 공산군에게 점령당한 상태였음.
6. 29   수원에서 맥아더 장군과 만나 전쟁 수행에 대해 협의.
7. 14   원활한 전쟁 수행을 위해 맥아더 유엔군 총사령관에게 한국군 작전지휘권을 위임.
9. 19   인천상륙작전이 성공하자 국군은 한만 국경까지 진격해 통일을 이룩해야 한다고 발언.
9. 28   유엔과는 상의 없이 국군에 38선 이북 진격을 명령.
10. 12   수복된 원산을 찾아 제1군단 표창식 거행.
10. 17   북한에 대한 직접 통치를 선언함으로써 유엔과 대립.
10. 30   수복된 평양을 방문하여 열광적인 환영대회에 참가.
11. 22   수복된 함흥 2차 방문.
11. 24   유엔이 대한민국의 북한 통치에 간섭하는 것을 반대.

12. 8   50만 명 무장을 위한 지원을 미국에 요구.
12. 11   밀려오는 중공군 앞에서 서울 사수를 명령.
12. 24   서울시민에 피난 명령.
1951. 1. 3 (76세)   유엔휴전위원회(위원장 캐나다인 레스터 피어슨)는 중국과 소련을 달래기 위해 대한민국을 해체하고 한반도에서 새로운 선거를 실시하여 통일정부를 세워야한다는 건의서를 유엔에 제출.
1. 4   중공군에 서울을 점령당함(1·4후퇴).
1. 12   일본군 참전설에 대해 강력 반대.
2. 5   38선은 공산군의 남침으로 이미 없어진 것이므로 북진 정지는 부당하다고 선언.
2. 15   한반도 통일을 전쟁 목표로 분명히 밝히고 미국에도 통보.
3. 24   한만 국경까지 진격하기 전에 정전은 안 된다고 담화.
6. 9   38선 정전 결사 반대 선언.
6. 27   소련의 정전 안을 거부.
7. 3   트루먼 대통령에게 휴전협상 반대 전문 발송.
9. 3   일본의 재무장 반대.
9. 20   휴전 수락 전제 조건으로 중공군 철수, 북한 무장해제, 유엔감시 하 총선거를 요구.
11. 19   자유당 창당과 총재직 수락.

1952. 1. 18 (77세)
일본 어선의 침범을 막기 위한 평화선 선포.
6. 25   6·25전쟁 2주년 기념식에서 유시태가 대통령 저격 미수. 배후인물 김시현 의원 체포.
8. 5   직선제를 통한 대통령 당선(부통령 함태영).
11. 27   대만 방문
12. 3   한국을 방문만 대통령 당선자 아이젠하워와 회담.

1953. 1. 6 (78세)
일본에서 요시다(吉田)수상과 회담.
1. 26   국무회의서 해양주권선 수호 언명.

2. 11 　미국에 대해 중국 본토 해안 봉쇄를 요구.
2. 17 　대만 국민당 정부군의 한국전 참전 반대.
2. 25 　일본 선박의 한국 수역 출입을 적대행위로 간주한다고 성명.
4. 11 　휴전 반대와 함께 국군 단독 북진 성명.
4. 29 　중공군 철수가 통일의 선결 조건이라고 천명.
5. 8 　미 정부에 휴전 수락 거부 통고.
5. 14 　반공포로들이 이 대통령에게 석방을 진정.
5. 31 　포로 관리 위해 중립국 군대가 오면 격퇴하겠다고 성명.
6. 3 　휴전 전에 한미상호방위협정을 체결해야 한다고 제의.
6. 6 　미국의 원조가 없어도 끝까지 싸우겠다는 정부의 최종 입장 발표.
6. 18 　유엔군 포로수용소에 수용중인 2만 7,000명의 반공포로 석방.
6. 23 　피어슨 유엔총회 의장이 이 대통령에게 반공포로 석방에 항의.
6. 24 　현 상태에서 휴전이 되면 국군은 유엔군 사령관의 휘하에서 철수하겠다고 클라크 유엔군 사령관에 통고.
6. 25 　이 대통령에게 휴전을 설득시키기 위해 로버트슨 미 대통령 특사 한국 방문(7월 11일까지 이 대통령과 14차례 회담).
7. 12 　한미공동성명(① 한미상호방위조약 체결, ② 미국은 경제, 군사 원조를 약속)
11. 27 　대만을 방문하여 장개석 총통과 반공통일전선 결성 발표.
12. 9 　(제네바) 정치회의가 1954년 1월말까지 성공하지 못하면 전투 재개할 수 있다고 언명.
12. 16 　(제네바) 정치회의 개최 90일 이후에는 한국이 단독행위를 취할 수 있다고 성명.

1954. 1. 11 (79세)
미군 2개 사단 철수를 포함한 미 극동정책의 위험성을 경고.
1. 30 　일본의 재침 가능성을 경고하고 태평양동맹 결성을 촉구.
2. 5 　헐 유엔군사령관, 테일러 미8군사령관과 함께 한국군 증강 문제 협의.
2. 12 　공산군의 반란이 일어난 인도차이나 반도에 국군 파견 제의.
2. 13 　주한미군 2개 사단 철수는 주한유엔군의 붕괴를 가져올 것이라고 비난.
3. 5 　국제 반공십자군 창설 제의

3. 27　일제상품 몰수 지시
3. 28　국군 증강 보장하면 제네바 정치회의에 대표를 파견하겠다고 미국에 통고.
4. 28　일본의 반공연맹 가입 반대.
5. 6　제네바 정치회의에 참석한 6·25전쟁 참전 16개국 대표들은 한반도 문제에 대한 소련과 중국의 동의를 얻기 위해 대한민국 정부를 해체하고 국제연합 감시하의 선거를 통해 한반도에 통일정부를 수립하기로 합의. 로버트 올리버 박사를 통해 이승만을 설득시키려함.
5. 12　이승만이 맹렬히 반대하자 대한민국 해체안을 철회.
5. 21　제네바 정치회의의 쓸모없음을 강조.
6. 15　진해회담서 한국군 2개 사단을 인도차이나 반도에 파견할 용의가 있다고 발표.
6. 16　이 대통령의 특사로 억류 중인 일본인 선원 453명 석방.
7. 25　미국을 국빈 방문해 열렬한 환영을 받음.
7. 28　미 상하원 합동회의에서 연설. 미 대법원, 내각의 인사들도 참석. 소련의 침략 야욕을 강조하고 무력만이 대응책이라고 강조함으로써 33차례의 열렬한 박수를 받음.
7. 31　아이젠하워 미 대통령과의 회담 후 한국전 휴전은 사문화(死文化)되었다고 선언. 중립국 휴전감시위원회 소속 2개 공산국 대표의 축출을 미국에 요청.
8. 1　공산국가들과의 결전은 불가피한 것이므로 시기를 미룰수록 미국에 불리함을 역설.
8. 3　유엔총회에서 한국 통일에 대한 지원을 역설.
8. 9　한일회담 재개 용의 표명, 일본의 반성을 촉구.
8. 30　일본에 대한 미국의 편파적 정책에 경고.
11. 4　일본의 한국 재침략 망상을 비난.
11. 14　미 국무부가 제안한 일본의 반공동맹 참가 반대 성명.
12. 15　적성 중립국감시위원단 축출 언명.

1955. 3. 15 (80세)
대통령 암살 음모자 이성재 외 6명을 검거.

4. 14   원조자금에 대해 단일환율 적용을 주장.
6. 7   기술자 해외파견안 재가.
6. 20   일본제품 특혜수입 금지.
6. 26   UP기자회견에서 국군 해외파견 용의 표명.
7. 5   40개 사단 확보의 필요성을 역설.
7. 7   미국 정책수립자들이 공산주의에 대해 유화적임을 경고.
8. 13   휴전협정 즉시 폐기 요구.
8. 14   중립국감시위원회 축출 운동의 지속을 선언.
10. 7   대통령 암살기도 사건 관계자 김동훈 등 8명 체포
12. 25   염전 민영화 추진 담화.

1956. 1. 14 (81세)
정부기구 축소 조속 실천 시달.
2. 5   헌병 총사령부 내에 김창용 중장 피살사건 전담 수사본부 설치를 지시.
2. 13   일본의 공산국가들에 대한 타협정책에 경고.
2. 21   국회 연설에서 판사의 월권행위에 유감 표명.
3. 5   자유당 전당대회에서 대통령 후보로 지명되자 불출마 서한 전달.
3. 9   전국 각지에서 이 대통령 3선 출마 호소 궐기대회(자유당, 국민회, 애련, 노동조합 등이 주최).
3. 13   이승만 재출마를 요구하는 대한노총의 정치파업.
3. 15   이 대통령 재출마 요청 궐기대회(자유당, 국민회, 애련, 노동조합 등이 주최).
3. 17   덜레스 미 국무장관의 한국 방문. 이 대통령과 통일 방안 협의.
3. 25   공보실 통해 재출마 결의 담화.
3. 30   학도징집 보류 전폐 등 국민개병의 원칙 표명.
4. 12   선거 전에 친공적 협상안과 친일적 협상안을 내세워서는 안 된다고 언명.
5. 12   휴전협정 조속 폐기 촉구 담화.
5. 22   이승만(자유당)의 대통령 당선 공고. 부통령은 장면(민주당).
6. 25   6·25동란은 미국의 오판에서 일어났고 중공군 철수가 통일의 선행조건임을 강조.

7. 8 환율 고수 및 공무원 감원 단행 담화.
7. 26 휴전협정은 이미 사문화되었음을 강조.
8. 15 제3대 대통령에 취임.
8. 16 첫 국무회의에서 군비 증강과 경제 부흥 강조.
9. 1 미국의 극동정책은 패배주의와 유화주의로 전락했다고 비판.
9. 13 유엔 가입을 적극 추진하도록 임병직 대사에게 훈령.
9. 17 기자회견에서 야당의 지나친 반정부적 태도를 비난.
9. 22 대통령령으로 10월 1일을 국군의 날로 공포.
9. 30 한일관계 개선 조건으로 한국에 대한 재산권 청구 철회를 일본에게 요구.
11. 4 동해안 시찰 도중 이북동포 구출 태세를 갖추어야 한다고 강조.
11. 7 소련에 항거한 헝가리 국민을 돕겠다는 의사 표명.
1957. 1. 6 (82세) 휴전협정 폐기와 군비강화 강조.
3. 21 82회 탄신기념일을 맞아 우남장학회 발족.
3. 23 제주도 송당목장 시찰
3. 26 국회의장 이기붕의 장남 이강석을 양자로 맞음.
3. 28 미국과 서방측의 중동문제 치중에 경고.
4. 2 유도탄 도입 등을 포함한 군사력 증강 역설.
4. 19 김창룡 중장 암살 배후인물인 강문봉 중장에 대한 처벌을 무기징역으로 감형.
4. 20 통화발행 억제와 정부기구 축소 지시.
5. 14 공산주의의 위협을 경고.
6. 15 로이터 기자회견서 한국군 군비 현대화 재강조.
6. 17 서방 측이 소련과 군비축소 타협에 이르는 것은 자살 행위라고 경고.
6. 19 UP 기자와의 서면 회견에서 북한의 남침 위험성을 경고.
7. 28 휴전 4주년을 맞아 휴전협정은 무효라고 선언.
8. 21 미국이 한국군을 감축하려면 현대장비를 지원해야 한다고 주장.
8. 22 미국의 오키나와 영유가 타당함을 언명.
9. 23 공산군의 재 남침 기도에 대하여 경고.
10. 21 한국에 대한 미국의 경제원조 삭감에 경고.
12. 3 한글전용을 국무회의에서 지시.

1958. 1. 1 (83세) 이북동포에게 메시지.
1. 21 일본에 대한 경계심을 강조.
2. 23 유엔군 철수 불가 성명.
3. 8 북한에 납북된 KNA 민간여객기 기체 송환을 요구.
3. 28 일본 기시(岸信介) 수상의 한일회담 재개 요망 친서에 동의.
3. 31 미국 기자와의 회견에서 인도차이나에 한국군 파견 용의 표명.
4. 26 멘델레스 터키 수상에 대한민국 1등 건국공로훈장 수여.
5. 19 일본 수상의 특사를 면담.
6. 29 AP 기자의 서면질문에서 유엔 감시 하의 북한 선거를 주장.
8. 5 외신 기자와의 서면회견에서 국군 감축에 반대하고 장비 현대화를 강조.
8. 29 아시아의 집단안전보장체제를 강조. 대만에 유재흥 연참총장을 특사로 파견.
9. 13 대만과 중공의 충돌 사태(금문도-마조도 사태)에 대한 미국의 태도를 지지.
10. 28 원자력 연구 지시.
11. 1 운크라 업적을 찬양하는 서한을 유엔 사무총장에 발송.
11. 5 월남 대통령의 초청으로 베트남 방문.
12. 12 CBS 기자에게 UN군 철수 불가, 국가보안법의 필요성을 언명.

1959. 1. 1 (84세)
북한동포들에게 방송을 통해 위로.
1. 5 국가재산의 효율적 운영 지시
1. 26 외신기자와의 면담에서 일본에게 문화재 반환을 요구.
2. 19 일본의 재일동포 북송을 추방이라고 비난.
3. 1 3·1절 기념식에서 일본에 대항한 안전보장이 긴요함을 역설.
3. 25 남북통일을 위한 미국의 결단 촉구.
3. 29 자유진영의 단결을 위해 미국의 강경정책이 필요하다고 미 국민에 호소.
4. 15 미국과 소련의 정상회담이 쓸모없음을 강조.
6. 8 제5차 아시아민족 반공대회 대표들을 환영하는 시민대회에 반공 메

시지 전달.
6. 24 UPI 기자의 서면질문에 북진통일 강조.
6. 25 미국 적십자사에 일본의 재일동포 북송 저지를 요청.
9. 2 국무회의에서 학원잡부금 근절 지시.
9. 10 국제 적십자 부위원장에게 북송은 적십자정신에 위배된다고 강조.
10. 18 민주당 내분은 창피한 일이라고 비판.
11. 11 AP 기자 서면질의에 한국을 유도탄기지로 사용하는 아시아동맹의 필요성을 강조.
12. 25 군대 안의 부정부패 근절을 지시.

1960. 1. 27 (85세)
정·부통령 선거일을 농번기를 피해 정하도록 발언.
1. 28 건국 이후 최초로 사법부 방문.
2. 4 공산당보다 일본을 더 경계해야 한다고 언명.
2. 13 정·부통령 입후보자 등록 마감, 대통령 후보에 이승만(자유당)과 조병옥(민주당), 부통령 후보에 이기붕(자유당), 장면(민주당), 김준연(통일당), 임영신(여자국민당).
3. 6 기자회견서 연내 참의원 구성 언명.
3. 15 선거에서 대통령 4선 확정.
3. 28 선거부정에 대한 논란이 커지자 자유당 간부들을 불러 민심 수습 5개 항목을 지시.
4. 13 마산 시위 배후에 공산당 개입 혐의 있다고 언명.
4. 19 경무대 앞에서 시위 학생들이 경찰의 발포로 많은 사상자를 냄. 육군참모총장 송요찬은 군에게 시위 군중으로부터 경무대를 방어하지 말도록 지시함으로써 군부의 이승만 지지를 거부
4. 21 4·19 유혈사태로 정치적 상황이 험악해지자 전직 각료들을 경무대로 불러 상의.
4. 22 변영태와 허정 등을 다시 경무대로 불러 사태 수습을 위한 논의.
4. 23 시위 진압 경찰의 발포에 따른 시민들의 사망에 대해 애도의 뜻을 발표.
4. 24 4·19 유혈사태에 책임을 지고 자유당 총재 사임,

4. 26 국민이 원한다면 ① 대통령직 사임 ② 정·부통령선거 재실시 ③ 이기붕의 공직 사퇴 ④ 내각책임제 개헌 등을 약속. 시위대 대표 5명과 면담 후 하야를 약속.
4. 27 대통령직 사임서를 국회에 제출.
4. 28 이화장으로 은퇴.
5. 29 하와이로 출국.

1965. 7. 19 (90세)
호놀룰루 마우나라니 요양원에서 서거(逝去), 국립묘지에 안장.

참고문헌

※ 우남 이승만 관련 서적

고정휴, 「개화기 이승만의 사상형성과 활동(1875-1904)」, 『역사학보 109집』(서울: 역사학회, 1986).
고춘섭, 연동교회역사편찬위원회, 『연동교회 100년사』(서울: 연동교회, 1995)『연동교회 애국지사 16인 열전』(서울 연동교회, 2009).
김석영, 『아펜젤러』(서울: KMC, 2011).
김필자, 『우강 양기탁의 민족운동』(서울: 지구문화사, 1988).
유동식, 『한국 감리교회의 역사 1884-1992』(서울: 기독교대한감리회, 1994).
로버트 올리버, 박일영 옮김, 『이승만 없었다면 대한민국 없다』(서울: 동서문화사, 2008).
로버트 올리버, 서정락 옮김, 『대한민국 건국대통령 이승만』(서울: 단석연구원, 2009).
서재필 기념회, 『선구자 서재필』(서울: 기파랑, 2011).
서정민, 『구한말 이승만의 사상형성과 기독교(1875-1904)』(서울: 연세대학교 교육대학원, 1987).
서정주, 『雩南 李承晚 傳』(서울: 화산문화기획, 1949년 초판, 1995 중판).
박실, 『이승만외교의 힘 - 벼랑 끝 외교의 승리』(서울: 청 미디어, 2010).
백학순 외(서재필 기념회), 선구자 서재필(서울: 기파랑, 2011)
손세일, 『이승만과 김구 1부 2권』(서울: 나남, 2008).
아펜젤러(조성환 역), 『질그릇 속의 보물』(대전: 배재대학출판부, 1995).

양동안, 『대한민국 건국사』(서울: 사단법인 건국대통령이승만박사 기념사업회, 1898).
연동교회, 『연동교회 애국지사 16인 열전』(서울: 연동교회, 2009).
_____, 『연동교회 100년사』(서울: 연동교회, 2009).
우남 이승만 연구회, 『이승만의 독립운동과 그 후원자들 제 1차 학술회의 자료집』(서울: 우남 이승만 연구회, 2006년 11월 29일).
유영익, 『(유영익 외) 이승만과 대한민국 임시정부』(서울: 연세대학교 출판부, 2009).
_____, 『이승만 대통령의 업적-거시적 재평가』(서울: 연세대학교 출판부, 2006).
_____, 『이승만 대통령의 재평가』(서울: 연세대학교 출판부, 2006).
_____, 『이승만의 삶과 꿈 - 대통령이 되기까지』(서울: 중앙일보사, 1996).
_____, 『젊은 날의 이승만 한성감옥생활(1899-1904)과 옥중잡기 연구, 부: 국역 옥중잡기』(서울, 연세대학교 출판부, 2009).
_____, 『(유영익 외) 이승만 연구 - 독립운동과 대한민국 건국』(서울: 연세대학교 출판부, 2003).
_____, 『이승만 연구는 이렇게 태동했다』(미래한국, 12011년 8월 11일 인터뷰기사), p.42-46.
_____, 『이승만 - 건국과 독립에 성공한 외교 독립운동가』(한국사 시민강좌 47집, 2010).
_____, 『이승만 국회의장과 대한민국 헌법 제정』(역사학보 제 189집 별책, 2006.3).
윤춘병 외, 『윤치호의 생애와 사상』(서울: 을유문화사, 1998).
원영희·최정태 편, 『뭉치면 살고(1898-1944) - 언론인 이승만의 글 모음』(서울: 조선일보사, 1955).
월간 조선 편집부, 『이승만 박정희를 추억한다』(서울: 월간조선사, 2004).
월간 지저스 아미(Jesus Army), 2011년 8월호.
이갑수, 『偉人 李大統領 傳記』(서울: 李承晩博士傳記 普及會, 1955).
이도형, 『건국의 아버지 李承晩』(서울: 한국논단, 2001).
이동욱, 『우리의 건국대통령은 이렇게 죽어갔다』(서울: 기파랑, 2011).
이리애스(신복룡, 최수근 공역), 『상투의 나라』(서울: 집문당, 1999)
이순애, 『프란체스카 스토리』(서울: 랜덤하우스, 2009).

이승만, (이수웅 옮김),『이승만 한시(漢詩)선』(대전: 배재대학교 출판부, 2008).
_____,『일본, 그 가면의 실체 - 다시는 종의 멍애를 메지 말라』(서울: 청미디어, 2007).
_____,『한국교회 핍박』(서울: 청미디어, 2008).
_____,『풀어쓴 독립정신』(서울: 청미디어, 2008).
_____,『신학월보, 1903-1904』.
이원순,『인간 이승만』(서울: 신태양사, 1995).
이인수,『대한민국의 건국- 이승만 박사의 나라세우기』(서울: 도서출판 촛불, 2009).
이정식,『이승만의 구한말 개혁운동 - 급진주의에서 기독교 입국론으로』(대전: 배재대학 출판부, 2005).
이종구,『건국 제1세대가 쓴 건국사의 증언 - 건국 대통령 이승만』(서울: 글벗사, 2005).
이주영,『우남 이승만 그는 누구인가?』(서울: 배재학당 총동창회, 2009).
_____,『이승만과 그의 시대』(서울: 기파랑, 2011).
임희국,「1890년대 조선의 사회·정치적 상황에 대한 내한(來韓) 선교사들의 이해 - 동학」.
제임스 게일,『게일 목사의 선교편지(1892-1900)』(서울: 쿰란출판사, 2009).
프란체스카 도너 리,『이승만 대통령의 건강 - 프란체스카 여사의 살아온 이야기』(서울: 도서출판 횃불, 1989).
프란체스카 도너 리,『프란체스카의 난중일기 - 6·25와 이승만』(서울: 기파랑, 1910).
최승선,『이승만의 기독교 개종과 그의 기독교 이해 1875- 1904』(서울: 장로회 신학대학 대학원, 2011).
최종고 편저,『대한민국 건국대통령의 사상록, 우남 이승만 - 독립자유를 외치다』(서울: 청아출판사, 2011).
한표욱,『이승만과 한미외교』(서울: 중앙일보사, 1996).
현대 한국학 연구소(고정휴 외),『이승만 대통령의 역사적 재평가』(서울: 현대 한국학 연구소, 2004).

※ 아펜젤러 및 게일 관련서적

〈국내 단행본〉

J. 게일, (신복룡 역), 『전환기의 조선』(서울: 집문당, 1909).
김명현외 8인, 『한국 감리교 인물사전』(서울: 기독교대한감리회, 2002).
김낙환, 『우남 이승만 신앙연구』(서울: 청미디어, 2012).
아펜젤러 (조성환 역), 『질그릇 속의 보물』(서울: 배재대학출판부, 2000).
김민영, 『한국 초대교회사』(서울: 쿰란출판사, 1898).
김석영, 『처음 선교사 아펜젤러』(서울: kmc, 2011).
김세한, 『배재사(培材史)』(서울: 배재중고등학교, 1955).
김진형, 『한국 초기선교 90년』(서울: 진흥, 2006).
김폴린, 『한국기독교교육의 역사』(서울: 대한기독교서회, 1992).
김옥길, 『이화 80년사』(서울: 이화여자대학교, 1966).
김흥규, 『내리교회, 제물포웨슬리예배당 복원과 아펜젤러 비전센터 신축의 역사적 의의와 그 전망』(인천: 밀알기획, 2012).
리진호, 『아펜젤러와 조성규의 조난사건』(충북: 도서출판 우물, 2006).
다니엘 기포드, (심현녀 역), 『조선의 풍속과 선교』(서울: 한국기독교역사연구소, 1995).
매티 윌콕스 노블, 『노블일지 1892-1934』(서울: 이마고, 2010).
백낙준, 『한국 개신교사 1832-1910』(서울: 연세대학출판부, 1927).
사우어(C. A. Sauer), (자료연구회 옮김), 『은자(隱者)의 나라 문에서』(서울: 한국기독교역사연구소, 2006).
송길섭, (자교교회 80년사 편찬 위원회), 『자교교회 80년사』(서울: 자교교회, 1982).
_____, 『배재 백년사 1885-1985』(서울: 배재중고등학교, 1985).
_____, 『상동교회 일백년사』(서울: 상동교회, 1988).
서만권, 『仁川西地方史 1885-1997』(서울: 인천서지방사 편찬위원회, 1998).
송수천, 『배재 80년사』(서울: 배재학당, 1965).
셔우드 홀, (김동열 옮김), 『닥터 홀의 조선회상』(서울: 좋은씨앗, 2003).
아펜젤러(정동제일교회 역사편찬 위원회 역), 『자유와 빛으로 헨리 G. 아펜젤러의 문건 I, 보고서』(서울: 정동 삼문출판사, 1998).

아펜젤러(정동제일교회 역사편찬 위원회 역), 『자유와 빛으로 헨리 G. 아펜젤러의 문건 Ⅱ, 일기』(서울: 정동 삼문출판사, 1998).
아펜젤러(조성환 역), 『헨리 G. 아펜젤러의 보고서 Ⅰ』(대전: 배재대학출판사, 1997)『헨리 G. 아펜젤러의 보고서 Ⅱ』(대전: 배재대학출판사, 1997)『질그릇 속의 보물』(대전: 배재대학 출판부, 1995).
오영교, 『정동제일교회 125년사, 제1권 통사편』(서울: 정동제일교회, 2011년).
_____, 『정동제일교회 125년사, 제2권 조직사, 인물편』(서울: 정동제일교회, 2011년).
_____, 『정동제일교회 125년사, 제3권 자료편』(서울: 정동제일교회, 2011년).
유동식, 『한국감리교회 사상사(思想史)』(서울: 전망사, 1993).
_____, 『정동제일교회의 역사 1885-1990』(서울: 정동제일교회, 1990).
_____, 『한국감리교회의 역사 1884-1992』(서울: 기독교 대한감리회, 1994).
유영익, 『젊은 날의 이승만』(서울: 연세대학출판부, 2002).
윤성렬, 『도포입고 ABC, 갓 쓰고 맨손체조』(서울: 학민사, 2004).
이규헌, 『사진으로 보는 獨立運動 上, 외침과 투쟁』(서울: 서문당, 1987).
이만열, 『아펜젤러』(서울: 연세대학출판부, 1985).
_____, 『한국기독교 문화운동사』(서울: 대한기독교서회, 1987).
이덕주, 『서울 연회사 Ⅰ, 1884-1945』(서울: 기독교 대한감리회 서울연회, 2007).
이성덕 외 7인, 『배재인물평전』(대전: 배재대학, 2012).
이성민·박철호, 『내리교회 110년사 - 초기역사 1885-1903』(인천: 인천내리교회, 1995).
이성삼, 『한국 감리교회사 상』(서울: 기독교대한감리회, 1986).
_____, 『한국 감리교회사 하』(서울: 기독교대한감리회, 1986).
이은용, 『강화중앙교회 100년사』(서울: 강화중앙교회, 2002).
이재은, 『세기의 증언』(서울: 정동교회 100년 역사 편찬위원회, 1986).
장광영, 역사위원회 엮음, 『한국 감리교 인물사전』(서울: 기독교 대한 감리회, 2002).
찰스 스톡스(Charles D. Stokes), (장지철·김흥수 역), 『미국 감리교회의 한국 선교역사 1885-1930』.

⟨영문 서적⟩

Sermons, Prayers, and Memoirs of Henry G. and Henry D. Appenzeller, *The Appenzellers : How they preached and guided Korea into Modernization* Volume Ⅰ (Seoul: Paichai University Press, 2010).

Sermons, Prayers, and Memoirs of Henry G. and Henry D. Appenzeller, *The Appenzellers : How they preached and guided Korea into Modernization* Volume Ⅱ (Seoul: Paichai University Press, 2010).

William Elliot Griffis, *A Modern Pioneer In Korea* (London: Fleming H. Revel, 연대 미상).

⟨논문 및 신문⟩

김낙환, 「우남(雩南) 이승만(李承晚)의 신앙연구(信仰硏究)」(서울: 배재 목사회, 2013), 『게일탄신 150주년 기념 연동교회 논문집』, 「게일과 청년 이승만」(서울: 연동교회 출판부, 2013).

조성환, 「헨리 G. 아펜젤러의 서간문(書簡文)에 대한 고찰(考察) (Researches in the Letters of H.G. Appenzeller」(대전: 배재대학교, 1998); 「헨리 게하르트 아펜젤러 문서(Henry Gehart Appenzeller Paper)에 소장된 질그릇 속의 보물(The Treasure in Earthen Vessels)와 15편의 설교문」(대전: 배재대학교, 1998).

한선현, 「초기선교사 Goerge Heber Jones (조원시)에 관한 연구 - 1887-1909년에서의 선교사역과 신학사상을 중심으로」(부천: 서울신학대학, 1998).

신학월보(神學月報, Rev. G.H. Jones, M.A. Editor), 1902년 7월호, 8월호. 협성회보(協成會報), 조선일보(朝鮮日報), 동아일보(東亞日報) 외 다수.

※ 헐버트 관련 서적

⟨단행본⟩

김동진, 『파란 눈의 한국 혼 헐버트』(서울: 참 좋은친구, 2010년).
배재학당, 『배재 100년사』.
윤성렬, 『도포입고 ABC 갓 쓰고 맨손체조』(서울: 학민사, 2004년).

조성환, 헨리 G. 『아펜젤러 이야기』(서울: 그리심, 2011년).
호머 B. 헐버트, 이현표 옮김, 『마법사 엄지』(서울: 코러스, 2011년).
호머 B. 헐버트, 마도경·문희경 역, 『한국사 드라마가 되다 1권』(서울: 리베르, 2009년).
호머 B. 헐버트, 마도경·문희경 역, 『한국사 드라마가 되다 2권』(서울: 리베르, 2009년).
호머 B. 헐버트, 신복룡 역, 『대한제국 멸망사』(서울: 집문당, 1999년).

〈논문자료 및 신문자료〉

김동진 논문, 「금관문화훈장에 빛나는 헐버트의 한국사랑」.
헐버트, 뉴욕 타임스, 1907년 7월 22일자 헐버트 기고문.
헐버트, 세계 선교평론, 1890년 10월, 한민족의 기원.
헐버트, 세계 선교평론, 1890년 7월호, 선교의 기술.
헐버트, 로마 카톨릭교 조선선교 약사.
헐버트, 뉴욕 트리븐, 1886년 10월 1일, 조선의 미국인 교사들.
헐버트, 세계 선교평론, 1889년 04월호, 중국 내륙 선교.
헐버트, 세계 선교평론, 1890년 10월호, 로마 카톨릭교 조선선교 약사.
헐버트, 세계 선교평론, 1889년 09월호, 한국과 종교.
헐버트, 하퍼스, 1899년 6월, 한국의 세계적 발명품.
헐버트, 한국평론, 1903년 4월호, 훈민정음.
헐버트, 한국평론, 1904년 9월호, 한글 맞춤법 개정.
헐버트, 한국평론, 1904년 10, 11, 12월호, 한국교육을 위한 제언.
헐버트, 한국평론, 1902년 10월호, 한국어.
헐버트, 한국소식, 1895년 8월호, 한국어 로마자 표기.
헐버트, 한국소식, 1895년 1월호, 갑오개혁.
헐버트, 한국소식, 1892년 1월 창간호, 한글.
헐버트, 한국소식, 1898년 2월, 이두.
헐버트 박사 66주기 추모식 팸플릿, 2015년 8월 15일 간행.

| 찾아보기 |

ㄱ

감리교 약사 125
감리교회 55, 63, 67, 85, 86, 87, 88, 89, 90, 91, 116, 129, 130, 162, 175, 182, 183, 254
갑신정변 36, 135, 145
갑오경장 108, 146
개혁교회 86, 87, 89
개화파 69, 70, 145, 159
건국 대통령 27, 76, 82, 83, 104, 132
계일 42, 89, 119, 120, 141, 145, 150, 151, 152, 153, 154, 155, 156, 157, 158, 159, 160, 161, 162, 163, 164, 165, 166, 167, 196, 242, 244, 245
경신학교 154, 155
경천애인敬天愛人 49
고종 33, 34, 117, 119, 121, 132, 147, 175, 198, 199, 203, 232, 250, 251
고춘섭 52, 151, 152, 153, 154, 157, 160
공산당 261, 272
교회관 27, 53
구운몽 154, 157
국민신문 65
군목제도 13
그리피스 90, 195
기도 26, 27, 34, 40, 41, 44, 50, 51, 52, 55, 62, 63, 74, 75, 76, 89, 112, 114, 115, 118, 125, 133, 148, 149, 158, 165, 210, 219, 227, 234, 235, 236, 239, 247
기도 생활 50, 51, 52, 115
기독교 방송 137
기독교 세계봉사회 66

기독교 정신 25, 28, 53, 83, 132, 135, 144, 176
길모어 182, 189
김구 25, 26, 259, 263
김규식 25, 255, 256, 263
김낙환 123, 124
김동진 193
김정식 43, 157, 158, 159, 165
김창근 63
김창은 29, 92
김해김씨 92
김흥수 62, 65, 67
깁슨 152, 153

ㄴ

노블 82, 186

ㄷ

다트머스 대학 172, 175, 177, 178, 179, 204
대륙문명권 69, 70, 71
대통령의 건강 99, 100, 103
대한민국 26, 27, 28, 38, 54, 60, 62, 70, 71, 72, 75, 76, 82, 83, 84, 103, 139, 144, 145, 149, 150, 161, 171, 174, 234, 240, 244, 256, 257, 259, 263, 265, 266, 271
대한인동지회 256, 257, 260

대한제국멸망사 187
독립운동 27, 54, 61, 75, 102, 103, 175, 183, 232, 237, 240, 253, 258, 259
독립정신 25, 53, 55, 60, 125, 144, 251
독립협회 43, 91, 157, 159, 250, 251
동양문명 68

ㄹ

랭캐스터 88, 89
레인스 66
로버트 올리버 92, 268
루츠 66

ㅁ

마리아 게하르트 87
만민공동회 105, 157, 250, 251
만수절 121
맥아더 171, 263, 264, 265
메기의 추억 47
무디 151, 158
문수사 30
미군정 63, 64, 71, 83
미들베리 대학 177, 179
민주주의 27, 30, 35, 36, 68, 83, 94, 134, 149

ㅂ

박정양 110

방구명신 49

배재학당 27, 33, 34, 35, 36, 37, 38, 39, 40, 45, 50, 71, 82, 83, 85, 91, 96, 105, 108, 109, 110, 111, 112, 113, 114, 115, 117, 123, 124, 125, 132, 133, 134, 135, 138, 144, 145, 146, 147, 148, 149, 162, 175, 182, 183, 185, 186, 191, 249, 250

벙커 16, 42, 110, 119, 120, 124, 158, 182, 186

베스 153

복음 38, 39, 65, 68, 82, 85, 86, 87, 88, 91, 113, 129, 138, 145, 147, 159, 164, 174, 176, 178, 201, 218, 221, 222, 224, 243

본회퍼 180

빌케 66

북한산 30, 31

불교 26, 31, 38, 39, 41, 45, 64, 68, 71, 109, 112, 113, 115, 138, 144, 146, 147, 239

ㅅ

사민평등 30, 94

사민필지 187, 188, 189, 190, 191, 203

삼문출판사 175, 183, 184, 185

서구문명 59, 68, 81

서상륜 152

서재필 36, 68, 91, 110, 132, 135, 145, 184, 200, 250, 255, 256

서정민 53, 55, 58

서정주 95, 108

성결교회 64

성경 26, 27, 34, 35, 40, 42, 43, 44, 46, 48, 49, 55, 56, 60, 61, 63, 71, 74, 76, 114, 115, 125, 130, 133, 136, 143, 148, 149, 153, 154, 155, 156, 157, 158, 166, 211, 215, 217, 230

성경공부 42

성경연구반 128

성삼문 32, 107

성화 90

세종대왕 29, 93

셔우드 에디 40, 114, 148

소래 152

손세일 50

수더튼 86

스미스 66, 89, 256

스코티아 40, 114, 148

신긍우 108, 146, 249

신생 체험 88, 90, 91

신앙 형성 27, 46, 54

신학월보 43, 55, 124, 135, 209,

213, 217, 221, 225, 251
신흥우   31, 68, 96, 97, 107, 108, 123, 125, 146, 211, 249
CBS   65, 271

ㅇ

아다 루이사 세일   153
아펜젤러   33, 34, 35, 76, 81, 82, 83, 84, 85, 86, 87, 88, 89, 90, 91, 108, 110, 111, 112, 116, 117, 118, 119, 120, 121, 122, 123, 124, 125, 126, 127, 128, 129, 130, 131, 132, 138, 139, 145, 146, 182, 185, 186, 246, 247, 249
안경수   110
알렌   98, 99, 110, 251
애덤스   66
양녕대군   29, 31, 93, 107, 240, 249
어청도   81, 124
언더우드   42, 120, 121, 156
에비슨   40, 66, 114, 119, 120, 145, 148, 260
엘리스 레베카   82
연동교회   145, 153, 154, 155, 158, 159, 160, 166
오정중   48, 74
옥스남   66
옥중학교   56, 128, 158

YMCA   51, 61, 66, 70, 128, 139, 150, 152, 154, 157, 158, 160, 166, 167, 252, 253
욕위대자 당위인역欲爲大者當爲人役   34, 133
용이   92
우수현   109, 249
웨스트 체스터   88
웨슬리언   89
위정척사파   69, 70
윌슨   66, 253, 255
유교   26, 30, 38, 39, 41, 43, 45, 52, 64, 68, 71, 92, 109, 113, 115, 130, 132, 138, 144, 146, 147, 149, 213, 239
유니온 신학대학   175, 180
유영식   161
유영익   60, 105, 116, 125
6·25전쟁   51, 66, 264, 265, 266, 268
윤성렬   191
윤치호   68, 69, 110, 132, 145, 160, 253
이경선   29, 30, 92, 249
이광린   164
이근수   31, 107, 249
이동욱   104
이병주   31, 107

찾아보기 **287**

이봉래 119, 120, 121
이상재 43, 68, 157, 158, 159, 160, 165, 166, 243, 250
이성계 29, 93, 97
이승만 24, 25, 29, 39, 44, 46, 47, 59, 68, 69, 70, 71, 75, 81, 82, 83, 92, 95, 96, 104, 106, 113, 116, 117, 119, 120, 121, 122, 123, 124, 125, 126, 127, 128, 129, 130, 131, 139, 144, 145, 146, 158, 159, 162, 163, 164, 165, 172, 173, 186, 200, 231, 232, 234, 237, 242, 243, 244, 245
이원긍 43, 157, 158, 159, 165
이원순 32, 38, 39, 107, 113, 146, 147
이윤영 62, 234, 235
이인수 41, 52, 74, 75, 115
이재순 110
이주영 68, 72
이진호 124
이창직 152, 156
이토 히로부미 202
이화장 49, 52, 126, 241, 263, 273
이화학당 82
일본, 그 가면의 실체 103
임영신 257, 262, 272
임학찬 47

ㅈ

자유 민주주의 76, 83, 132, 138, 139, 144
장로교회 63, 88, 151, 152, 154, 160, 163, 164, 180, 244, 252
젊은 날의 이승만 116, 125
정동교회 26, 63, 124
정동제일교회 8
정신여학교 155
제이콥 아펜젤러 86
제중원 110
제헌국회 26, 27, 62, 234, 240
조각당 49
조선일보 144, 164
조지 워싱턴 대학 164, 167, 237
존 번연 155
존 웨슬리 88, 90, 126
존스 42, 110
주립 사범학교 88

ㅊ

찰스 니드햄 164
천로역정 156, 184
청일전쟁 34, 108, 133, 146, 251
최백렬 74
최을용 31, 107
춘생문 사건 198, 250

ㅋ

칼뱅주의 89, 172, 178
칼빈 헐버트 177
커버넌트 장로교회 164

ㅍ

파이팅 110
펜실베니아 86, 88
평양신학교 153, 154
풀턴 88
프란체스카 여사 48, 63, 74, 99, 100, 102, 104
프랭클린 마샬 대학 88
프린스턴 대학 11, 102, 166, 253
핏취 66

ㅎ

하버드 대학 11, 165, 252
하야시 98
하와이 41, 48, 51, 52, 61, 73, 74, 83, 92, 102, 103, 104, 109, 115, 129, 130, 131, 135, 139, 251, 253, 254, 255, 257, 260, 273
한국 기독교연합회 66
한국 친우회 12
한국성서공회 154, 156, 212
한규무 155, 160, 161
한규설 110, 251
한성감옥 25, 27, 38, 39, 42, 43, 50, 71, 74, 92, 96, 98, 99, 105, 106, 112, 114, 116, 117, 119, 123, 125, 135, 138, 144, 147, 155, 158, 161, 167, 246, 247, 251
한인 기독교회 12, 61, 129, 254, 258
해양문명권 68, 70, 71
햄린 162, 163, 164, 252
허문도 123, 128
헐버트 110, 119, 171, 172, 173, 174, 175, 176, 177, 178, 179, 180, 182, 183, 184, 185, 186, 187, 188, 190, 191, 192, 193, 194, 195, 196, 197, 198, 199, 200, 201, 202, 203, 204, 205
헤로이드 40, 114, 148
헨리 닷지 아펜젤러 82
협성회 105, 250
협성회보 184, 187
홍재기 43
화육의 신학 176
회개 27, 38, 40, 43, 44, 45, 50, 89, 112, 113, 114, 148, 149, 210
회중교회 176, 177, 179
희망가 46

김 낙 환

서울 배재고등학교를 졸업(1977)하고 목원대학교 신학부와 신학대학원을 마친 후 유학하여 미국 아주사퍼시픽대학교(Azusa Pacific University)에서 신학석사(MAR)와 목회학박사(D. Min) 학위를 취득하였다. 2006년 월간 『문학세계』에 시(詩), 『보물 상자』로 등단하였다.

그의 시집으로 『영혼으로 드리는 기도』, 『하나님 OK 좋아하십니까?』, 『온몸으로 드리는 기도』, 『보물 상자』가 있다. 번역서로는 새들백교회 릭 워렌의 『개인성경연구 길라잡이』, 팀 엘모어의 『멘토링』, 『에이 플러스 동역자』, 『리더여, 코끼리 말뚝을 뽑아라』 등이 있다. 또한 그의 연구서로 『우남 이승만 신앙연구』와 『아펜젤러 행전 1884-1902』 외 다수의 발표된 논문이 있다.

남부연회에서 목사안수(1988년)를 받은 후, 같은 연회에서 교회담임자로 교회를 섬겼으며, 배재대학교, 목원대학교, 한동대학교, 남부신학원, 목회아카데미(인천) 등에서 「지도력 개발」, 「인간과 영성」, 「성서의 이해」 등을 강의하며 영적지도자를 양성하는 일을 감당하였다.

현재 기독교대한감리회 교육국 총무로 한국감리교회 교인들의 신앙교육을 위해 온 힘을 쏟고 있다.